为年轻父母提供最专业的孕育知识

宝宝聪明早教百科

Baobao Congming Zaojiao BAIKE

邱宇清 / 编著

双色版

快乐妈妈必读

浙江科学技术出版社

图书在版编目（CIP）数据

宝宝聪明早教百科 / 邱宇清编著. —杭州：浙江科学技术出版社，2012.1

ISBN 978-7-5341-4349-6

Ⅰ.①宝… Ⅱ.①邱… Ⅲ.①婴幼儿—早期教育—基本知识 Ⅳ.①G61

中国版本图书馆 CIP 数据核字（2011）第 271521 号

宝宝聪明早教百科

邱宇清　编著

出版发行　浙江科学技术出版社
地址：杭州市体育场路 347 号
邮政编码：310006
联系电话：0571-85170300 转 61704

排　　版　北京天马同德排版公司
印　　刷　北京建泰印刷有限公司
经　　销　全国各地新华书店
开　　本　710×1000　1/16
字　　数　295 千字
印　　张　23
版　　次　2014 年 3 月第 1 版
印　　次　2014 年 3 月第 2 次印刷
书　　号　ISBN 978-7-5341-4349-6
定　　价　25.80 元

责任编辑　王　群　王巧玲　李骁睿　　**封面设计**　胡　椒

前言 FOREWORD

每一对夫妇都希望自己拥有一个健康、智力超群的宝宝，这不仅关系到家庭生活，而且关系到我国的人口素质。

有关调查结果显示，父母了解一些胎教、早教知识，对婴幼儿的健康成长极为有利。宝宝从在母腹中生根发芽到呱呱坠地，再到蹒跚学步，都需要父母的精心照顾和培育。抓住恰当的时机，对宝宝定期、定时地实施各种有益的激发，可促进其大脑皮质感觉中枢较快发育，有助于宝宝的智力开发和健康成长。

为了给新手父母提供一些科学的胎教、早教知识，我们特地编写了《宝宝聪明早教百科》一书。

本书分三篇对胎教和早教进行全面诠释，尤其是针对当代父母在教育宝宝的过程中所面临的各种问题和挑战给出了详细、专业的解答，指导父母怎样培育好宝宝、照顾好宝宝。

本书内容通俗易懂，生动形象，科学实用，是新手父母的好帮手。

编 者

第一篇

培育聪明宝宝从孕期开始

第二篇

0~1岁，早教衔接让宝宝赢在起跑线上

第三篇

1～3岁，为宝宝导航让其快乐成长

第二章 2~3岁，人见人爱是教出来的 329

第 一 篇

培育聪明宝宝从孕期开始

第一章 胎教知识总动员

1. 胎教的起源

“胎教”一词最早源于我国古代，许多古籍中均有关于胎教的记载，早在2000多年前的医书《黄帝内经》中就有关于“胎教”的论述。到了汉代，各种书籍中出现了大量有关胎教内容的记载和论述，初步形成了胎教学说。这要比希腊学者、著名哲学家亚里士多德提出的胎教观点还早。

西汉刘向的《列女传》中记载：古者妇人妊子，寝不侧，坐不边，立不跸，不食邪味，割不正不食，席不正不坐，目不视于邪色，耳不听于淫声。夜则令瞽诵诗，道正事。如此，则生子形容端正，才德必过人矣。(大意是说：准妈妈在睡眠、坐立、饮食和所看所听的内容上，都要有一定的要求，连晚上都要请那些诵《诗经》、讲历史的人来对其进行教育，这样生下的孩子才能品貌端正、才智过人。)

贾谊在《新书·胎教》中记有：“周妃后妊成王于身，立而不跛，坐而不差，笑而不喧，独处不倨，虽怒不骂，胎教之谓也。”(大意是说：成王的母亲在怀他的时候，不把重心偏倚在一只脚上而站立，不半倚半躺地坐着，不高声大笑，一人独处的时候不呈傲慢之态，即使在发怒的时候也不骂人，这便是胎教。)

到了宋代，名医陈自明有“胎教论”，对胎教进行了专篇论述。而到明代，胎教学说更进一步完善起来，成为比较系统和全面的学说，并在清代受到了更大的重视。例如，清代的陈梦雷等人编辑《古今图书集成·医部全录》时，就把历代关于胎教学说的内容汇集在一起，立为“小儿未生胎养门”，列入儿科分卷之首来加以强调。就连清代末期著名思想家康有为的著作《大同书》中，也有建立胎教院，以培养聪明后代、提高人口质量的主张。

古人胎教可供我们借鉴的精辟之处可总结为以下几点：注重品德的培养；注重修养身心，陶冶情操；注意规避不利的环境因素。

2. 胎教与早教的区别

胎教这种教育方式不同于出生后的教育，不是教胎宝宝唱歌、说话、识数……胎教主要是指训练准妈妈为自己及胎宝宝创造一个良好舒适的怀孕环境，保持健康的身体及心理状态，通过与胎宝宝的讯息传递，积极而主动地对胎宝宝进行良性及温和的信号刺激，激发胎宝宝的大脑和神经系统的潜能，为其出生后的继续教育奠定良好的基础。

3. 胎教的定义

在《辞海》中，胎教的定义是：古人认为胎儿在母体中能够受孕妇言行的感化，所以孕妇必须谨守礼仪，给胎儿以良好的影响，叫“胎教”。也就是说，胎教一方面是“胎”，一方面是“教”，它是“胎”与“教”相结合的学问。“胎”是受教育的实体，“教”是指母亲给予体内的胎宝宝各方面的影响，并使其接受教育的意思。准妈妈在各方面有意识地、主动地采取一些相应的措施，给胎宝宝以良好的影响的方法就是胎教。

由于胎教的含义比较广泛，医学上常将其分为广义胎教与狭义胎教。广义胎教是指对准妈妈和胎宝宝的保健教育。由于胎宝宝的身体器官处于形成和生长发育过程中，因此容易受外界影响而发生变化，即中医所谓“形象始化，未有定仪，因感而变……”。这里所说的受外界影响，主要指受母体精神、饮食、寒温等方面的影响。母体的身心是否健康，对胎宝宝的成长，包括大脑与体质的发育，具有决定性的作用。因此，广义胎教有利于准妈妈和胎宝宝身体健康和精神健康，有利于保胎、养胎和护胎等保健措施的实行。狭义胎教相对于广义胎教来说，偏重于在品德、精神与性情等方面给胎宝宝以积极、正面的影响。狭义胎教主要指通过采取一些措施与方法，让准妈妈置身于美好的事物、环境和氛围中，使准妈妈品德高尚、精神饱满、心情舒畅，准妈妈的变化可以影响其腹中的胎宝宝，促进胎宝宝智慧、性情等方面良好地发育。因此，狭义胎教实际上是在广义胎教的基础上，对准妈妈和胎宝宝的精神世界进行优化和美化，在胎宝宝的个性形成和人格完善方面，具有举足轻重的作用。

通过以上阐述可知，广义胎教侧重于准妈妈和胎宝宝生理、病理的医疗保健，狭义胎教侧重于准妈妈与胎宝宝的精神健康。其实，胎教既具有生理、病理的医疗保健作用，又具有维护精神健康的功能。比较起来，狭义胎教更符合胎教的本义，更应引起准妈妈的高度重视。

4. 胎教让宝宝与众不同

很多的准妈妈心中都会有这样的疑问：胎教真有说的那样神奇吗？下面就让我们一起来看看接受过胎教的宝宝都有哪些特点：

（1）接受过胎教的宝宝不爱哭

虽然这些宝宝在饥饿、尿湿和身体不适时也会啼哭，但得到满足之后，啼哭便会停止。

（2）接受过胎教的宝宝能较早地与人交往

接受过胎教的宝宝出生 2～3 天就会用小嘴张合与大人“对话”，20 天左右就会逗笑，2 个多月就能认识父母，3 个多月就能听懂自己的名字。

> **孕育金点子**
>
> 如果宝宝出生后不继续给以发音和认物训练，胎教的影响在 6～7 个月时就会消失。所以准妈妈在做好孕期胎教的同时，还要做好宝宝出生后早教与胎教的衔接工作。

（3）接受过胎教的宝宝能够较早地学会发音

接受过胎教的宝宝 2 个月时会发几个元音，4 个月会发几个辅音，5～6 个月发出的声音就能表达一定的意思了。

（4）接受过胎教的宝宝能较早地理解语言

接受过胎教的宝宝 4 个半月时能认出第一件东西，6～7 个月时能辨认手、嘴、奶瓶等。这样的宝宝能较早地理解“不”的意思，早期学会服从“不”的宝宝更懂事、更听话。

（5）接受过胎教的宝宝能够较早地学会说话

接受过胎教和早教的宝宝 9～10 个月时，就会有目的地叫爸爸妈妈了，接受过胎教和早教的宝宝在 20 个月左右便能背诵整首儿歌。

5. 胎教≠培养神童

常常听到一些父母抱怨：“我们当初积极胎教，又是唱歌又是听音乐，忙活了半天也没有生出个神童来。”言语之间流露着对胎教的失望。

任何父母都对孩子寄予着一定的希望，这是很正常的。但问题在于上述这些父母对胎教抱有不切实际的期望。要知道，胎教的目的只是使未出世的宝宝具有良好的遗传素质，为出生后的发展提供良好的条件。

胎教受诸多因素的影响和控制。每个人身体素质的不同，自身修养水平的不同，所处环境的不同，以及胎教实施方法的不同等，都会影响胎教的实施效果。

我们应以这样的科学态度审视胎教：相信胎教，但绝不将胎教神化；肯定胎教的效果，但绝不夸大胎教的作用；保留对胎教的认识，但不拒绝对胎教的尝试。总之，要以科学的态度看待胎教，科学地实施胎教，从而使胎教发挥最大功效。这便是科学的胎教观。

因此，每个人应从个人和家庭环境的具体情况出发，实事求是地看待胎教。这样，不但不会使你对胎教感到失望，反而会使家庭充满幸福的满足感，而胎教的成果——那个令人满意的孩子，也将在甜蜜无比的气氛中幸福、健康地成长。

6. 胎教可以提高宝宝智商

影响胎儿大脑质量的因素有遗传、环境、疾病和药物以及营养状况等。如果准妈妈孕早期营养不良，会使胎儿脑细胞及神经系统发育受阻；孕晚期营养不良，则会使胎儿脑细胞数量增长不足，脑皮质沟回发育受阻，从而影响胎儿的大脑发育。

科学研究表明，大脑细胞分裂增殖主要是在胎儿期完成的，它有两个高峰期。第一个高峰期是怀孕的2～3个月，第二个高峰期是怀孕的7～8个月。如果在脑细胞分裂增殖的高峰期，适时地供给胎儿丰富的物质和精神营养，脑细胞的分裂便可趋于顶峰，为孩子具有高智商奠定基础。

调查结果表明，接受过胎教（包括音乐胎教和运动胎教）的孩子和没有接受过胎教的孩子相比，在智商和情商等方面都表现出明显的优势。

7. 胎教具有可行性

生活在母亲子宫里的胎儿是个能听、能看、能感觉的小生命。孕妇和胎儿之间存在着实现相互沟通、相互作用的三条信息系统，它们是：

(1) 生理信息传递系统——胎儿的存在促使母体分泌种种激素，以维持妊娠的需要。另一方面，母体也在积极地向胎儿传递生理信息，如母亲情绪不安时所分泌出来的激素可使胎儿产生不安反应，导致胎动异常、心动过速等。

(2) 行为信息传递系统——行为也是一种不说话的语言。人们通过观察发现，每当胎儿感到不适、不安或意识到危险临近时，就会拳打脚踢向母亲报警；而当孕妇极度疲劳或气愤时，其心情也会自然而然地传递给胎儿，使胎儿得到母亲行为的暗示，这也会影响到胎儿的健康和发育。

(3) 情感信息传递系统——孕妇和胎儿间具有心灵情感相通的关系，彼此可传递情感信息。

总之，胎儿与母亲血肉相连，这就为胎教的顺利实施奠定了理论基础。

8. 胎宝宝可以在子宫中学习

胎宝宝除了听力之外，在孕 10 周左右就已形成与压觉、触觉等相关的感受器，并开始具有相应的功能，如触觉、情感、领悟和记忆的能力。这一切都足以说明，胎宝宝在“宫中”已有感知和学习的能力。

胎宝宝能分辨母亲的心跳声。有学者研究发现，当一个新生宝宝大哭时，如果立即播放预先录制好的妈妈的心跳声，小宝贝便会立即停止哭闹，变得异常安静。

处于母体子宫中的胎宝宝也能进行“思考”，做出“决定”。成人进行思考并决定做出某一动作时，通常心跳频率会略微增加。用摄像仪观察腹中胎宝宝，发现胎动发生前的6～10秒钟，胎宝宝的心跳频率明显加快。这种现象在胎龄6个月起便能观察到，说明此时胎宝宝大脑已发育到能够进行思考的程度。

胎宝宝不但有听觉、感知、记忆能力，还具备一定程度的思考和决定能力。为此我们应该不失时机地做些有利于胎宝宝大脑发育的工作，从而使胎宝宝在大脑发育的关键时期受到良好的早期训练，以促进宝宝先天智力素质或者说潜在能力更好地发育。

9. 实施胎教的最佳时间

从广义上讲，胎教应该从择偶开始，因为父母的形象、教养、性格、品质和健康状况等对子女会有很大的影响；从优生学的观点讲，胎教应从孕前3个月开始，以确保优良的“种子”和肥沃的“土壤”；而从狭义、具体施加“刺激影响”方面来说，应该从怀孕1～3个月开始。

每天进行胎教的次数为1～2次，每次12分钟，应选择在胎宝宝觉醒时（有胎动的时候）进行，在晚上临睡前最佳。每天有两个时间段是最佳胎教时间，准父母可以根据自己的实际情况酌情安排：

(1) 中午12点

这时，人们的视力处于最佳状态，可以明朗、清晰地看到美丽的风景，准妈妈可以在这个时间去欣赏优美的绘画作品。

孕育金点子

胎教前，准妈妈和准爸爸一定要调整好自己的情绪哦，不要将白天工作的疲惫、压力等引起的负面情绪传输给宝宝。跟胎宝宝说话的时候，一定要全身心地投入，完全不要因为这样亲密、可爱的说话方式而尴尬。

(2) 晚8~11点

这个时间是准妈妈听神经最敏感的时间，也是最佳胎教时间。因为此时准妈妈已经吃了饭，并稍事休息，精神也正慢慢恢复。

另外，准爸爸最好也能参与胎教。

10. 胎教应从孕前3个月开始准备

胎教应该从孕前3个月就开始准备。怀孕是精子和卵子的结合，而精子和卵子的发育和成熟在此之前就已经开始。科学研究结果显示，精子从细胞分裂到成熟大概需要90天，那么要想使精子质量最佳，孕育出健康的后代，就必须提前做好准备。而女性子宫内的温度、压力决定着胎宝宝生长的环境，良好的环境也需要提前创造。俗话说："好的开始等于成功的一半。"所以只有在孕前就做好相应的准备工作，才能让胎教的实施顺利进行。

一般来讲，夫妻在女方排卵前4~5天应减少性生活的次数，好让男方养精蓄锐，以产生足够数量的高质量精子。但性生活次数也不宜过少，以免精子发生老化。通常，在女方排卵前4天内，每2天性交一次比较容易受孕。

在计划受孕的日期以前（指女方排卵期以前），男女双方都不要穿紧身裤，如尼龙裤、牛仔裤等。因为这些纺织物透气性能差，易导致病菌生长繁殖，使女方患阴道炎的概率增加，直接影响受孕。紧身裤会使男方睾丸压向腹部，令睾丸的温度升高，使其生精功能减退。在这种情况下受孕，生出畸形儿或先天性缺陷儿的概率会增高。

当然，这并不是说其他时期的胎教不重要，事实上，产前各个时期的胎教都有不可忽视的作用。

11. 注意受孕前的细节

为了确保受孕成功，并向优生的目标迈进，应从以下方面加以注意和准备：

（1）新婚起测量基础体温

每天清晨起床前，女方应先用体温计测量一下基础体温。在坚持每天测量的基础上掌握体温下降和复升的时间，以确定排卵日期。

基础体温测量方法如下：

早上醒后，在身体不做任何动作的情况下，用温度计测出口腔温度。将测出的体温数标在基础体温图表上。用线把一个月的体温数连接起来，形成曲线，通过该曲线来判断是否正值排卵期。

注意每日要在同一时间进行测量。

女性的基础体温是对应着月经周期变化的。孕激素的分泌活跃时，基础体温上升；孕激素不分泌时，则出现低体温。正常情况下，从月经开始那一天，到排卵的那一天，因孕激素水平较低，一直处于低体温，一般为 36 ~ 36.5℃；排卵后，卵泡分泌孕激素，基础体温上升到高温段，一般在 36.8℃ 左右。从低温段到高温段的几日，可视为排卵日，这期间性交，容易受孕。

（2）排卵期前减少性生活

在排卵期前应减少性生活的次数，好让男方养精蓄锐，以产生足够数量的高质量精子。

（3）戒酒禁烟

夫妻任何一方饮酒后受孕，所生的孩子畸形、智力低下的较多，严重影响优生和后代的幸福。特别是受孕前，夫妻双方都应戒烟、酒，因为烟酒对受孕及胎儿发育都非常不利。

12. 保证产前环境，促进胎儿智能

妊娠 12 ~ 18 周之间是胎儿大脑细胞分裂增殖的第一个高峰期。大

脑皮质的多层结构将要全部形成时，给母体提供充足的热量、蛋白质、微量元素、维生素等必需营养素，就能促使大脑锥体细胞生长得更多。

抓住胎儿大脑生长发育最快的时机，补充胎儿所需要的多种氨基酸、维生素、微量元素（特别是锌、铜、碘）以及必需脂肪酸（特别是DHA——二十二碳六烯酸），以使胎儿的大脑锥体细胞迅速增长。

强调在孕期合理、充分地安排和提供饮食营养，并根据妊娠进展，适度采用良性刺激信息促进胎儿感官能力发育，是“产前环境促进”的主要内容，也是胎教的重要组成部分，是促进胎儿智能发展的重要措施之一。

优孕，是良好的产前环境的基础。从孕前准备做起，在最健康的情况下受孕，确保高质量的卵子和精子结合，并从妊娠初期就开始在身体内部、外部环境方面，保证为受精卵、胚胎提供生长发育所需要的母体营养、健康环境，外加调整心理、情绪因素，以保证胚胎免受不良情绪的影响，这一切都属于优孕内容。

从妊娠第5个月开始，给胎儿适当的声、光、触摸刺激，就是希望用适度的良性刺激，刺激相关的神经通路和大脑皮质中枢，使这些部位的锥体细胞增加更多的树突，以促进和周围锥体细胞建立传递信息的突触联系，使大脑中与感觉、运动、思维、记忆等功能密切相关的神经网络更加丰富，有利于胎儿出生以后的智力开发。

实质上，直接胎教就是在产前对胎儿大脑发育的一种“环境促进”作用，它和在胎儿大脑细胞剧增期所给予的“营养促进”组合起来，就形成了“产前环境促进”。

第二章 胎教方法全指导

1. 情绪胎教

情绪胎教是指通过对准妈妈的情绪进行调节，排除一些对胎宝宝不好的负面情绪，让准妈妈忘掉烦恼和忧虑，保持平和的心境，并通过准妈妈的神经递质作用，促进胎宝宝大脑的发育。

准妈妈的情绪可作为思维信息直接传给胎宝宝。怀孕第 2～3 个月是胎宝宝腭骨发育时期，这一时期准妈妈过度焦虑不安、抑郁寡欢，有可能导致胎宝宝唇腭发育畸形。在妊娠期，准妈妈若长时期悲伤、忧愁、抑郁、焦虑，或者大怒、大喜，都会对胎宝宝产生不良影响。准妈妈长期焦虑不安、惊恐，会使胎宝宝出生后形成不稳定的性格和脾气。怀孕第 7～10 周，准妈妈的过度不安易导致自然流产。妊娠后期，准妈妈过度受惊吓、恐惧、忧伤或受刺激，可使胎宝宝的生长受到影响，出生后体重低于正常新生儿。准妈妈的不良情绪对胎宝宝影响很大，无形的心理因素对胎宝宝的影响也是如此。为了生一个健康、活泼、聪明的宝宝，准妈妈应保持良好的心境，避免悲伤、忧郁等情绪产生。

准爸爸不要因工作太忙而忽略妻子的感受，要做好开导准妈妈的工作。对于妊娠期间准妈妈的不良精神状态，准爸爸的适当开导和引导是必不可少的。

2. 营养胎教

营养胎教是根据孕早期、孕中期、孕晚期三个时期胎宝宝的发育特点，指导准妈妈合理摄取食物中的各种营养素，以食补、食疗的方法来缓解孕期不适，并保证胎宝宝的营养。

胎宝宝的健康发育完全依靠母体血液带来的营养物质，无论是大脑的结构、功能，还是任何器官的形成和完善，都与营养物质的提供有着密切的关系。准妈妈的营养状况不仅直接影响着胎宝宝的身体健康，而且影响着胎宝宝的大脑发育。保证均衡、科学、合理的营养是最重要的胎教。

准妈妈应合理、科学地补充营养，多吃营养丰富的食物，但需注意体重的增长量，并适当地调整饮食。

为了加强营养，一些准妈妈每天要补充很多营养品，诸如蛋白粉、复合维生素片、钙片、铁剂、孕妇奶粉等。补充了这些营养品后，一些准妈妈认为自己所需的营养已经足够了，一日三餐不及时吃也没有关系。其实这样做反而对身体不利。因为营养品大都是强化某种营养素或改善某一种功能的产品，单纯使用并不能达到均衡补充营养的目的。

准妈妈在孕期加强营养是必需的，但营养摄入绝非多多益善。太多的营养摄入会加重身体的负担，并且会囤积在体内形成脂肪，导致孕期肥胖和冠心病。另外，体重过重还限制了准妈妈的体育锻炼，会导致抵抗力下降，还可能造成难产。

3. 环境胎教

环境胎教就是通过指导年轻夫妇在准备受孕前6个月就开始学习环境卫生知识，以利于优生养胎。良好的环境基础与优生、优孕有着非常密切的联系。胎宝宝的生活环境分为内环境和外环境。内环境是指母体的子宫腔及准妈妈的健康状况。外环境是指放射线、噪声、污染源、药物及准妈妈的嗜好和职业等所构成的大环境。

环境胎教首先应该对居住条件和环境进行改造，以适应准妈妈的心理和生活需求为主，兼顾胎宝宝发育的需求。其次是家庭中居室的清洁及空气的流通。准妈妈每日早晚都要开窗，更换新鲜空气。新鲜空气是胎宝宝的重要“营养”，尤其是早晨新鲜的空气中蕴藏着大量的负氧离子，是胎宝宝的智力源泉。准妈妈应尽量多创造这种环境，尤其是孕早期的环境胎教对胎宝宝的发育极为重要。去整洁、干净、清新的乡间，农庄似的农家乐园，可以说是最好的环境胎教。

准妈妈周围环境的布置一定要有鲜花与绿色植物的点缀，同时要有图片及小宝宝照片，让准妈妈经常观赏。比如春天的牡丹、夏天的荷花、秋天的菊花、冬天的梅花。在不同的季节中，准妈妈将自己周围的花类植物与自己的心情进行定位，将自己美好的愿望与四季的代表花卉与植物相对应，能够留下深刻的印象。有花草陪伴的生命才是生机盎然的。

环境胎教能够帮助准妈妈实现情绪胎教，用物理的方式将母子紧密地融为一体，使之息息相关，是提升母爱的最好方式。在良好的家庭氛围中，准妈妈感受的是温馨，而腹中的胎宝宝也能够在温馨的家庭中获得身心上的良好发育。良好的家庭氛围需要夫妻双方共同维护，在互爱、互敬、互助、互谅、互勉的基础上，共同抚育宝宝。

4. 音乐胎教

音乐胎教就是指通过对胎宝宝传输优良的音乐声波，促使其脑神经元轴突、树突及突触的发育，为优化后天的智力及发展音乐天赋奠定基础。

音乐胎教会影响到胎宝宝的神经发育。

听音乐可以适当刺激感官，使肌肉得到放松并促进大脑活性激素的分泌。正因为如此，欣赏音乐才会使情绪安定下来。

在倾听节奏柔和、旋律优美的音乐时，准妈妈不仅会使自己的情绪变得稳定，而且还会将这种情绪传递给胎宝宝。当听到让自己愉快的声音时，人的大脑会产生强烈的α波，这种电波往往在大脑活性增强时才会大量释放出来。这一事实证明了音乐足以起到让大脑环境产生积极变化的作用。

在促进胎宝宝脑部发育这一方面，听觉足足起到了90%以上的作用，这恰恰也是另一个可以证明音乐胎教重要性的理由。音乐可以刺激主管各种感觉的右脑，只要持续听音乐，人的想象力和创造力就会有所提升。胎儿时期就喜欢上音乐的孩子出生后一定会在语言、注意力等方面显示出一定的优势。

孕 育金点子

通过采取音乐欣赏、唱歌等音乐胎教方法，不仅可以使胎宝宝在精神上和身体上健康地成长和发育，还可以更有效地增加胎宝宝与父母之间的亲情。

胎教的音乐音量宜在60分贝左右，如果把耳机直接放在腹部，音量大小要特别注意。你可以把手掌放在耳朵与耳机中间，然后调到你觉得适中的音量，这时你听到的音量大小一般约为60分贝，相当于胎宝宝在腹内听到的声音强度。

怀孕8个月后，可考虑重复播放1~2首固定的乐曲，除了可以加深胎宝宝对这几首音乐的潜在记忆，还更容易培养孩子的音乐天赋，开发孩子将来的想象能力。

音乐胎教益处很多，但是也需要把握一个度，准妈妈给胎宝宝听音乐的时间以每次不超过30分钟，一天1~2次为宜。

5. 语言胎教

语言胎教是指准妈妈和准爸爸通过对胎宝宝说话来增进父母与胎宝宝间的感情、促进胎宝宝大脑特别是语言区域的发育，使胎宝宝出生后在语言及智力方面更加优秀。

经研究发现，一般在怀孕 7 ~ 8 个月的时候，胎宝宝开始产生意识的萌芽。此时胎宝宝的神经管道发育已经基本达到新生儿的水平，当他们的大脑捕捉到外界刺激时，就会通过神经管道，将这种外界刺激传达到身体各部位。这时准妈妈和准爸爸用文明、礼貌的语言，有目的地对胎宝宝说话，使胎宝宝感受最初的语言刺激的方法，就称为胎谈胎教。经医学研究和胎教实践表明，胎谈胎教可促进宝宝语言能力的良好发育。同时，这种方式还可以帮准妈妈和准爸爸陶冶情操、调节情绪，也能使准妈妈和准爸爸更加关注胎宝宝。而且实验表明，准爸爸低沉的声音更能增加胎宝宝的愉悦感和安全感，所以准爸爸经常对胎宝宝进行胎谈胎教，会使胎宝宝的心情更加愉快。

实施胎谈胎教时，任何开心的话题都可以成为胎谈的内容。可以事先给胎宝宝取一个小名，并在胎教时一再重复，增强其记忆；可以向胎宝宝描述大自然的优美风景以及父母对未来生活的憧憬；可以将日常生活中的点滴作为话题，如早上起床的第一句话是“宝宝，早上好！”打开窗户时说：“太阳升起来了！”可以选一些读起来会特别愉快的诗歌、童谣、故事等，绘声绘色地读给胎宝宝听。

语言胎教是一项长期工作，需要日积月累、一点一滴地使胎宝宝增加对父母的依赖和对语言的感受能力。因此，在胎教的过程中，准妈妈和准爸爸要做好心理准备，一定要有耐心，坚持每天进行。

6. 运动胎教

运动胎教是指准妈妈通过一定的体育锻炼达到促进母子身体健康、

促进分娩的一种胎教方法，所以也有人将运动胎教称为体育胎教。另外，运动胎教不仅可以准妈妈自己进行，也可以由准爸爸陪同进行，这样做不但可以达到胎教的目的，还可以增进夫妻间的感情。

总的来说，运动胎教的作用主要有以下几点：

（1）维持准妈妈的健康并提高顺产的概率

适量的运动不仅能使准妈妈身体健康，还可以提高顺产的概率，因为分娩时起重要作用的腿部肌肉与腰部肌肉可以在运动中得到一定的锻炼。此外，能够熟练地运用自然的呼吸方法将增加准妈妈肺活量，能够使其更好地战胜阵痛。有关研究结果表明：在怀孕过程中保持运动的孕妇，持续阵痛的时间往往较短暂。

（2）帮助胎宝宝的身体和大脑发育

准妈妈运动时可以给胎宝宝提供新鲜的氧气。氧气不仅使胎宝宝的脑部得以活性化，还起到维持身体各种机能正常运作的作用。

（3）控制准妈妈的体重

有一部分女性因在怀孕之后过度地补充营养而变得肥胖，这会提高妊娠高血压综合征的发病率和巨大儿出生的概率。除此以外，肥胖还会给分娩带来影响。所以对准妈妈来说，睡了吃、吃了睡是非常不可取的。适当的运动不仅能够预防肥胖，还有助于产后恢复。

（4）使人变得心情愉快、内心平静

运动会使准妈妈的体内开始分泌内啡肽。内啡肽是一种激素，能使人变得心情愉快、内心平静。准妈妈腹部肌肉的自然活动能对胎宝宝起到按摩的作用，这样一来胎宝宝也就同样体验到了那种平安、快乐的感觉。

运动过程中如果感到身体不适，则应立即停止。特别是在孕早期，如果妊娠反应比较严重，则应适当减少工作量和运动量，保证充分的休息。到了孕晚期，准妈妈在运动过程中如出现不适症状，必须及时到医院检查。特别是有习惯性流产的准妈妈则更应注意运动量，要注意休息，并应在医生的指导和帮助下进行运动和工作，以保证孕期安全。

7. 抚摸胎教

抚膜胎教是指有意识、有规律、有计划地抚摸胎宝宝，以促进胎宝宝的感觉系统发育。

据科学研究发现，人类皮肤上有丰富的神经末梢。这些神经末梢极其敏感，非常有利于人体对外界刺激迅速作出反应。经常进行抚摸胎教，能提高胎宝宝对外界刺激的敏感性，避免受到外力伤害。从胚胎发育来看，皮肤与神经系统同起源于外胚层，胎宝宝的皮肤在发育的同时神经系统也在发育。如果给胎宝宝以良好的抚摸刺激，那么胎宝宝的神经系统也会受到良好的刺激，能促使胎宝宝的心理健康地发育。

抚摸胎教可以安排在妊娠 20 周后，每晚临睡前进行（具体时间由父母的工作性质及作息情况而定，最好定时），并注意胎宝宝的反应类型和反应速度。如果胎宝宝对抚摸的刺激反感，就会以用力挣脱或者蹬腿作为回应。这时，父母应该停止抚摸。如果胎宝宝受到抚摸后，过了一会儿才以轻轻地蠕动作为回应，这种情况可以继续抚摸。

8. 光照胎教

所谓光照胎教就是指给尚在腹中的胎宝宝以适当的光亮刺激，以促进胎宝宝视网膜光感细胞的功能尽早完善。

在胎宝宝的整个发育过程里，所有的感觉功能中视觉发育最晚。在一般情况下，当胎宝宝发育到 7 个月时，视网膜才具有感光功能。据有关试验证明，胎宝宝在准妈妈的腹中可以看到射入子宫内的光亮。因为实验人员在用光照射准妈妈腹部的同时，运用彩色超声波对胎宝宝的反应做了仔细的观察。结果发现，当光线照射到准妈妈腹部时，胎宝宝会立即出现转头避光的动作，不仅脐动脉和脑动脉的血流量有所增加，心率也略有增加。

准妈妈到室外活动也是光照胎教的一种方式。如果是夏季，可穿薄上衣，让腹部直接接受阳光照射，胎宝宝也会受到光的刺激，达到光照胎教的目的。

光照胎教必须在有胎动的时候进行，不要在胎宝宝睡眠时进行，以免影响其正常的生理周期而适得其反。

9. 美育胎教

孕育金点子

准妈妈无论做什么、说什么，都要随时想到腹中的胎宝宝，言行举止必须有一定的约束，以免将不良的行为作风传递给胎宝宝。

美育胎教是指根据胎宝宝意识的存在，通过准妈妈对美的事物的感受而将美的意识传递给胎宝宝的胎教方法。人类通过看、听、体会，感受着世界上各种各样的美，而胎宝宝无法看到、听到、体会到这一切，所以准妈妈要通过自己的感受，将美的事物经神经传导输送给胎宝宝。美育胎教也是胎教学的一个组成部分，它包括自然美育、感受美育等方面。

准妈妈经常欣赏大自然中美丽的景色，然后将对大自然的热爱之情经过“提炼”传递给胎宝宝，就能促进胎宝宝神经系统的发育，使胎宝宝也能得到大自然美丽景色的陶冶。同时，准妈妈经常走入大自然呼吸新鲜空气，也有利于胎宝宝的大脑发育。

准妈妈如果有优雅的气质、饱满的情绪和文明的举止，就能感受到来源于自身的一种美，胎宝宝在母体内也得到美的熏陶。专家建议，怀孕期的女性必须注意提高自身修养，注意个人言行举止。不仅要精神焕发、穿着整洁、举止得体，还要适当丰富自己的精神生活，例如多听音乐、看书、旅游、欣赏美术作品等，以丰富个人内涵、陶冶情操。胎宝宝在准妈妈得体的举止中，也会受到熏陶，对出生乃至今后的成长都有着正面影响。

第三章 孕1月，这里的黎明静悄悄

1. 胎宝宝变化周周看

（1）第1、2周

第1周就是最后一次月经开始的那一周，子宫内膜脱落形成月经之后，体内的激素会促使又一次排卵。第2周，子宫内膜逐渐变厚，开始真正地为排卵做好准备。排卵时有的女性会感到疼痛。

（2）第3周

精子与卵子在输卵管里相遇，然后完成受精与着床的过程。受精卵从输卵管移动进入子宫内部，接着就开始发生细胞分裂。此刻即是怀孕的开端。这一时期在子宫内生长的胚胎不过是一个细胞群，体积非常微小，然而生长速度却很快。

（3）第4周

微小的受精卵在子宫内部找到自己的位置并固定下来之后，就完成了向胚囊的转变。受精卵到达子宫的时候会分裂成两部分，一个黏附在子宫壁上形成了胎盘，余下的一个就变成了胎儿。进行B超检查可以观察到胎宝宝所生存的初始场所——胎囊。到了第4周末的时候，月经就停止了。由此可以明显感觉到身体发生了变化。

2. 准妈妈变化月不同

孕 1 月是指最后一次月经的第 1 天以后的 4 周。前半月并未受孕，后半月受精卵着床。孕 1 月一般不会有太大的反应，很多准妈妈甚至没有意识到自己怀孕了。

妊娠第 1 个月，准妈妈的妊娠反应表现不出来，对大多数人而言，只有基础体温最能传达怀孕的正确信息。每天早晨坚持记录体温的准妈妈，若发现高温（37℃左右）持续 2 个星期以上，便应该想到，这是有喜的讯号。

当然，妊娠的表现因人而异。月经该来而过了数天仍未来，是最明显的特征。有人怀孕之后，特别容易头晕目眩、发热、腹部下方疼痛或感到不安、易怒，乳房变得很敏感，稍微一碰即痛，这些都是胎儿呼叫妈妈的信号。

3. 孕期饮食营养红绿灯

妊娠第 1 个月，因为胎宝宝还很小，所以只需要极微量的营养。如果准妈妈在妊娠前饮食就很均衡，也许现在只需做少许调整。总之，一旦妊娠了，准妈妈每天摄取的热量应增加大约 2000 千焦，也就是说每天摄取大约 10000 千焦；但更重要的是要吃得好，而不是吃得多。

准妈妈从现在开始要养成良好的饮食习惯，因为准妈妈良好的饮食习惯是保证胎宝宝健康发育的基本条件。一般情况下，准妈妈要坚持不断地补充充足的水果和蔬菜，禁止吃刺激的、过咸的食物，更不要进食一些变质的、含过量添加剂或受过污染的食物。早餐是很重要的，一定要重视。少量、多次地进食要比一次性吃大量的东西更科学，所以要养成少食多餐的习惯，即每天吃饭5~6次，每次少吃一些，并吃1~2次零食，如坚果、牛奶（每天300~500毫升）、乳酸菌发酵食物、水果等。

为了避免即将到来的早孕反应，准妈妈应多吃易消化的食物。大多数准妈妈这一时期都不喜欢油腻，而偏爱带酸味的食物。为了补充维生素B_2，建议多吃大豆、水煮蔬菜，既容易消化又营养丰富。还可根据准妈妈的嗜好适量摄取辛辣食物和甜食。

维生素E有保胎作用，因此孕早期应多摄入富含维生素E的食物，如坚果（松子、核桃、花生等）、豆制品等。

4. 莫忽视孕前孕后的叶酸补充

孕育金点子

孕前没有补充叶酸的准妈妈也不要太过紧张，在得知怀孕后尽快地去医院检查一下血液中叶酸的含量，医生会针对个体的情况，给出相应的解决方法。

计划怀孕的女性可能已经从各方面了解到孕期补充叶酸的重要性，但是对于叶酸要怎么补，补多少合适等问题还不是太了解。如果已经有怀孕的计划，最好在孕前3个月就在医生的指导下，每天补充适量的叶酸，一直补充到孕后3个月。如果备孕女性在怀孕前有长期服用避孕药、抗惊厥药的用药史，应该在孕前6个月停止用药，并经医生指导后，按医嘱补充叶酸。如果曾经生下过有神经管缺陷的胎宝宝，再次怀孕时最好到医院检查，并遵医嘱增加每日的叶酸服用量，直至孕后12周。

当然，也有许多备孕女性在此阶段并不知道自己缺乏叶酸，也不知道自己已经怀孕，这就有可能错过补充叶酸的关键时期。因此，建议备孕的女性每天都补充0.4毫克叶酸。

5. 孕期补钙莫忽视

胎宝宝骨组织的生成和发育及准妈妈的生理代谢，均需要大量的钙。膳食中钙的含量不足及身体缺乏日照等，均会导致准妈妈血钙下降。由于胎宝宝所需的钙一定要从母体中获得，即使母体本身已缺钙，胎宝宝仍然要从母体中吸取定量的钙，这就会导致母体骨骼和牙齿缺钙，引起腰病、腿病、骨头痛、手足抽搐及牙齿脱落等，严重时甚至会发生骨软化症、骨盆变形，造成难产。

胎宝宝缺钙可导致骨骼发育不良，引起先天性佝偻病等。钙对神经系统也很重要，当血清中钙含量减少时，神经兴奋性增高，于是肌肉发生抽搐，这就是平常所说的“抽筋”。所以，孕期及时补钙是相当重要的。

含钙最丰富的食物当属奶类食品。一般250克鲜奶或酸奶中含300毫克的钙，其他如海米、虾皮中含钙量也较多，且易被人体吸收。在烹饪食物时讲究一些技巧，也可以提高食物中的钙含量，比如炖排骨时在汤内放些醋可以使排骨汤中的钙质增多。若感到食补无法满足机体对钙的需求，可以在医生指导下，根据需要量口服乳酸钙、葡萄糖酸钙等。

6. 孕期关注胎教外环境

怀孕第1个月，是胚胎神经管、四肢、眼睛开始分化的时期，是胎儿发育的关键时期，如果在这期间遭遇到外界不良刺激，会影响到胚胎这些组织和器官的正常发育，从而导致胎儿出现异常。

因此，有怀孕计划的女性，即使不能确定自己是否已怀孕，也必须按照孕期的标准来保持和安排好自己的生活。

（1）不要到商场、影剧院、购物中心、市场等人流密度较大的地方去，避免与患有流感、风疹等传染性疾病的人接触。

（2）尽量避免使用任何药物，因为在妊娠初期的15～40天内，最容易引起胎儿畸形，如果因病情需要而不得不使用药物，必须在医生的指导下谨慎使用。

（3）远离电磁污染，开音响、看电视时要保持一定的距离；尽量少用电脑、微波炉、手机等；不要睡电热毯，因为电热毯产生的电磁场，对准妈妈和胎儿都会造成危害。

（4）避免饮浓茶、浓咖啡及可乐型饮料。怀孕期间，最理想的饮料是白开水。

（5）洗衣要用肥皂，不宜用洗衣粉；洗碗要选用不含有害物质的洗洁精。

（6）避免性生活，因为怀孕初期是最容易发生流产的时期，即使是在计划妊娠期间也应当减少夫妻间的性活动，以免因不知已经怀孕而造成流产。

（7）接种麻疹疫苗，是一项孕前保健措施，但必须注意，接种前1个月到接种后2个月内，必须避孕，防止危及胚胎。如果已经怀孕，千万不可接种。

7. 注意受孕瞬间的胎教

祖国传统医学认为，男女交合时必须心情良好，才能为孕育优良后代打下良好的基础。在选择好的最佳受孕日里，夫妻双方下班后都应早些回家，共同操持家务，在和谐愉快的气氛中共进晚餐。饭后最好夫妻单独待在一起，播放一些抒情优美的轻音乐，一边听一边进行感情交流：体会对方的情感和需求，同时也表达自己的感受。也可以共同回忆恋爱中的趣事，憧憬未来的家庭和孩子。然后在夫妻双方的情感、思维和行为等方面都达到高度协调时同房。

在同房的过程中，夫妻双方都应有美好的意念，要把自己的美好愿望转化为具体的形象。带着美好的愿望和充分的激情进入“角色”，极大限度地发挥各自的潜能。可运用一些方法以增强双方的性感，使性欲达到高潮。女性达到性高潮时，血液中的氨基酸和糖原能够渗入阴道，使阴道中的精子获得能量而加速运行，从而使最强壮、最优秀的精子与卵子结合。

8. 重视情绪对胎教的影响

做妈妈，是女性一生中的大事。为了宝宝，从现在起开始改变自己，首要的是从心理上有意识地避免急、怒、烦、恼、怨、恨、悔这些不良情绪来影响自己，时刻用宽容、平和的态度对待生活、看待事物。

(1) 保持心情愉悦

保持心情愉悦，是整个孕期随时随地需要做好的事。心情舒畅，身心放松，让自己处在轻松快乐的心境中，身体舒适，观察力敏捷，在40周孕期中，就可以随时随地把自己看到的、听到的、想到的东西说给腹中的胎宝宝听，让胎宝宝分享妈妈的幸福、安详感受。

(2) 胎儿喜欢被关注

胎宝宝是一个有感觉和知觉的新生命，需要随时随地受到关注，只有让他不断地接受外界的良性刺激，才能使他积累更多能力，成长得更优秀。小生命喜欢每时每刻与妈妈分享外面世界发生的一切。

（3）胎儿喜爱重复

人类的胎教实践证明，胎儿喜欢重复。在母腹中，听到熟悉的音乐，就会轻轻地蠕动，出生以后，再听到胎教时经常听到的音乐，会立即停止哭闹。因此，不要认为唠叨、“碎碎念”不好，在整个孕期，用平缓的语调多跟胎儿聊一聊天，听音乐尽量选择熟悉的内容，会有益于胎儿，激起他更大的兴趣。

9. 帮准妈妈安定情绪的腹式呼吸

既然准妈妈的情绪对胎宝宝有着不可估量的重要作用，那么准妈妈就应尽量避免自己的心情杂乱不安，尽量保持平静、愉悦。腹式呼吸法对稳定情绪和集中注意力非常有效。

进行腹式呼吸法练习时，准妈妈尽可能穿得宽松点，场地可自由选择，可以坐在床上，也可以是在沙发上，甚至平静地站着。关键是要腰背舒展，全身放松，微闭双眼，手可以放在身体两侧，也可以放在腹部，总之准妈妈觉得舒服就好。

准备好以后，用鼻子慢慢地吸气，在心里默默地慢数 5 个数：“1、2、3、4、5。”吸气时，要让自己感到气体被储存在腹中，然后慢慢地将气呼出来，用嘴或鼻子都可以。总之，要缓慢地、平静地呼出来，呼气的时间是吸气时间的两倍。

实施呼吸法的时候，尽量不要去想其他事情，要把注意力集中在吸气和呼气上，一旦习惯了，注意力自然会集中。准妈妈可以在每天早起或临睡前，有意识地这样呼吸一次，可使整个孕期焦躁的精神状态归于平静，对稳定情绪帮助很大。

10. 步行是孕期最好的运动胎教方式

运动可以增强肺活量、疏通经络、促进血液循环、提高免疫力、改善人的精神状态。

散步是孕早期最适宜的运动。散步不仅能帮助准妈妈呼吸到室外的新鲜空气，调节情绪，还能够提高神经系统和心、肺的功能，促进身体的新陈代谢。而且节奏相对稳定的步行，可以使腿部、腹壁、胸部及心肌运动加强，血管容量增大，血液循环加快，对身体细胞的滋养，特别是对心肌的滋养有很好的促进作用，长期坚持，对促进腹内胎宝宝的发育大有好处，为以后的正常分娩也打下了良好的基础。所以，散步是增进准妈妈和胎宝宝健康的有效运动方式，准妈妈应坚持每天散步。

散步的时间，控制在30分钟即可。另外，汽车尾气的有毒物质、马达的轰鸣声、刺耳的高音喇叭声等都会对准妈妈和胎宝宝的健康造成极为不利的影响。所以，散步地点最好选择绿色植物较多，尘土和噪声较少的地方，这些地方空气清新，氧气含量高，比如空气清新的公园、林荫绿地、干净的水塘湖泊边等。如果没有以上条件，可去车辆相对较少的街道散步，尽可能不要在污染较大的马路、大街、人群嘈杂的商场和闹市中散步，以确保自身和胎宝宝的健康。

孕育金点子

如果准妈妈是早晨散步的话，最好是等到日出之后再出去。如果是晚上散步的话，可以选择8点以后，那个时候马路上的车辆相对较少。

11. 胎教音乐协奏曲

工具：音乐碟、音乐磁带、音响。

时间：每次 60 分钟，每周不少于 2 次。

目的：放松身心，调节情绪。

选择建议：巴洛克音乐，或类似巴洛克节奏的经典音乐。

选择能让自己觉得特别放松和愉悦的音乐数段，时间总长度以 60 分钟为宜。如果个人不喜欢古典音乐，可以选用任何类别、能够放松自己的音乐（当然，“任何”不包括热摇滚和迷幻摇滚类较激烈的音乐）。

如果选择了包括多个音乐家或乐团的作品的音乐，最好自己调整和制作一番，让前一首曲子和后一首的衔接、转换尽量平缓、自然一些。因为，做这个胎教功课的目的，是通过欣赏音乐，消除压力，放松自己的身心。

选好可以连续播放 60 分钟的音乐以后，可以把它们制作成音乐带或音乐碟，经常、随时随地地听，至少每周要选择 2 次固定的时间，安安静静地坐下来，舒适地全部听一遍。

听音乐的时候，可以一边欣赏音乐，一边放任思绪、自由遐想。但是，千万不要躺下来听，因为躺下来听舒缓的音乐，会不知不觉睡着，达不到让自己在清醒状态下放松身心的目的。

认认真真地每周听 2 次以上，让自己在清醒状态下欣赏音乐、放松身心，一直贯穿于整个妊娠期。到分娩的时候，这 60 分钟的音乐可以带入产房，在自己发生阵痛的时候听到它，能帮助自己和胎宝宝放松，减轻痛楚。

宝宝诞生以后，如果婴儿焦躁不安、哭闹、生病时，播放这 60 分钟的音乐，能帮助宝宝放松身心，让宝宝觉得舒适、惬意。

12. 自由自在做胎教

胎教是自由的，不必拘泥于形式。只要把孕期生活过得多姿多彩，给将来的小宝宝传达最愉悦的情绪，就能让他健健康康、快快乐乐地成长。

胎教的方式方法有很多，准妈妈可以选择自己喜欢的，并完全可以按照自己的习惯，发挥自己的想象，与腹中的小宝宝互动，这样才更有效果。

人在轻松的环境里学习东西会非常快，胎宝宝也是一样。只要准妈妈感到舒适，并且感觉胎宝宝醒着，就可以随时把自己听到、看到的一切传达给宝宝，与之分享，但是也要注意给胎宝宝一定的时间休息。胎宝宝不是一个无感觉的物质，而是一个有各种感觉的、鲜活的生命。因此，不管你以何种方式关注他，每天早起与他打招呼也好，在他躁动时轻轻地抚摸他也好，一定要让他感觉到你的关爱。要知道，胎宝宝不怕重复，他更喜欢熟悉的东西，一次又一次，不厌其烦。在将来的某一天你会发现这个秘密——当他听到你为他唱一首熟悉的歌时，会轻轻地蠕动，这就是他正享受你的爱意呢。

第四章 孕2月，茁壮成长的胎宝宝

1. 胎宝宝变化周周看

（1）第5周

这一时期，相当于一粒苹果子儿大小的胎儿出现了心跳。胎盘与脐带开始起供给营养的重要作用。心脏逐渐有了雏形，两条主心血管开始持续不断地收缩，大脑和脊椎也慢慢地发育。随着骨骼的形成，已经可以区分开胎宝宝的头部和尾部。

（2）第6周

胎宝宝外观与蝌蚪有几分相似，并且生长发育迅速。眼部长出眼睑和水晶体，四肢的芽体开始出现，胎宝宝的头部、尾部和臂部都已可以辨清。此外，肝脏、胰脏、甲状腺、肺、心脏等器官开始形成；脑部的体积增加，血液循环也开始运作。做B超检查时有可能看见胎儿心脏跳动。

（3）第7周

胎宝宝以令人难以置信的速度生长着，心脏变得饱满，并分离出左心室和右心室，肺部也长出支气管，开始进入其发育的第一阶段。同时，大脑半球也逐渐成形，肠、盲肠和胰脏开始发育，眼珠发育成为一个黑点，舌部和身体开始变长，头部变大，眼皮也渐渐长了出来。

（4）第 8 周

胎宝宝身长已经增长到 14～20 毫米。在这一时期当中，胎宝宝有了嗅觉，眼球里色素含量增高，四肢也明显变长，其颈部开始发育，下肢的芽体分化为大腿、小腿和足，上肢的芽体分化为手、胳膊和肩。男孩的睾丸以及女孩的卵巢开始出现，同时软骨组织和骨骼也开始生长。

2. 准妈妈变化月不同

大致上说来，大部分人都是因为“呕吐”而开始留意到“怀孕”的存在的。一般而言，恶心与晨吐最厉害的阶段，多半发生在怀孕第 1 个月月底至第 2 个月之间。“害喜”对某些人而言是相当难受的，但它不是疾病，只能由准妈妈自己来克服，不能因为“害喜”而扰乱了正常的生活，更不能让情绪深受其影响。

妊娠初期，准妈妈除了恶心之外，还会由于骨盆充血压迫到膀胱而引起便秘、腹泻、多尿等现象，同时也会常感到下腹发胀。这些若非便秘、腹泻、膀胱炎等病症，即是由妊娠所引起的子宫不规则的收缩而引发的正常生理现象，并无大碍，准妈妈不必担心。当这些现象带来不愉快时，准妈妈可去医院就诊。

妊娠初期，准妈妈一旦发现有轻微的出血现象，特别是因腹痛所引起的出血，往往可能是流产、胎死腹中、宫外孕等征兆，这时准妈妈要立即到医院就诊。

3. 孕期饮食营养红绿灯

这个月里，准妈妈应尽可能多地补充水分，多吃新鲜蔬果；尽量避免因呕吐导致摄食不足和营养损失。

出现早孕反应时，准妈妈往往会出现厌食、食欲缺乏、厌油腻、恶心、呕吐等症状，为避免因此而造成的营养不良，应合理调整饮食结构，少食多餐，多吃一些清淡的以及易消化的食物，如牛奶、鸡蛋羹、稀饭、烤面包片、馒头片、凉拌菜等。

准妈妈在这个月应进食适量的含蛋白质、脂肪、钙、铁、锌、磷、维生素和叶酸的食物，这样才能使胎儿正常地生长、发育，否则就很容易发生流产、早产、死胎、胎儿畸形等不良后果。

准妈妈要多吃对胎儿大脑有益的食品。胎儿可以通过母体选择食物迅速改善其脑力。在食物营养成分中，对脑的健全、发展起重要作用的有如下八种：脂肪、蛋白质、糖类、B 族维生素、维生素 C、维生素 E、维生素 A、钙。充分摄取这八种营养成分就能在一定程度上促进胎儿大脑细胞的发育。

4. 缓解早孕症状的零食

第一次怀孕对夫妻双方都是一种奇特的体验。对于计划中或期待已久的怀孕，在确诊怀孕后夫妻双方都会感到无比喜悦。所以这时刚好也是准爸爸表现的好机会哦。如果准爸爸想要有些具体的行动，那就为妻子准备些零食吧！这样不仅能为准妈妈和她肚子里的宝宝及时补充营养，并且对怀孕初期准妈妈可能出现的孕吐、头晕等状况也会起到良好的缓解作用。

以下就是几种可供这个时期选择的零食：

（1）核桃

补脑、健脑是核桃的第一大功效。核桃含有磷脂，具有增长细胞活力的作用，能增强机体抵抗力，并可促进造血和伤口愈合。

（2）花生

花生的蛋白质含量高达 30%，其这方面的营养价值可与牛奶、鸡蛋和瘦肉媲美，而且容易被人体吸收。另外，花生皮还有补血功能。

(3) 杏仁

杏仁具有降气、止咳、平喘和润肠通便的功能，对于预防准妈妈便秘有一定的作用。但中医认为，杏仁有小毒，不宜多食。

(4) 瓜子

葵花子含有不饱和脂肪酸，对胎宝宝大脑发育有重要作用，并能降低准妈妈血液中的胆固醇含量。西瓜子性寒味甘，具有利肺、润肠、止血健胃等功效。

(5) 松子

松子含有丰富的维生素 A 和维生素 E，以及人体必需的脂肪酸、油酸、亚油酸和亚麻酸，还含有其他植物所没有的收敛酸。

5. 孕期吃鱼有讲究

鱼类含有丰富的氨基酸、卵磷脂、钾、钙、锌等，这些是胎宝宝发育的必要物质。另外，鱼类脂肪中的多价不饱和脂肪酸是一种有益于大脑的物质，对脑细胞，特别是对脑神经和突触的生长发育有重要作用，对人的智力也有影响。所以，准妈妈多吃鱼有利于胎宝宝发育，特别是有利于脑部神经系统发育，这样生出来的宝宝特别聪明。

鱼虽然是公认的健康食品，但是吃鱼也不是越多越好，准妈妈每周吃鱼不宜超过 3 次。在烹调的时候尽量采用水煮的方式，吃清淡的饮食比较好。鱼油最好不要吃，因为鱼油会影响凝血功能，准妈妈吃多了可能会增加出血概率。另外，准妈妈在选购鱼的时候需慎购以下几种鱼：

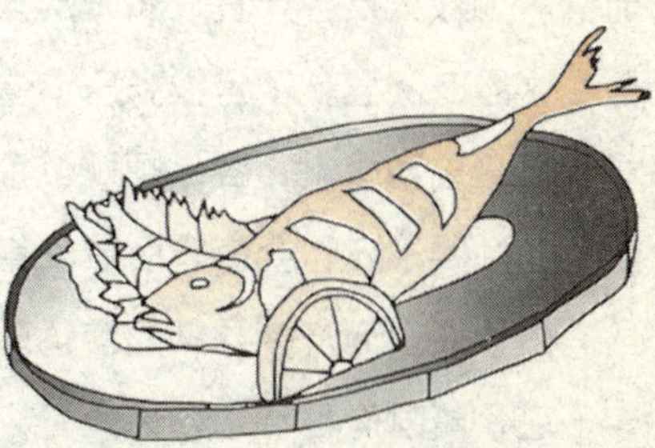

（1）出现腐败迹象的鱼

一些鱼腐败后，会分解形成大量组胺，诱发强烈的变态反应，对准妈妈构成危险。

（2）厂矿尤其是化工厂附近水域里的鱼

工业废气、废水、废渣不断排放到这些水域中毒害鱼类，致使鱼肉中镉、铅、汞等重金属含量增加。

（3）稻田或者紧靠稻田的塘、堰养殖的鱼

农民种稻要施用一定量的农药或杀虫剂，这些有害物污染田水，进而潜入鱼体蓄积起来。其中，鱼头的含毒量最大，准妈妈更要避开。

（4）咸鱼

咸鱼含有大量二甲基亚硝酸盐，进入体内可以转化成致癌性很强的二甲基亚硝胺，增加胎宝宝出生后的患癌危险。

（5）鲨鱼、鲭鱼、旗鱼及方头鱼

因为这四种鱼的汞含量偏高，可能会影响胎宝宝大脑的生长发育。

6. 妊娠反应期需注意的事项

妊娠反应从怀孕后的 4 ~ 7 周开始，反应的时间、症状、程度因人而异。少数人反应严重，80% 的人有反应，也有少部分人无任何反应。

这段时间里，子宫扩张压迫膀胱，导致尿频。性激素分泌增多，会导致情绪波动极大，容易烦躁。而这个阶段正是胚胎发育的关键时刻，过分的烦躁不安，会影响胚胎发育。

由于怀孕而产生异常的疲倦感，会令人变得慵懒，大白天也经常疲惫不堪，嗜睡而且特别容易睡着。这种情况一般在停经 40 天左右出现，会持续到 3 个月（12 周）孕早期末结束。

此期间严禁夫妻性交，最好不要外出旅行，更不要过量运动，以防引发流产。

妊娠反应一般表现为恶心、食欲减退、空腹时呕吐、头晕乏力，不能闻油烟或异味。身体逐渐习惯于妊娠以后，妊娠反应的种种症状会自然消退，恢复正常状态。

妊娠第5周以后，胚胎进入器官分化期，易感性最大，避开病毒、有毒化学物质、有放射线的场所至关重要。

不必为腹中的宝宝忧心忡忡，要做到的是照顾好自己，摄入足够的营养物质，安排适宜的作息时间，避免接触对自身和胎儿有害的物质。

每天增加1小时睡眠时间，并注意保证休息。

在妊娠反应不很强烈的时候，适当做一些运动。保证摄取充足的氧气，每天到绿地或林荫中散步1小时。这一时期最容易发生先兆流产和自然流产，应避免做用力的动作和剧烈运动。

保持精神愉快十分重要。准妈妈和胚胎的神经系统虽然没有直接联系，但有血液物质及内分泌的交流，母体的情绪变化会引起血液中某些化学物质的变化，影响到胚胎。

在饮食上，应选择清淡可口和易消化的食品。此时，能吃多少就吃多少，不必太介意营养够不够的问题。

注意不要缺水，养成定时饮水的良好习惯，让体内的有毒物质能及时从尿中排出。

7. 准妈妈还可以化妆吗

怀孕之后的准妈妈可以偶尔化淡妆，但是尽量少浓妆艳抹。孕期也必须得化妆的准妈妈，在挑选化妆品和化妆的时候，可以参照以下建议：

（1）最好使用同一个品牌的化妆品。建议准妈妈使用婴儿系列的安全护肤用品。而一些高科技生化产品、祛痘祛斑的特殊保养品、含激素及磨砂类的产品，最好都不要使用。

（2）选择安全性强、透气性好、油性小、含铅少、不含激素且品质优良的产品，否则在天气热的时候不利于排汗，影响代谢功能。

（3）不文眼线、眉毛，不绣红唇，不拔眉毛。准妈妈在修眉毛的时候，可以改用修眉刀。

（4）尽量不涂抹口红，如已使用，喝水时、进餐前应先抹去，防止有害物质通过口腔进入体内。

（5）每次卸妆一定要彻底，防止色素沉着。

8. 抛却烦恼少忧虑

孕早期是妊娠反应最强烈的一个时期，常伴有呕吐、头晕、懒散等症状，即将做母亲的准妈妈，要加强自我修养，要善于控制各种有害的情绪，制怒节哀，无忧少虑。

（1）凡事要往好处想，不要生气，不要着急。

（2）遇到不开心的事情要往别处想，离开不愉快的情境，转移注意力。

（3）跟自己说话，相信有办法解决困难，说话慢一点，平和一些。

（4）坐下来，身子往后靠，使心情平静下来。

（5）按摩头部和太阳穴。

（6）用温水洗澡。

（7）把眼睛闭上几秒钟。

（8）置身于欢乐的人群中，给自己的情绪以积极的感染，从中得到宽慰。

（9）到附近草木茂盛的宁静小路上散步。

（10）听自己喜爱的乐曲，翻翻自己喜爱的书籍，想一想未来小宝宝的模样，构思一下他的名字等。

总之，准妈妈要善于控制和稳定自己的情绪，尽量创造良好的心理环境，以利于胎儿的生长。

9. 准妈妈胎教心灵操

（1）第一节

早晨起床先闭目让自己放松，使身心、头脑处于宁静舒适的状态。

（2）第二节

在平静舒适的心态中暗示自己："我是一个正气的人，我要培养出一个品行端正的孩子，所以起床后一定要注意保持行为品格端正，一天不得出错。我相信自己完全能做到。"

（3）第三节

继续暗示自己："我心中充满了爱意，不仅爱丈夫，也爱亲人朋友和他人，爱所有的孩子。我将以最具真诚的心去对待他们。我相信我腹中的孩子也会感受到这一切，相信他也会这样为人的。"

（4）第四节

继续暗示自己："我知道我会为自己的这种追求感到自豪，也会由此得到品行端正的孩子，对此我有充分的信心。"

晚上睡觉前，准妈妈可再检查一下自己一日的行为，如果做到了，可以为自己的努力而感到自豪。

10. 游泳胎教益身心

（1）将运动时间控制在 1 小时以内

对准妈妈来说，游泳过程大致可分为准备活动、正式运动和整理运动这三个阶段。在 1 小时的时间内按照顺序进行上述三项活动就不会给身体带来过重的负担。要记住，此时游泳并不是为了提高游泳水平，而是利用水的浮力减轻隆起的腹部所带来的负担。

（2）要做好准备活动

准妈妈在下水之前一定要记得用温暖的水淋浴，这样可以使自己的身体放松下来，然后做5～10分钟的准备活动，最好再摆动起自己的手臂做一些基础体操动作。若身体已经准备就绪，准妈妈就可以下水进行缓慢的起身练习了。在此过程中应重复向两侧分腿和弯曲膝盖的动作。此时准妈妈还可以同时“呼、哈、呼、哈”地做一些有助于分娩的呼吸法练习。下水之后最好用自由行走或轻轻跳跃的方法使自己的脉搏跳动渐渐地快起来。

（3）在水中进行正式运动

准妈妈应当进行肌肉的锻炼，以及做伸展运动和保持平衡等可以缓解肌肉紧张状态的活动。即使会游泳的人，也可以抓住泳道线，在左右浮动的同时进行踢腿练习。练习过程中，感到呼吸急促时可以稍停片刻，等呼吸均匀一些再重新开始。

（4）以伸展运动和深呼吸结束游泳活动

游泳的最后阶段是进行整理运动，这样可以使运动时加快的脉搏逐渐得以恢复。在锻炼前后一定要进行准备运动和整理运动，这一点对准妈妈尤为重要。做整理运动时应该伸展胳膊、肩膀和跟腱。从水中出来以后则可以做一套简单的体操，为整个锻炼过程画上完整的句号。

11. 孕期宜根据性格选择胎教音乐

胚胎学研究证明，在受孕后第8周，胎宝宝的听觉器官已开始发育，胚胎从第8周起神经系统初步形成，听觉神经开始发育，尽管发育得还很不成熟，但胎宝宝已具有可以接受训练的最基本条件，故从妊娠2个月末起，准妈妈和胎宝宝就可以听一些优美、柔和的曲目。每天在室内放 1 ~2 次，每次 10 分钟左右，乐曲不要选得太多，3 支曲子就差不多了。音乐胎教不仅可以激发准妈妈愉快的情绪，同时可以适当刺激胎宝宝的听觉，使其提前适应，为下一步的音乐胎教与语言胎教、对话胎教开个好头。

选择乐曲时要根据准妈妈的不同性格特点选取不同曲词、节奏、旋律和响度的乐曲。准妈妈情绪不稳、性情急躁、胎动频繁不安，则宜选择一些缓慢柔和、轻盈安详的乐曲，如二胡曲《二泉映月》、古筝曲《渔舟唱晚》、民族管弦乐曲《春江花月夜》等。这些柔和平缓并带有诗情画意的乐曲，可以使准妈妈及胎宝宝逐渐趋于安定，并有益于母胎的身心健康地发展。

如果准妈妈在孕期有些抑郁或不安，则宜选择一些轻松活泼、节奏感强的乐曲，如《春天来了》、《步步高》及奥地利作曲家小约翰·斯特劳斯的《春之声圆舞曲》等。这些乐曲旋律轻盈优雅，曲调优美酣畅、起伏跳跃，节奏感强，既可以让准妈妈振奋精神、解除忧虑，也能给腹中的宝宝增添生命的活力。

孕育金点子

专家认为，在给胎宝宝进行音乐胎教时，需在空间较大的环境中进行。本阶段音乐胎教的重点在于让胎宝宝感受到音乐的节奏，同时也能使准妈妈精神愉悦、心情舒畅。

12. 胎教音乐推荐与欣赏

贝多芬 F 大调第六交响乐，是一支写情多于写景的交响乐曲，贝多芬在完成创作之后，将其命名为《田园交响曲》。它是贝多芬一生众多的音乐作品中为数不多的各个乐章都有标题的作品，是贝多芬 9 首交响乐作品中，最具有故事性、情节性的音乐作品。这部交响乐于 1808 年在奥地利首都维也纳首演，并且由贝多芬亲自任指挥，他在首演的节目单上亲自题记：乡村生活的回忆，写情多于写景。

了解到交响乐的创作背景，再来静静地欣赏它，能感受到音乐家源于大自然的灵感与冲动，领悟到人与自然既和谐又统一的佳境，千姿百态的自然风景与宏伟多变的音乐交织，音乐语言和自然场景相互映衬，让人们在音乐巨子贝多芬优美动人的旋律世界中，漫步于田园风光之中。

散步时，如果和胎宝宝一起漫步于林荫道、花园小径、绿树丛，听一听《田园交响曲》，领悟美妙的音乐境界和大自然的景物，能让人在呼吸新鲜空气的同时，享受到和谐动人的音乐，和胎宝宝一起美滋滋地享受吧。

莫扎特的《小星星变奏曲》：“一闪一闪亮晶晶，满天都是小星星……”这首人们耳熟能详的儿歌，源自一支古老的欧洲童谣。

音乐家对“小星星”闪烁时那种活泼的状态描述，是要心中尚存童真的人才能准确展现和领悟的。全曲旋律轻快、纯真、可爱、敏感，以儿童的口气在讲述童年和妈妈一起看星星的故事。到最后部分，却表现出了一丝淡淡忧郁，最后的一个停顿，好像是讲述者的嗓音哽咽住了……莫扎特在表达对于童年、对于母爱无比依恋的感情，这首《小星星变奏曲》的副标题是“妈妈，我想对你说”。

母爱、天真无邪的童年之爱，是人类永恒不变的讴歌主题。此曲旋律简单、质朴，音乐形象可爱又富于魅力，用童谣式的音乐语言描述了童年对于母爱的印象是和母亲一起仰望星空的幸福情景，母爱的甜美荡漾在人的记忆深处。

带着自己对母爱的甜美回忆，带着对于童真的向往，带着对腹中胎儿越来越浓厚的母爱，欣赏这首名曲，就能联想到活泼可爱的小宝宝像夜空中的星星一般，朝着妈妈眨眼睛。

13. 优美的居室环境能促进胎宝宝发育

安静舒适的家庭环境是环境胎教中非常重要的基本物质基础。

保持居室的清新、整洁，随自己喜好选择适当的音乐，或悠扬、或激昂、或宁谧、或和谐、或清逸超然，都能使人心情舒畅，心境自然能变得平和、静谧。这样的家庭环境对胎儿有益。

孕期的居室内用宁静悦目的中性浅色调作为基调比较适宜。当然，要和自身的性格、习惯、爱好和情趣搭配。室内装饰也可根据自己的欣赏习惯和爱好，适度装点，可以在潜移默化中体现自己的审美情趣，宁心悦目。

在自己满意、喜欢的环境当中生活，能使人置身于平和之中，呼吸平稳，血压平缓，情绪柔和，语言温和，举止优雅，这种平和恬静的情绪和心态，会默默地感染腹中的小生命，胎儿在这样的外部环境中，也能感受到惬意和舒适，能够健康地成长和发育。

相反，如果生活在色彩纷乱、吵闹喧哗的环境中，满眼都是炽热、激荡的气氛，心情也会变得浮躁、飘忽不定，会随着声、光和色彩变换的强烈刺激，变得呼吸急促、血压上升，心情也不会平静和安宁。

居室的色彩布置应该根据准妈妈工作种类、性格等不同而有所变化。一般来说，在纷繁复杂的环境中工作的准妈妈，居室色彩应该简洁、清雅，如乳白色、淡蓝色、淡绿色等。准妈妈从繁乱的环境中回到宁静优美的房间，内心的烦闷便会慢慢消散。如果准妈妈是在紧张、安静、技术要求高、神经经常保持紧张状态的环境中工作，家中不妨用粉红色、橘黄色来布置，因为这些颜色都会给人一种赏心悦目、充满希望的感觉。准妈妈从单调的色彩环境、紧张的工作状态中回到生机盎然、轻松活泼的环境中，精神可以得到放松，体力也可以得到恢复。

居室还要进行绿化装饰，而且应以轻松、温柔的格调为主，无论盆花还是插花，均以小型为佳，不宜用大红大紫，花香也不宜太浓，这都有利于消除准妈妈的疲劳、增添情趣。

在这优美的环境里，准妈妈还可培养自己更广泛的兴趣，如可以自己种一些花草，喂养一些漂亮的小鱼等。这些都能够陶冶准妈妈的情操，感到那种旺盛的生命力是无处不在的，进而产生美好的联想。

第五章 孕3月，雏形显现的小人儿

1. 胎宝宝变化周周看

（1）第9周

胎宝宝的视网膜神经细胞开始生成，面部肌肉和上嘴唇也进入了发育阶段，在耳朵的内部出现了半球形的导管。手指和脚趾也全部长了出来，连接头和身躯的颈部变得清晰可见，尿道和直肠完全地分离开来，能区分腹腔和胸腔。有时在B超检查中甚至能观测到胎动。

（2）第10周

第10周的最后几天是胚芽期的结束，同时也是胎儿期的开端。此时胎宝宝的脏器和身体的发育已经进入相当活跃的阶段，其外表也开始逐渐向人的形态靠近。

胎宝宝的双眼渐渐地从头部的侧面朝脸部中央移动，身体上长出了肌肉，横膈膜将肺和肠、胃分离到两边，后者则慢慢地到其最终的位置。味觉的重要器官——味蕾在这个时候出现了。女胎长出了阴蒂，同时其体内的卵巢也正在不停地成长着。

（3）第11周

胎宝宝头部仍占据着身体的一半大小，颌部逐渐成形的同时，颈部的长度也不断增加，外部生殖器也变得十分明显，牙齿开始长出，还形成了皮肤毛囊。

(4) 第12周

胎宝宝整个身体的大小在过去的3周内几乎又翻了整整1倍。其软骨组织进一步成形，肝脏具有了造血的功能并开始分泌胆汁，肺部完全形成，甲状腺和胰脏也已接近成熟。此外在胎宝宝的脑垂体里，开始有激素产生，消化器官获得了收缩的能力。随着内部生殖器的生长，能区分出男胎和女胎。

2. 准妈妈变化月不同

妊娠第3个月时，准妈妈大概已经习惯“害喜”所带来的不适，身体上没有太大的变化，大多数人也没有“作为母亲”的实质性感觉，此时唯有用超声波才能看到胎儿的动态、状况等。妊娠第3个月后，由于胎儿的增长开始加速，因此母体内的新陈代谢和生理功能也将随之发生较大的变化。

这个时期准妈妈的基础体温仍持续升高；尿频等早孕反应仍要持续一段时间，到第10～11周会逐渐减轻，12周后就会消失；另外，这一阶段易有腹胀、便秘、四肢无力和头晕等；部分准妈妈可发生小腿肚及脚跟抽筋。

乳房更加膨胀。在乳晕、乳头上开始有色素沉着、颜色发黑。下腹部的隆起还不怎么明显，但到了12周，子宫已有拳头那么大，有的准妈妈在下腹部骨盆边缘已开始可触及增大的子宫底部。按压子宫周围，会觉得下腹部有压迫感。阴道乳色分泌物增多。

3. 孕期饮食营养红绿灯

孕早期正处于胎儿细胞分化和主要器官形成时期，准妈妈的膳食要注意合理调配，菜的品种多样化，尽量使准妈妈增加食欲，得到足够的营养。

(1) 提高营养

怀孕第3个月，前两周营养素需要的量并不增加，但其质量很重要。膳食既要充足又要营养丰富，以蛋、奶、禽类、豆类等优质蛋白为主，使准妈妈在孕早期得到足够的营养。晨起可吃些面包、饼干、馒头等糖类食品，以减轻妊娠反应。多吃些水果和蔬菜，可补充足量的维生素、矿物质和水分。

(2) 饮食应多样化

权威的营养调查证实，不论在西方还是在东方，也不论在发达国家还是发展中国家，大多数准妈妈摄入的蛋白质并不缺乏，但有相当比例的准妈妈却明显缺乏各种维生素和微量元素。因此，准妈妈应特别注意饮食多样化，多多摄入富含各种维生素及矿物质的新鲜蔬菜和瓜果，保证营养全面、均衡。

(3) 防流产应多吃绿叶蔬菜

绿叶蔬菜和动物的肝、肾中含有一种叫叶酸（B族维生素之一）的物质，对胎儿的生长发育十分重要。如果准妈妈体内缺乏叶酸，不但会出现巨细胞型贫血，还可能导致流产。因此，妇女在怀孕期间应多吃小白菜、卷心菜、菠菜以及动物的肝、肾等，以保证体内有充足的叶酸。

(4) 补充B族维生素

适当补充B族维生素可减轻妊娠反应。其中维生素B_6在麦芽糖中含量最高，准妈妈每天吃1~2勺麦芽糖不仅可以防止妊娠呕吐，还能变得精力充沛。维生素B_1在缓解恶心、呕吐、食欲缺乏等方面也效果明显。维生素B_1的推荐摄入量为每日1.5毫克。

(5) 补充碘元素

准妈妈缺碘不仅会引起甲状腺肿大，还会影响宝宝的大脑发育。胎儿脑发育旺盛期必须依赖甲状腺激素，甲状腺激素具有促进大脑、体格发育的功能。如果由于缺碘而引起甲状腺激素分泌不足，将直接影响胎儿发育，导致出现智力障碍、运动障碍及体格发育障碍，形成呆小症。

4. 孕期科学吃鸡蛋

鸡蛋中含有大量的优质蛋白质，很容易被人体吸收。其中卵白蛋白及卵黄磷蛋白都是蛋白质家族中的上品，卵球蛋白是婴幼儿生长发育的必需品；鸡蛋中所含的铁、钙，还是造血和骨骼生长的必需品；其所含的卵磷脂、维生素 B_2 等，有利于人体神经系统的发育。

鸡蛋是食用最方便的天然食物，准妈妈吃鸡蛋不仅有益于胎宝宝大脑的发育，而且母体储存的优质蛋白还有利于提高产后母乳的质量。保证蛋白质的供应，可使胎宝宝的脑细胞大量增殖，促进脑组织和其他器官的发育。鸡蛋虽然营养丰富，但也不能吃太多。有的准妈妈以为鸡蛋是最完美的孕产期食品，每天吃十多个，这是不科学的。这样会造成营养过剩，影响人体正常的消化吸收。准妈妈每天吃鸡蛋以 2 个左右为宜。

鸡蛋的吃法有很多种，就营养的吸收和消化率来讲，煮蛋为 100%，炒蛋为 97%，嫩炸为 98%，开水、牛奶冲蛋为 92.5%，老炸为 81.1%，生吃为 30% ~50%。由此可见，煮鸡蛋是最佳的吃法，但要注意细嚼慢咽，以免影响消化和吸收。

5. 孕期科学选择孕妇奶粉

所谓孕妇奶粉是针对孕妇的生理特点，为满足孕妇和胎儿所需的营养，促进胎儿的正常发育而特别配制的奶粉。孕妇们对各种品牌、各具特色的孕妇奶粉应该怎样选择呢？

首先需要了解各种品牌的奶粉的特点，有的奶粉是含脂肪较低或几乎不含的；有的不含乳糖，不会引起胃肠道反应；有的强化了普通奶粉没有而胎儿发育却急需的叶酸；有的提供了亚油酸、亚麻酸等胎儿成长必需的脂肪酸或提供对胎儿大脑有益的 DHA。多数孕妇奶粉都提供了充足的微量元素，如铁、锌、铜等，还提供了充足的钙、磷，选择时必须注意营养的均衡。

其次孕妇还要照顾自己的口味，在妊娠反应较重的孕早期，有些孕妇对口味非常敏感，会酷爱某些口味，反感某些口味，因此不应只看广告宣传，要根据口味选择产品。

还有就是注意喝孕妇奶粉的时机。虽然称为孕妇奶粉，但是应在孕前几个月就开始喝，可为漫长的孕期打下营养基础。

最后是奶粉的每天用量。孕妇奶粉并非越多越好，为了保证均衡的营养，每天喝 1 ~2 杯，配合均衡的各类食物，就能够达到营养充足的目的。

6. 日常生活保健细节

准妈妈的日常保健，是环境胎教的基本内容之一，每一个健康细节都事关胎宝宝生长的内环境。

（1）如果胃口不好，要吃得精一些，多吃蛋白质含量丰富的食物及新鲜水果、蔬菜等，要制作得清淡、爽口。

（2）如果呕吐得很厉害，要去医院检查，输液治疗会很有效。

（3）一般而言，正常准妈妈不会有腰痛感觉，如果发现腰痛，多为先兆流产征兆，应引起重视，及时治疗。

（4）要保证充足的睡眠，每天中午最好睡 1 ~2 小时。

（5）在体内大量雌激素的影响下，从本月起，口腔会出现一些变化，如牙龈充血、水肿以及牙龈肥大增生，触之极易出血，医学上称为妊娠牙龈炎。孕期要坚持早、晚认真刷牙、漱口，防止细菌在口腔内繁殖。

（6）温度适宜时，每天最好能到公园、绿地散步1小时。

（7）被蚊虫叮咬后，切忌涂清凉油、风油精。

（8）叶酸的补充，应当持续到第3个月末。

（9）怀孕第3个月的月末，要做一次较全面的产前检查，并且在医院办理《围产保健手册》，以便今后定期进行产前检查。

7. 孕期瑜伽轻松做

“生命在于运动”，运动可以使胎儿生长发育得更好。准妈妈从怀孕到分娩，身体和心理变化很大，准妈妈的心态对胎儿健康非常重要，练习瑜伽在整个妊娠过程中能帮助孕妇适当地锻炼，保持平衡的心态。

以下几个招式，能帮准妈妈缓解孕早期身体和心理的一些不适。

（1）缓解乳房疼痛的瑜伽体式——鱼式

1）体式功效：放松颈椎，缓解胸部的胀痛。

2）练习要点：头顶不要承重。

平躺于地，脚心相对，膝盖向两旁打开，手放在臀部下方。

吸气，肘部撑地把胸抬起，颈椎向后拉长，头顶轻轻着地。

呼气，头先抬离地面，放平，胸部缓慢下落。

（2）缓解偏头疼的瑜伽体式——猫伸展式

1）体式功效：柔软脊椎，减缓偏头疼，滋养生殖系统。

2）练习要点：支撑的手臂、肘关节不要锁紧。可在掌根下垫毛巾，保护手腕。

两腿与肩同宽，两手五指张开着地。

呼气，低头，弓起后背，收尾骨。

吸气，沉腰，伸展脊椎，抬头抬臀。

俯卧，两腿伸直，两膝向两旁打开，手肘撑地，两手托腮，闭眼。

（3）消除沮丧、缓解压力的瑜伽体式——简易桥式

1）体式功效：滋养生殖系统，平静自我。

2）练习要点：抬起身体时，要收紧大腿和臀部肌肉。仰卧休息时，可将靠垫放于腿的下方。

平躺于地，两腿弯曲与肩同宽，脚心贴地，脚尖朝前；两臂放于体侧，手心向下。

吸气，臀部和下背部逐渐抬离地面。

弯曲两臂，用手托住下背部。

呼气，身体缓缓下落放平。

脚心相对，双膝向两旁打开，手放于腹部上方，放松休息。

8. 适宜运动好孕来

对准妈妈来说，运动前一定要和医生沟通，看自己是否适合做运动、适合做什么运动以及运动时间。要进行有规律的运动，然后循序渐进，逐渐增加运动量。运动前的准备工作即热身活动一定要做足，运动前准妈妈最好做些低强度的有氧运动，如散步或者轻柔的舒展运动，充分热身。

（1）练习简单的呼吸法

准妈妈躺着和坐着时可以做做简单的呼吸法。先暗示自己全身放松，要一个部位一个部位地放松，然后柔和地开始深吸气，再慢慢地、细细地、自然地呼气。呼吸时，尽可能让内心处于愉悦状态，这对调节体内血液循环、放松肌体、解除疲劳很有作用。

准妈妈由于体内的负担越来越大，容易出现腰酸背痛等不适，可将注意力放在腰部，暗示自己放松腰部，再进行上述的吸气呼气，这样可

以减轻不适症状。

（2）球上摇摆运动

准妈妈坐在健身球上，双腿尽量叉开，以维持身体的稳定性，上身保持坐直。

呼气，左手扶住腰部，身体尽量向左弯曲，头部也随之向左倾斜，右手自然下垂。吸气，身体回到原位，然后根据自己的身体状况重复6~8次。换另一侧做同样练习。

对于平时不喜欢运动的准妈妈来说，买个健身球回家是再好不过的选择了。因为健身球有个好处，即使你坐在上面不运动也会消耗热量，帮助你消除脂肪，所以它适合不同运动水平的准妈妈。

9. 好修养培养好宝宝

胎宝宝和准妈妈之间有着微妙的心理感应，准妈妈的一言一行、一举一动都将对胎宝宝产生潜移默化的影响。所以，每一个准妈妈都应从自己做起，从现在做起，努力提高自身的修养。大致可以从以下几个方面入手：

（1）建立良好的习惯

这是良好的精神修养的外在形式，准妈妈应从一点一滴的小事做起，如言谈要文雅、举止要端庄、服饰要整洁、声调要柔和等。

（2）加强文化修养

文化修养体现了内心世界的美，可以说是人生的无价之宝。准妈妈可以有计划地阅读一些有益于身心的文学作品、知识读物及人物传记；欣赏一些精美的摄影、绘画作品；聆听一些优美的音乐等。这样可以从中吸取无尽的营养，准妈妈可以用诗一般的语言，向腹中的胎宝宝描述人间的真、善、美，那么就会激发他的生长，培养他的美感，使他出生后更加聪明，更加可爱。

（3）培养健康的生活情趣

充实自身的精神生活，热爱大自然，热爱人生，热爱一切美好的事物，长此以往，腹中的胎宝宝也会感受到生活的美好和幸福。

10. 给胎宝宝起一个可爱的小名

刚开始对腹中的胎宝宝说话可能觉得挺不自然，就像在自言自语一样。与生硬地称呼胎宝宝为“孩子”相比，不如给他起一个小名再开始胎谈，这样接下来的过程就会变得轻松许多，准妈妈不自然的感觉就会逐渐消失，与胎宝宝之间的感情也会变得深厚，从而使准妈妈有机会与胎宝宝进行更为亲密的谈话。

可以取“圆圆”、“宝宝”这种非常上口的名字，但名字最好不要有性别倾向，因为这代表了父母对孩子真实性别的尊重。

胎谈过程中最不能忘记的事情就是传递爱的信号，“让胎宝宝知道你的无限爱意”可以说是胎谈的根本所在。“我爱你”、“欢迎你的到来”这样积极的话语将使胎宝宝更加了解自己正被疼爱的事实。

另一方面，准妈妈一定要避免消极的言行，因为胎宝宝能够比其他任何人都更快地感知准妈妈的情绪变化。准妈妈在视觉和听觉上都应尽可能不接触消极的事物，例如要避免使用“太差了”、“不行”等否定词汇。

称赞和奖励对胎宝宝的好处是不言而喻的。去医院做检查时，发现胎动比较明显或是感觉自己身体状态良好时，夸奖腹中胎儿是不错的做法。

只有保持积极的言行，才能为孩子带来积极而开朗的性格。

孕 育金点子

对胎宝宝说话时要注意抑扬顿挫，并尽量做到发音标准。如果声音能够保持平静、柔和，胎宝宝就不会产生拒绝感。一边深情地抚摸肚皮，一边温柔地对胎宝宝说话，这样母亲的稳定情绪就会完完整整地传递给胎儿。

11. 胎教音乐推荐与欣赏

民族管弦乐曲《彩云追月》：1932年，任光、聂耳为上海百代唱片公司国乐队创作了一批民族管弦乐曲，《彩云追月》是其中一首，原曲创作于1935年。新中国成立初期，有人为本曲填词成歌《几度花落》。1960年，彭修文根据中央广播民族管弦乐团的乐队编制，特意重新配器演奏，广为流传。因为丝竹乐特色浓郁显著，曾长期被人们误认做粤曲。现有徐小侠填词的同名歌曲和钢琴曲目。

这首乐曲以极其富于民族特色的五声音阶为旋律基础，简单、质朴，旋律流畅，优美抒情。采用竹笛奏主题，箫、琵琶、二胡、中胡等民乐齐奏，弦管合鸣，形象地描绘了浩瀚夜空的怡然景色，曲调悠扬而抒情。

作者在创作这首管弦乐曲时，虽然采用传统的五声音阶，却大胆选取了西方探戈舞曲鲜明的节奏，并且把我国南方的越剧元素巧妙地融入其中，汲取了江南丝竹乐优美轻松的音调和乐器组成特点，匠心独运地创作出这首意境深邃、舒缓优美、富有神韵的小型器乐合奏曲，有机地融合中西方经典音乐元素，合璧贯通、脍炙人口。

柴可夫斯基《花之圆舞曲》：俄罗斯音乐家柴可夫斯基的经典芭蕾舞剧《胡桃夹子》第二幕音乐，是著名交响乐经典音乐，充满着天真浪漫而神秘的神话色彩，具有强烈的儿童音乐梦幻般的甜美特色。

《花之圆舞曲》选自舞剧第二幕中糖果仙子与众仙女群舞时的音乐。由竖琴、圆号领奏出圆舞曲主题，华丽流畅的序奏后，交响乐组合演奏的旋律，表现出糖果仙子与仙女们轻盈婀娜的舞姿。

《花之圆舞曲》已经成为西方古典音乐的代表作，有“交响乐经典”、“圆舞曲经典”的美誉，经常被国际著名的交响乐团选为表演曲目，出现在大型交响乐演出节目中。

12. 放飞想象的翅膀

展开想象的翅膀，通过对美好事物和意境的想象，将美好的体验传递给胎儿，使胎宝宝发育得更加完善。

由于想象对胎儿具有一定的“干预”作用，准妈妈的想象内容十分重要，美好内容的想象无疑会对胎儿产生美的熏陶；内容不佳的想象，则会起到反面作用，或把准妈妈本不想传递给胎儿的信息传递给了胎儿。这一点，准妈妈要千万注意。

(1) 静坐练习

本阶段，准妈妈可在安静状态下采用盘坐的姿势。其做法是以左右两脚的脚背置于左右两腿上，足心朝天。双手掌心向上，置于两脚上。如姿势不熟练，也可采取盘腿坐的姿势。到怀孕中后期，由于腹部已经隆起，很难再采用这种坐姿，此时可以伸直双腿，挺直腰板儿坐下，也可以在床上练习，只要自己觉得舒服就可以了。

(2) 冥想

准妈妈闭上双眼，也可以闭合片刻待感觉到舒服后张开眼睛，凝视1米远的前方，盘腿而坐，双手放在膝盖处，手心向上，拇指与食指相接成圆形，其余手指自然放松，调整自己的呼吸，每次吸气和呼气时默默数数。

(3) 幻想宝宝

准妈妈将手放在腹部，借助手向胎宝宝传递健康的气息。在脑海中想象胎宝宝的模样，仿佛对胎宝宝耳语一样传递积极的讯息。将注意力逐一集中到胎宝宝、包裹胎宝宝的羊膜、羊水、脐带、胎盘等，并将这些与胎宝宝紧密联系在一起，心无旁骛地呼气和吸气，继而便会感觉吸气时吸入的是清净的自然之气，呼气时排出的是混浊之气和代谢废物。想象结束后要适当地休息。

13. 和胎宝宝做体操

现在这个时候，胎宝宝的活动是丰富的，有眯眼、咂拇指、握拳头、伸展四肢、转身、蹬腿、翻筋斗等。而且，受到刺激后会作出各种反应，只是准妈妈还不能清晰地感觉出来。因此，这个时候准妈妈不仅应在心灵上与其沟通信息、交流感情，还应当抚摸胎宝宝，帮助胎宝宝做体操。

(1) 选择恰当的抚摸时间

一般以早晨和晚上抚摸为宜，每次时间不要太长，5 ~ 10 分钟即可。

(2) 抚摸方法要得当

准妈妈平躺在床上，全身尽量放松，在腹部松弛的情况下，用一个手指轻轻按一下胎宝宝再抬起。

本阶段与胎宝宝做体操，准妈妈可能感觉不到胎宝宝的回应，但不要因为胎宝宝对此没有反应而放弃此项胎教，只要坚持进行，待胎宝宝再长大些，准妈妈就能感觉到胎宝宝的回应了。

第六章 孕4月，令人激动的胎心音

1. 胎宝宝变化周周看

（1）第13周

经历着急速生长的胎宝宝在此时耳朵逐渐移动到正常的部位，肺、胃、肝、胰等身体器官也到达了各自应在的位置，并向着能够完全发挥其功能的形态发育。指纹、指甲、声带和乳牙的根也一个个长出来。

（2）第14周

胎宝宝整个身体达到了普通人的拳头大小，眼睛逐步从头部的两侧移向脸部正前端，耳朵则从颈部移动到了头的两侧，颈部的长度继续增加。声带生长完成，生殖器持续发育，消化腺体也已经趋于完整。

（3）第15周

胎宝宝骨骼开始变得坚硬，透过薄薄的皮肤可以看见血管，刚长出的汗毛覆盖了整个身躯。有时还能看到胎宝宝吸吮大拇指的可爱模样。腿部的长度超过了手臂。

（4）第16周

胎宝宝开始握住自己的拳头并张开了小嘴，嘴唇开始活动，有时会做出吞咽的动作，还会吸吮自己的大拇指。头上会长出一些毳毛，肠胃开始制造出消化液，尿液也在肾脏里产生。接着手指长出了指甲，脐带附着在下腹部上，手臂开始移动。

2. 准妈妈变化月不同

妊娠第4个月时的准妈妈腹部微凸，但仍然不是很明显，子宫变大、多尿、骨盆充血，并影响乙状结肠、大肠，常常发生便秘。

(1) 子宫的变化

随着胎儿的迅速增长，子宫的体积也呈现较明显的变化。子宫变大，致使子宫长出小骨盆，宫底在肚脐与耻骨上缘之间，并时有不规则的无痛性收缩，这是妊娠期正常的肌肉收缩。

(2) 乳房的变化

乳房明显增大，乳头及乳晕着深褐色，可从乳头里挤出一种淡黄色的黏液。应随时保持乳头的清洁，若发生乳头凹陷，要特别注意卫生，必要时请医生处理，不要过度按摩乳房，以免诱发子宫收缩而流产。

(3) 早孕反应消失

早孕反应逐渐消失，但分泌物、尿频、腰部沉重感依然存在。因腹部压力增大，影响下肢静脉回流，表现为小腿等部位“青筋”突出(轻度静脉扩张)；由于腹压加大，局部受到压迫而出现多尿和便秘。

3. 孕期饮食营养红绿灯

胎儿进入急速生长期，需要大量营养，准妈妈应均衡摄取所需营养素，不要因为喜欢吃某种食物而养成偏食的习惯。

(1) 充分摄取营养

妊娠4个月时，早孕反应已消失，准妈妈心情转好，食欲也恢复正常，吃什么都觉得可口。这段时期，正是胎儿生长发育较快的阶段，需要较多的营养。因此，准妈妈要多摄取蛋白质、植物性脂肪、钙、维生素等营养物质。特别是有过严重早孕反应的人，身体的营养状况不好，为夺回损失，必须摄取足够的高质量的饭菜。

此时胎儿各器官逐步完善，其免疫系统的组织器官也随之发育，胎儿组织中钙、磷、铁、锌、钾等矿物质都在不断地储备，所以妊娠中期的准妈妈需要补充丰富的营养，多吃一些蛋类、奶类制品、肉类、五谷杂粮、蔬菜及水果，以保证胎儿的发育。

准妈妈应适当增加植物油的进食量，也可适当选食花生、核桃、芝麻等脂肪酸含量较高的食物。但是，要控制食用过咸、辛辣食品以及冷食。因为那些食物会成为泻肚、流产及早产的原因。

(2) 注意补锌

锌是人体中的一种重要微量元素，是胰岛素的组成部分，具有重要的生理功能。锌与胎儿的生长发育密切相关。锌缺乏时，可使体内 80 多种酶的活性受到影响，造成核酸及蛋白质合成障碍。除准妈妈出现食欲不振、味觉异常外，还会影响胎儿的大脑发育，使其出生后智力低下、体重低，甚至出现脑、心血管、骨的畸形及尿道下裂、隐睾等。锌缺乏时会降低子宫肌肉收缩能力，延长产程，增加产妇痛苦和出血量。准妈妈血锌含量达标是顺利分娩的重要条件之一，故准妈妈补锌很重要。

成人每日需锌量为 15 毫克，准妈妈增至 20 毫克。一般认为，高蛋白食物含锌量较高，其中海产品含锌丰富，尤以牡蛎含量最高，其他海味及禽蛋类、肉类次之。蔬菜、水果中的含量不高。

(3) 注意补钙

钙是人体必需的矿物质，是胎儿造骨的原料。据统计，妊娠期妇女每日平均需要摄入钙 1500 毫克，整个妊娠期需要储备钙 35 ~ 45 克，以满足胎儿骨组织的生成发育及母亲生理代谢的需要。胎儿所需的钙是从母体

获得的，即使在母体缺钙时，胎儿仍然需要从母体吸收足够量的钙。如果母体缺钙未能得到补充，严重时母体的骨骼和牙齿就会脱钙，从而引起准妈妈腰背痛、腿痛、骨头痛、手足抽搐以及牙齿脱落等，甚至导致骨质软化、骨盆变形，造成难产。胎儿缺钙则导致胎儿骨骼发育不良，引起先天性佝偻病。因此，补钙很重要。要补充钙，可以适当多吃含钙高、含维生素 D 较多的食物，如奶类、鱼肝油、豆类制品、青菜等，也可以多晒太阳，经日光照射使自身产生维生素 D。

含钙丰富的食物有牛奶；豆类及豆制品；海带、海藻；花生、核桃仁、南瓜子；鱼罐头（可连骨食入）、鱼松、虾皮等。

准妈妈补钙的最好方法是每天喝牛奶 200～400 毫升，每 100 毫升牛奶含钙 120 毫克，牛奶中的钙最容易被准妈妈吸收。

准妈妈也可在医生的指导下服用乳酸钙、葡萄糖酸钙和维生素 D 等。乳酸钙 0.6 克，每日 3 次；葡萄糖酸钙 0.3～0.5 克，每日 3 次。

4. 孕期科学吃水果

水果营养丰富，香甜可口，食用起来很方便，备受准妈妈青睐。但是，水果中含有大量葡萄糖、果糖，经胃肠道消化吸收后会转化为中性脂肪，诱发肥胖，甚至引起高脂血症。医生建议，准妈妈每天食用的水果量应有限制。用水果来代替蔬菜或把水果当饭吃，是很不科学的。尽管水果营养丰富，但营养并不全面，尤其是蛋白质及脂肪相对较少，而这两种物质却是胎宝宝生长发育必不可少的。

另外，还有一些水果准妈妈不宜多吃，如桂圆、荔枝、山楂等。尽管桂圆和荔枝营养丰富，是很好的补品，但它们性温、热。由于准妈妈怀孕后往往易阴虚产生内热，再吃桂圆和荔枝的话，会热上加热，造成准妈妈大便干燥、口舌干燥而引起胎热，甚至出现阴道出血、腹痛等先兆流产症状。山楂味酸，可调节准妈妈的食欲，很多准妈妈喜欢吃，但也不要大量食用。这是因为山楂对子宫有兴奋作用，可促进子宫收缩，倘若准妈妈大量进食山楂和山楂制品，有可能会刺激子宫令其收缩，进而导致流产。尤其是以往有过自然流产史或怀孕后有先兆流产症状的准妈妈，更要忌食山楂制品。

如果准妈妈贫血，应该少吃石榴和杏。西瓜也不宜多吃，因为西瓜很容易造成准妈妈脱水。柑橘类，如甜橙、南橘、无核蜜橘、柚子等营养丰富，富含柠檬酸、氨基酸、糖类、脂肪、多种维生素、钙、磷、铁等营养成分，是准妈妈喜欢吃的食品。常吃柑橘可以预防维生素 C 缺乏症及夜盲症。但是，柑橘也不可多食，过量食用对身体没有好处，容易引起燥热而使人上火，发生口腔炎、牙周炎、咽喉炎等。每天吃柑橘最好不要超过 3 个，控制在 250 克以内。

孕 育金点子

准妈妈应该吃时令水果和蔬菜，在秋天吃苹果，冬天吃柑橘类水果，春天吃芦笋，夏天吃无核水果，如黑莓。在享受价格低廉的同时，享受到这些蔬菜和水果在其自然成熟的季节里带来的丰富营养。

5. 孕期谨防食物过敏

据美国学者研究发现，约有 50% 的食物对人体有致敏作用，孕妇过敏也可能引起胎儿过敏，导致妨碍胎儿生长发育，或直接损害胎儿某些器官，如肺、支气管等，从而造成胎儿肺、气管易发炎症，甚至出现畸形。

孕妇预防食物过敏，可从以下五个方面注意：

（1）以往吃某些食物发生过过敏现象，在怀孕期间应注意避免食用。

（2）不要食用过去从未吃过的食物或霉变食物。

（3）在食用某些食物后若发生全身发痒、出荨麻疹、心慌、气喘，或腹痛、腹泻等现象时，应考虑到可能是食物过敏，要立即停止食用这些食物。

（4）不要吃或慎吃易过敏的食物，如海产鱼、虾、蟹、贝壳类食物及辛辣刺激性食物。对海产品食物可先少量试吃，看是否有过敏反应，再决定是否多食用。

（5）食用异性蛋白类食物，如动物内脏、蛋类、奶类、鱼类等，应烧熟煮透，以减少过敏源。

6. 孕期注意控制体重

进入孕中期，准妈妈会胃口大开，可以尽情地解一解馋了。

原本在怀孕前，女性就特别注意保持身材、控制进食，现在一旦解禁，又胃口大开，怎么样才能健康地吃而不发胖呢？

一般来说，在理想体重下怀孕的健康女性，怀孕过程体重平均增加约 8～12 千克。不论怀孕前体重如何，在怀孕中、后期，每月体重增加如果少于 1 千克，或每月体重增加 3 千克以上，都是不适当的。

孕期不能减肥，但体重却必须控制，否则除了身材变形之外，吃得太多引起肥胖容易产生并发症，也容易导致分娩困难。

并非少吃就能减肥，掌握进食的技巧、食物的烹调、食材的选择等，都是控制体重的关键。

同样的营养价值，如果选择热量较低的食物，对体内的胎儿并没有差别，但是对母亲本身影响却很大，而且及早掌握这些观念及技巧，对于产后恢复身材也很有帮助。

只要吃得科学合理，就能找到不发胖的秘诀。吃得科学、合理，包括改变自己的进食习惯和烹调方式两方面内容。

7. 改变进食习惯

（1）改变进餐顺序：先喝水→再喝汤→再吃青菜→最后才吃饭和肉类。

（2）养成每天三顿正餐一定要吃的习惯。

（3）生菜、水果色拉应刮掉色拉酱后再吃。

（4）肉类应去皮，并且不吃肥肉，只吃瘦肉部分。

（5）油炸食品先去掉油炸表皮后再吃。

（6）浓汤类食物，只吃固体汤料，不喝汤。

（7）带汤汁的菜肴，把汤汁稍微沥干以后再吃。

（8）改变以前爱在饭上淋浇肉汤、菜汤的习惯。

（9）用水果取代餐后甜点。

（10）用茶、开水或不加糖的饮料及果汁，来取代含糖饮料和果汁。

（11）注意食物的种类和吃下的总量。

（12）吃完东西立刻刷牙，刷过牙以后，就坚持不再进食。

（13）临睡前3个小时不再进食，白开水除外。

8. 孕期作息要有规律

准妈妈的身体反应，在一天中的各个阶段都是不一样的。有的时候准妈妈会觉得精力很旺盛，而有的时候又觉得很困，其实这跟准妈妈体内的生物钟有着密切的关系。怎样巧妙地利用孕期的生物钟呢？一起来看看吧：

（1）上午 10～11 点

在这个时间段内，人类可以最大限度地承受各种疼痛。准妈妈可以在这个时间段处理烦琐的家务事或者工作上的难题。

（2）下午 1～2 点

准妈妈在这个时间段最好小睡片刻，保证每天大约 30 分钟左右的午睡。因为这段时间，刚吃完午餐的人记忆力会有所减弱。

（3）下午 3～4 点

这段时间，身体各种机能处于最高运作阶段，最适合出门活动。在家休息的准妈妈可以选择离家比较近的公园或其他幽静的地方进行散步。

（4）下午 5 点

这是一天中食欲最旺盛的时间，准妈妈可适当地吃一些点心或其他爱吃的食物。

9. 做做孕妇“情绪胎教心灵操”

（1）第一节

仰卧于床上，微闭眼睛，先暗示自己放松全身。

（2）第二节

暗示自己：“我内心非常宁静舒适——我的心已经到了一片广阔的天地间——我沐浴着温暖的阳光和清新的空气——真舒服啊；哦，景色真美啊——我的眼睛被美丽的色彩逗得很明亮——我很兴奋——我感觉心旷神怡——我感觉到了内心深处的喜悦——真是太好了。”暗示时眼睛要内视，发挥想象力看着自己所想的一切。

（3）第三节

继续暗示自己：“我听到远处有孩子在咯咯地欢笑，我也情不自禁地笑起来了——我的内心也在微微地笑了——啊，多么美好的一天啊。”暗示时全身放松，并细细体会、感觉自己内心的愉悦。

此操孕妇最好能每天早、晚各做一次，坚持做对孕妇自己和胎儿的身心都会有好处。

10. 为胎宝宝营造温馨的气氛

胎宝宝在4个月时，大脑内控制本能、欲望和心理状态的间脑或旧皮质部分已经形成，当准妈妈情绪不稳定时，血液中的激素就会发生变化，血液经胎盘进入胎宝宝血液、间脑中，间脑受到刺激，就会使胎宝宝的行动产生变化。如果胎宝宝在子宫中感受到温暖、和谐、慈爱的气氛，将得到同化，意识到生活的美好和欢乐，可逐渐形成热爱生活、活泼外向、果断自信等优良性格基础。反之，胎宝宝会觉得痛苦，将来性格可能比较孤僻、懦弱、自卑、多疑等。

家庭成员（特别是丈夫）要多体贴妻子，为了腹中胎宝宝的安全和使他形成良好的性格基础，要避免让准妈妈做较重的家务，减少准妈妈的负担，让准妈妈时刻处于心绪平静、开朗的状态，让准妈妈的身体维持良好的状态，这样就能让胎宝宝在舒适的环境下健康、顺利地成长。

11. 孕期感受大自然的美

如果以前因为孕吐或者担心流产而很少活动，那么从这个月开始后的一段时间，准妈妈不妨多多地亲近大自然。

大自然中清新的空气对于人类的健康有极大的益处，对准妈妈更是如此。有一些准妈妈因怕伤风感冒而不敢开窗，人为地限制了新鲜空气的摄取。长此以往，不仅会使健康受损，而且也会给胎儿带来一定的影响。

每一位准妈妈都应该克服自己的懒惰情绪，争取每日早些起床，到有树木或者草地的地方去做操或散步，呼吸那里的清新空气。在树木多的地方以及有较大面积草坪的地方，尘土和噪声都比较少。除早晨外，准妈妈在工作的间息时间也应到树木、草坪或喷水池边走走。晚上最好能开小窗睡眠，保证室内空气的清新，如天气太冷可关窗，但应在起床后，打开所有的窗户换空气。另外，假日里与丈夫和亲朋好友一起去郊外游玩，也是一种呼吸新鲜空气的好方式。

在准妈妈欣赏秀美的大自然田园景色的同时，未出世的宝宝也会得到益处——含氧丰富的血液会使胎宝宝像喝足水的“庄稼”一样茁壮成长。有时还会在母腹中手舞足蹈，以表示感激之情呢！

12. 准妈妈晒太阳要适度

准妈妈在平时要多晒太阳，因为阳光中的紫外线能穿透到皮肤下面，使皮下的“7－脱氢胆固醇”变成维生素D，维生素D能大大促进胃肠道对钙、磷等矿物质的吸收。准妈妈如果多晒太阳，就能得到足量的维生素D，从而使胎宝宝的骨骼和牙齿变得更结实，肌肉变得更强壮。另外，晒太阳除了补充维生素D，还可以起到杀菌的作用。

准妈妈最好选择在上午或午后晒太阳，要避开正午的阳光以免晒伤皮肤。需要注意的是，晒太阳的时间不能过久，因为一定强度的日光可以使皮肤受到紫外线的损伤，导致脸上的色素、色斑增多，甚至还可能出

现日光性皮炎、加重静脉曲张。如果是冬天的话，准妈妈每天晒太阳一般不应超过1个小时，夏天则保持在半个小时左右即可。

所以，准妈妈适当晒太阳是必要的、有益的，但过多地进行日光浴则不利。

13. 有益身心的“宁神静息法”

在对腹中胎儿实施胎教训练前，先学会呼吸法，对稳定情绪和集中注意力是行之有效的。

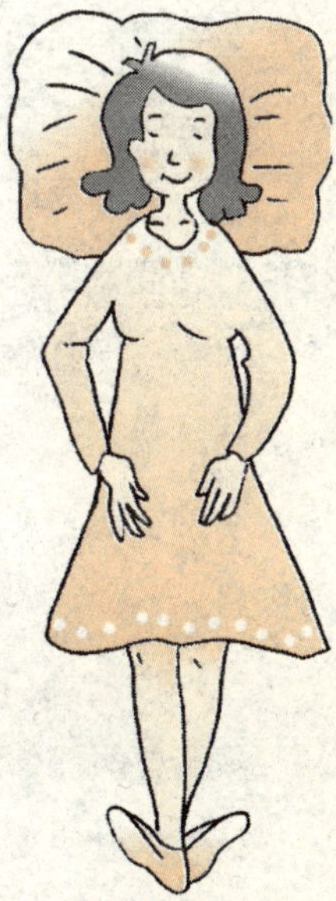

宁神静息呼吸法：任意选择一个场所，可以在床上、沙发上或地板上。使自己的腰背舒展，全身放松，微闭双目，手可放在身体两侧，也可放在腹部，衣服宜宽松。

准备好后，用鼻子慢慢吸气，在心里数5秒钟；肺活量大的人可以数到6秒钟；感到呼吸困难可以只数4秒钟。

吸气时，要感到气体被储存在腹中，然后缓慢、平静地用嘴或鼻孔呼气。呼气用的时间，尽量是吸气时间的两倍。这样反复呼吸1～3分钟，就能感到心情平静、头脑清醒。

实施呼吸法时，尽量不去想其他琐事，要把注意力集中在吸气和呼气上。一旦习惯了，注意力就会自然集中。在做胎教前进行这样的呼吸，对增强注意力，以便准确地按照程序进行胎教，有很大帮助。

每天早上起床时，中午休息前，晚上临睡前，各进行一次宁神静息呼吸法，养成能够迅速自我调整呼吸的习惯，准妈妈在妊娠期间最容易出现的焦躁情绪就可以得到改善，有利于进一步提高胎教效果。

注意事项：施行静息呼吸法时，尽量做到衣着宽松，腰带、胸罩都要放松，不要有束缚感；避免使用香水，以防注意力被分散；如果思绪游离不定，不要太在意，更不要强迫自己集中注意力，有游离的意识就随它存在，呼吸数次就会自然消失。

14. 孕妇瑜伽轻松做

（1）牛首姿势

跪姿，臀部坐在双脚上。

左臂向后，屈曲左肘关节，左手指尽力向上伸；举起右臂，曲起右肘，越过肩部之后在背后拉住左手。

在呼气的同时双手相互对拉，然后保持均匀的呼吸，持续 15～20 秒钟。慢慢地松开双手，左右手互换之后继续互拉。

功效：提高胸部肌肉的弹性，有利于日后的哺乳，通过扩张胸廓和提升肺活量，增进肺部功能。通过提肩和沉肩来放松身体，同时保持均匀的呼吸。如果两手互拉很困难，可以借助手绢或丝带来完成此动作。

（2）向前面俯身

双腿向两侧伸展后坐下。

双臂举过头顶，吸气。

双臂向前下方伸展，在呼气的同时将上半身向前俯，尽力向下伸展背部。

让膝盖窝尽量贴近地面，在均匀呼吸的同时保持不动。在不压迫下腹的情况下伸展背部，注意用力不要过于勉强。

缓缓抬起上身并让呼吸变得匀称，彻底地将身体放松。

功效：缓解消化不良、食欲不振及便秘等不适，并去除下腹部的多余脂肪。

(3) 小幅度的倾斜

坐姿，左腿向里侧弯曲，右腿向外侧弯曲。

两手交叉，举过头顶，让上半身往左边转动。

两手交叉移到脑后，保持交叉的姿势，然后向右侧倾斜身体。

向头顶方向拉伸交叉的双手，并向后倾斜身体。

功效：增强股关节的柔韧性，减轻腰部和臀部的疼痛症状。并能够以腰部为中心，缓解整个背部紧张与疲劳的状态。

第七章 孕5月，宝宝开始“踢”我了

1. 胎宝宝变化周周看

（1）第17周

生长速度逐渐变慢，身上出现了褐色的皮下脂肪，脊椎的神经纤维也逐渐被白色的脂肪所包围。听觉器官也在此时逐渐进入发育状态。

（2）第18周

胎宝宝的骨骼轮廓已经可以在X光片上清晰地体现出来。其心脏开始收缩，循环系统也进入了发育的状态，并最终与母体的循环系统完全分离。此时通过B超检查可以确定胎宝宝的心脏是否存在异常。

（3）第19周

胎宝宝从此时起到出生为止，体重还会再增加约1.5倍。此时期内胎宝宝做出了蹬踢的动作，不仅手臂开始移动，手指和脚趾也开始运动，脑部与脊髓继续生长。此外，与身体的其他部位相比，腿部的发育幅度最为明显，胎宝宝的骨骼此刻则暂时停留在由软骨组织构成的初始阶段上。

（4）第20周

胎宝宝的手心和脚底上出现了纹路，眼皮上还长出了细细的睫毛。胎脂开始生成，并时刻起着保护胎宝宝皮肤的作用。通过B超检查可以确定是否怀有双胞胎。

2. 准妈妈变化月不同

身体好像吹气般胖了起来；脸上出现黄褐斑、黑斑，头发开始变得浓密；分泌物增多、尿频、腰酸背痛、便秘、痔疮、下肢水肿、静脉曲张等不适感增强；胎动开始了！

随着胎儿的不断增大，子宫体积也迅速增大，子宫底已在耻骨联合与肚脐之间，通过自己的抚摸，准妈妈可以感觉到子宫底的大致部位。这时整个子宫大约像幼儿的头颅那么大。增大的子宫势必要将心脏往上边压挤，有时感到饭后胃里的东西不易消化，有心慌、气短或便秘等感觉和现象。

妊娠中期胎盘分泌大量雌激素，刺激乳腺管发育，分泌大量孕激素，刺激乳腺腺泡发育，加上垂体泌乳素等的作用，使乳房继续增大。同时，乳头着色加深、体积增大，易勃起，乳晕着色。在妊娠 20 周左右可出现分泌的初乳。

3. 孕期饮食营养红绿灯

准妈妈的健康及营养状况对胎儿的生长发育极为重要。凡营养不良、显著贫血的准妈妈所分娩的新生儿的出生体重均较正常者为轻。故应保证准妈妈足够的营养，积极纠正贫血。对伴有胎盘功能减退、胎儿宫内生长迟缓的准妈妈应给予高蛋白、高热量饮食，并补充足够的维生素和铁、钙元素。尤其是铁元素如果补充不足，极易造成母体贫血，严重时还会影响到胎儿的健康。

随着孕期的增加，铁的需要量也随之增加。一般来说，妊娠中、后期，每天要补铁 18 毫克。为了补铁，孕期应适当多吃些鱼、瘦肉、猪肝、蛋、虾米等动物性食品，新鲜蔬菜以及黑芝麻、黑木耳等。注意荤素搭配，同时多吃些柑橘类水果。

“细嚼慢咽”是充分吸收营养的秘诀。吃饭的时候不要想别的事，一心一意地吃饭，也不要边看电视边吃饭。将食物很好地咀嚼，这样可以促进消化液分泌，使食物所含营养得到很好的消化及吸收，还可以促进能量代谢，使热量充分消耗，对控制体重非常有效。同时，促进了胃液的分泌，可防止消化不良、拉肚子、便秘等常见病症。

从现在开始，准妈妈的饮食中应适当增加鱼类和新鲜蔬菜等，注意蛋白质、微量元素和维生素 C 的合理摄入。

4. 有益于胎宝宝成长的六类食品

由于胎宝宝的大脑在这一时期急速发育，所以选择进食对其脑部发育有帮助作用的食物尤为重要。

(1) 第一类

以海带为代表的碘类含量较高的海藻类食品，以牡蛎为代表的各种贝类食品。

(2) 第二类

硒元素也非常重要，黄油、鱼、大蒜、贝类、小麦胚芽和苹果都含有大量的硒。维生素 E 与这些食物一起吃还可以提高人体对硒的吸收率，所以在享用以上食物时还可以适量吃芝麻、葵花子等食品。

(3) 第三类

大量的维生素 B_1 也是这个时期必不可少的。酵母、小麦胚芽、海藻类食品及大豆中含有大量的维生素 B_1。

(4) 第四类

铁元素也格外重要，海苔等海藻类食品，以及黑木耳、绿茶、竹笋、芝麻中都含有大量的铁。

(5) 第五类

钙也是必需成分之一，它可以使骨骼变得更加结实。螃蟹、干虾、沙丁鱼与奶酪中都含有大量钙。

（6）第六类

钾元素也值得重视，食用晒干的海带可以补充大量的钾元素。干萝卜片以及干香菇中也含有大量的钾元素。

5. 孕期吃核桃可使宝宝更聪明

核桃味甘性温，中医认为它有温肺、补肾、益肝、健脑、强筋、壮骨、润肠通便的功能，常用来治疗肾虚喘咳、腰痛脚弱、阳痿遗精、耳鸣、小便频数、带下、大便干燥等。民间对核桃的赞誉也很多，它在我国民间一向享有“长寿果”的美称，“母食核桃儿补脑”则是对核桃功用的赞誉之一。

核桃又名胡桃，它的营养价值和药用价值都很高。100克核桃仁可产生2000多焦耳热量，是同等重量粮食所产热量的两倍。核桃仁中的不饱和脂肪酸含量高，有降低血中胆固醇的作用。核桃仁中的磷脂具有增长细胞活力的作用，可提高脑神经功能，增强机体抵抗力，并可促进造血和伤口愈合。

优质核桃不论是生嚼还是熟食，营养价值和口味都不错，对生长发育中的胎儿大脑确有滋补作用。尽管如此，由于核桃油性大，孕妇还是不宜食用过多，以防“败胃”。

6. 孕期科学吃蔬菜

烹饪方式对蔬菜中营养成分的保留是非常重要的，比如有的蔬菜中维生素 C 和 B 族维生素的含量较多，在烹饪过程中容易遭到破坏，所以准妈妈可以生吃来保存这些营养。而有的则需要焯烫一下，或煮熟之后食用。一起来看一下，不同的蔬菜怎样吃才最营养吧。

适宜生吃的蔬菜：黄瓜、胡萝卜、白萝卜、番茄、柿子椒、大白菜心、紫包菜等。生吃时最好选择无公害的绿色蔬菜或有机蔬菜。生吃的方法包括自制蔬菜汁，将新鲜蔬菜适当加点醋、精盐、橄榄油等凉拌，切块蘸酱食用等。

需要氽烫一下的蔬菜：菠菜、竹笋、茭白等含草酸较多的蔬菜也最好氽烫一下，因为草酸会在肠道内与钙结合成难吸收的草酸钙，干扰人体对钙的吸收；十字花科蔬菜，如西兰花、菜花等氽烫过后口感更好，它们含有的丰富纤维素也更容易被消化；大头菜等芥菜类的蔬菜含有硫代葡萄糖苷，氽烫一下，水解后生成挥发性芥子油，味道更好，且能促进消化吸收；马齿苋等野菜焯一下能彻底去除尘土和小虫，还能防止过敏。

煮熟才能吃的蔬菜：含有大量的皂苷和血细胞凝集素的扁豆和四季豆，一定要熟透变色才能食用；含淀粉的蔬菜，如土豆、芋头、山药等必须熟吃，否则其中的淀粉粒不破裂，人体无法消化；豆芽一定要煮熟吃。

7. 孕期活动有原则

孕期的一举一动，一言一行，都事关母子健康。学会用正确的姿势活动，显得尤为重要。

从这个月起，腹部渐渐增大膨隆，重心前移，身体各部位受力方向也发生变化，坐、立、行走等日常生活均与怀孕前不同，活动受到诸多限制。

为保证准妈妈能健康、顺利地完成妊娠，避免出现意外，妊娠期重要的健康活动姿势是避免背部弯曲。

(1) 由于孕激素使全身的肌肉拉长、软化，准妈妈做家务时，不宜过分弯曲腰背，拖地一类家务能少做就少做，在整理花园、拖地、铺床时，都要尽量挺直腰板，以蹲低或跪着做的姿势代替弯腰。

(2) 不要举提重物，因为会无法保持背部的挺直。穿低跟鞋，因为高跟鞋会加重身体重量向前倾。

(3) 从躺卧着的姿势起来时，一定先要转向侧卧姿，然后再转向跪姿，先用手臂和大腿的力量把身体撑起，以保持背部挺直。

(4) 站立时要尽量让背部舒展、挺直，使腹部的重量集中到大腿、臀部、腹部的肌肉上，并受到这些部位的支撑，这样能防止背痛，增加腹部肌肉的力量。可以在能照到全身的镜子前面，检查自己站立的姿势是否正确。

(5) 在由站立改为坐姿时，要先用手在大腿或扶手上支撑一下，然后再慢慢地坐下。坐椅子时，要深深地坐在椅子里，后背要笔直地靠在椅背上。先慢慢坐在椅子靠边部位，然后再向后移动，直到坐稳为止。坐有靠背的椅子时，上身和大腿要呈直角，大腿宜与地平线保持平行。

(6) 由坐姿站起时，要用手先扶在大腿上，再慢慢站起来。

(7) 拾取东西时，注意不要压迫肚子。要先弯曲膝盖，然后弯腰，蹲下以后再拾取。

8. 每天定时用语言刺激胎宝宝

胎宝宝 5 个月时感受器官初具功能，在子宫中能接收到外界刺激，能以潜移默化的方式储存于大脑之中。尽管胎宝宝所处的环境与成人不同，他是漂浮于羊水中，外界的声波在到达胎宝宝的感受器官时要穿过腹壁、子宫壁和羊水，声波的强度会减弱一些，但声音频率和韵律是不会发生明显改变的，能传递给胎宝宝，胎宝宝依旧能感觉得到。

实践证明，准父母经常和胎宝宝对话，进行语言交流，能使胎宝宝出生后语言和智能发育得更好。专家们提出，准父母与胎宝宝的对话要持续，每天定时刺激，每天1~2次，准爸爸也要在固定的时间与胎宝宝说话。随着妊娠进展，每天可适当增加对话次数和延长对话时间，把快乐的感受告诉宝宝。准父母和胎宝宝的对话内容不必太复杂，内容不限，可以是问候，可以是聊天。为了培养宝宝丰富的想象力、独创性和进取精神，准父母还可以为胎宝宝选择一些色彩丰富、含有想象内容的宝宝画册，利用画册进行故事讲解。准父母可以将画册中展示的世界，用富有想象力的大脑经饱含感情的声调把故事讲给宝宝听。准父母在给宝宝讲故事时，不仅仅是朗读，而应把画册中的内容通过五官使之形象化，使画册中表达的内容更具体、更形象地传递给宝宝。

9. 和胎宝宝一起做游戏

（1）怀孕4个月以后，在抚摸胎儿的基础上，孕妇可以进行轻轻地触压拍打刺激胎儿的胎教法（即触压拍打法）。

具体做法：准妈妈平卧，放松腹部，先用手在腹部从上至下、从左至右来回抚摸，并用手指轻轻按下再抬起，然后轻轻地做一些按压和拍打的动作，给胎儿以触觉的刺激。刚开始时，胎儿不会作出反应，准妈妈不要灰心，一定要坚持有规律地做下去。一般几个星期后，胎儿会有所反应，如身体轻轻蠕动、手脚转动等。

注意事项：开始时每次5分钟，等胎儿作出反应后，每次增至5~10分钟。在按压拍打胎儿时，动作一定要轻柔，准妈妈还应随时注意胎儿的反应，如果感觉到胎儿用力挣扎或蹬腿，表明他不喜欢，应立即停止。

（2）可在胎儿5个月时做此游戏。胎儿踢肚子时，孕妇轻轻拍打被踢部位几下。一两分钟后，胎儿会在拍打部位再踢。改变部位后，孕妇再轻轻拍打腹部几下以回应胎儿。

改变的部位离上一次被踢部位不要太远。一两分钟后，胎儿会在改变后的部位再次踢。每天进行 2 次，每次数分钟。

这种游戏有助于孩子出生后站、走的发展，并可使孩子身体灵敏、健壮。

10. 胎教音乐推荐与欣赏

维瓦尔第《四季》：小提琴协奏曲《四季》，是意大利小提琴演奏家、作曲家安东尼奥·卢奇奥·维瓦尔第 1725 年创作的作品，是巴洛克音乐代表作。

《四季》由《春》、《夏》、《秋》、《冬》四个标题乐章组成，以《春》的第一乐章（快板）最著名，旋律轻快、愉悦，流畅的音乐语言使人联想到春天万物生机盎然、茂盛葱郁的景色。其他四个乐章各具特色，以《冬》的第二乐章最为著名，是首次以标题为乐章命名的协奏曲，每一部分都采用三章协奏，是西方经典标题音乐的典范。适合根据不同季节来欣赏、领悟音乐表现出的意境，与胎宝宝一起感受大自然和音乐表现出的美妙境界。

舒曼《梦幻曲》：罗伯特·舒曼是 19 世纪德国音乐史上最突出的人物，《梦幻曲》是舒曼在 1838 年创作的一首钢琴曲，是组曲《童年情景》中的一部分，表现出成年人对于儿童时代的回忆，描写快乐无忧的童年生活，欢快动人，富于情趣，抒情风格和幻想色彩浓郁，能使欣赏者在不知不觉中被引入缥缈的梦幻世界，在美妙绝伦的旋律中绽开微笑，沉醉于甜蜜的童年生活回忆中。

这首乐曲是舒曼浪漫主义风格的代表和经典之作，常被改编成为各种乐器的独奏曲来演奏，小提琴和钢琴是最为典型的。《梦幻曲》适合把音量调整到若隐若现的状态，感受梦幻世界的玄妙与美逸，做运动胎教、语言胎教、朗诵和讲故事时，用来做背景音乐也很适合。

11. 利用彩色卡片学习语言和文字

彩色卡片就是上面有用彩笔写的语言、文字、数字的卡片。首先从汉语拼音a、o、e、i、u开始，每天教4~5个，如果父母想从小发掘孩子的外语天赋，也可教胎儿26个英语字母，先教大写，然后是简单的单词。

怎么教呢？如教“a”这个汉语拼音时，一边反复地发好这个音，一边用手指写它的笔画。这时最重要的是能通过视觉将“a”的形状和颜色深深地印在脑海里。因为这样一来准妈妈发出的“a”这一字母的信息，就会以最佳状态传递给胎儿，从而有利于胎儿用脑去理解并记住它。汉语拼音韵母教完后，可以接着教声母和简单的汉字，如“大”、“小”、“天”、“儿”等。在教胎儿学习时，母亲要有耐心和真挚的感情，切忌急躁，敷衍了事。

12. 慢跑运动助好“孕”

进行慢跑是锻炼心脏和身体最快速、最有效的方式。而且，准妈妈可以根据自己的时间来安排运动量，如果一天总共只有15分钟锻炼时间，那就跑15分钟，如果哪天时间允许，可以跑半个小时。

慢跑会给骨盆造成相当大的压力，所以准妈妈在开始跑步前，一定要进行骨盆底肌肉练习，不能只简单地做几个准备活动和结束后做一下放松活动就完事。

怀孕期间，准妈妈的身体会产生松弛性激素，令关节松弛，所以更容易受伤。慢跑的时候，由于怀孕已经使身体重心发生变化，肚子越来越大，很容易滑倒或摔跤。准妈妈进行慢跑运动的时候，为了安全一定要选择平坦的人行道进行运动。万一真的失去平衡，要尽量以正确的方式摔倒——侧倒或以手和膝盖着地，而不是直接肚子着地。

13. 带着胎宝宝做运动

现阶段，准妈妈由于全身血液循环增加，同时增大的子宫压迫血管，会出现头晕及下肢水肿等症状，使准妈妈精神困乏、浑身无力、容易疲劳，这时准妈妈会产生“不想动”的心理状态。然而，人的机体功能是“动则盛、惰则衰”，准妈妈只有通过运动才能吸入新鲜的氧气，排出身体内的废物，以增强身体的抗病能力，生一个健康的宝宝。

适合本阶段的运动方法包括如下几种：

（1）快步走

快走的姿势与散步的姿势相似，但手臂摆动幅度更大一些，步伐也更快一些，心率尽量控制在120～140次/分。快走可以根据个人的体质情况循序渐进，最好是每周坚持20～45分钟。

（2）半蹲练习

两脚自然分开，膝盖对准脚尖方向，手臂自然下垂放在身体两侧，目视前方。吸气时屈膝半蹲，手臂向前平举，呼气时还原，反复练习10次。下蹲时膝盖和脚掌不要向内侧翻。下蹲过程中臀部不要向后翘起。

（3）皮带操

将橡皮带放在瑜伽垫子上，然后盘腿坐在皮带上，双手握住皮带的两端，自然放于身体两侧。呼气时手臂向身体两侧平举，吸气时还原至初始位置，反复练习10次。

第八章 孕6月，静静聆听妈妈的世界

1. 胎宝宝变化周周看

（1）第21周

消化系统逐渐发挥作用。此时胎宝宝开始做出吞咽羊水的举动，从某一角度讲，这也是一种补充营养的过程。

（2）第22周

在胎宝宝体积继续增大的同时，其眼皮和睫毛开始发育，手指甲也长了出来。

（3）第23周

胎宝宝的体重差不多是455克，从头顶到臀部的距离约为20厘米。听觉不断发育，嘴唇也变得更加分明并逐渐丰满圆润起来，面部越来越接近新生儿出生时的模样。胎宝宝的皮肤上有许多皱纹，覆盖全身的汗毛颜色变得更深了。

（4）第24周

此时羊水量开始增加，胎宝宝的肺部血管开始发育。除此之外，与其全身相比，头部显得体积较大是另一个较为明显的特点。

2. 准妈妈变化月不同

准妈妈的子宫这时又长大了许多，从高度上看，在怀孕第6个半月左右，宫底应该是已长到了脐部上一横指，用尺测量耻骨联合上的子宫长度为 22.0 ~ 25.1 厘米。因此，腹部更加突出，体重也增加不少，腰部会感到有些笨重。准妈妈行动开始不如以前灵活，甚至站立和坐下时也会感到吃力。由于子宫的压迫，会有排尿增多（尿频）的现象，这也是正常的，不用过于担心。

准妈妈乳房发育很快，这个月又胀大了许多，稍稍用力，便能从乳头里挤出一种黄色的稀薄液体。随后不久，准妈妈乳房的周围有时会出现一些褐色的小斑点，形成第二乳晕，这是正常的生理现象，准妈妈不要误认为是乳房出现病变。

在乳房内部许多新的管道分支正在形成，原有的管道网也迅速地生长发育。这些管道，就是将来哺乳时输送乳汁的通道，由于乳房的发育非常旺盛，皮下的静脉往往很明显。

3. 孕期饮食营养红绿灯

胎儿的肾脏和膀胱已经形成，这个时期关键的营养素是胆碱、牛磺酸、糖原，其中任何一种都是胎儿肾脏、肝脏健康发育所需的营养素。应该多吃些大豆、豆制品、鱼贝类，充分摄取这些营养物质。

铜是体内酶和辅酶的重要成分之一，它与锌、镁的化合物有抑制恶性肿瘤的作用。准妈妈缺铜，会引起贫血、骨质疏松等，严重的会导致流产、早产、胎膜早破、胎盘功能不良。如果准妈妈体内铜、锌的含量均低，则胎儿容易畸形。因此，准妈妈在日常饮食中应注意补充含铜的食品。

过了妊娠第 20 周，要注意防治妊娠高血压综合征。饮食要控制盐分摄入量，以减轻肾脏负担，每天的盐分摄入量应控制在 10 克以下。在烹调实践中，需要改变以前口重的习惯。吃味道太浓的菜，又吃很多主食，这样很容易感到口渴，于是随时饮用橘子汁和清凉饮料。这样的饮食习惯不仅会吸收过量盐分，还会引起肥胖、便秘和贫血。

4. 准妈妈巧吃工作餐

工作餐往往比较简单，而且营养方面也不太讲究，更有一些不太健康、容易导致发胖的饮食。准妈妈吃工作餐的时候一定要善于“去粗取精”，选那些营养、健康的食物来食用。

(1) 拒绝味重食物

工作餐里的菜往往不是咸了就是淡了。准妈妈应少吃太咸的食物，以防止体内水钠潴留，引起血压上升或双足水肿。其他辛辣、味重的食物也应该明智地拒绝。

(2) 慎吃油炸食物

工作餐中的油炸类食物，在制作过程中使用的食用油一般都是被重复使用过很多次的回锅油。这种反复沸腾过的油中有很多有害物质，所以准妈妈最好不要食用工作餐里的油炸食物。

孕育金点子

准妈妈可以自己带一些有营养的零食，在两餐之间食用。比如坚果、牛奶、酸奶、新鲜水果等等。容易饥饿的准妈妈要记得带些全麦饼干或者面包之类的食物，这样饿的时候就可以吃一些。

(3) 挑选饮料

一般人去吃工作餐的时候都会叫上一杯饮料，但对于准妈妈来说需要慎重选择。健康饮料包括矿泉水和纯果汁，而含有咖啡因或酒精的饮料则对孕期不利。

(4) 饭前吃个水果

为了弥补吃不到新鲜蔬菜的不足，准妈妈应在午饭前 30 分钟吃个水果，以补充维生素。

5. 准妈妈盛夏如何吃

盛夏，怀有身孕的妇女，由于自身的生理变化和胎儿生长发育的需要，会使血液循环量增加，心跳加快，新陈代谢旺盛。所以在夏季里孕妇会比一般人更怕热。

夏季高温常易使人食欲不振，此时有些孕妇有恶心、呕吐等妊娠反应，若不注意调理，必然会影响自身和胎儿的健康。为使孕妇安全度过夏季，应合理安排孕妇的营养膳食。

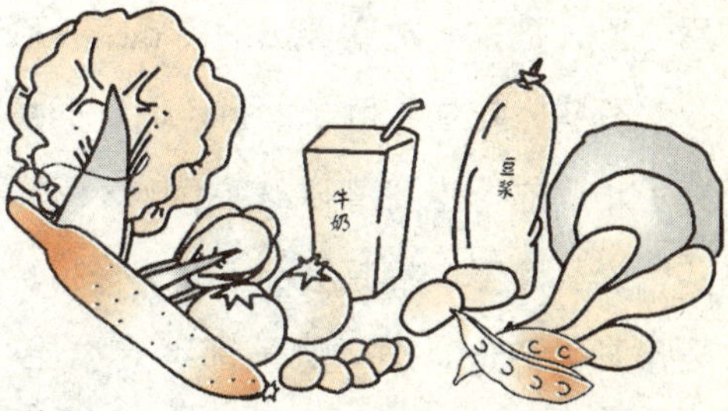

（1）应让孕妇多吃新鲜蔬菜，如小白菜、黄瓜、番茄、蒲瓜、扁豆、冬瓜等。

（2）孕妇应多吃豆制品，如豆腐、豆腐干、豆腐皮以及豆浆等。因为豆制品中含有35%～40%的植物蛋白质和人体所必需的氨基酸。

（3）孕妇可适量吃些鸡肉、猪肉，多饮爽口的菜汤、紫菜汤、金针菇黑木耳汤。如果孕妇觉得肉类油腻，不爱吃，可以试着改变烹调法，如在肉末里加些面粉、蛋清，搅拌成糊状后，在铁锅上做成薄饼，或者做成肉丸子汤，这样可增加孕妇食欲且保证营养的丰富。

（4）孕妇还应多吃些水果，如西瓜、黄瓜、草莓等，多饮水和果汁，及时补充因出汗过多而失去的水分。但此时不要饮酒类、咖啡和可乐等刺激性的饮料。

6. 一举一动事关胎教

进入孕中期，由于胎儿一天天长大，准妈妈腹部不断向前隆出，身体重心也会随之发生变化，骨盆韧带会出现生理性松弛，容易形成腰椎前倾，给背部肌肉增加负担，引起疲劳或发生腰背酸痛现象。

在整个妊娠阶段采取正确的站、行、坐、卧姿势，可以减轻腰、背、腿脚部位的不适感。

站立时，两腿平行，两脚稍微分开，重心放在两脚的脚心上，不容易疲劳。如果站立的时间较长，两脚宜一前一后，隔几分钟调整一次前后位置，把重心放在伸出的前腿上，以减轻疲劳。

有些人怕显示肚子，行走时，有意识猫腰或挺胸，这样做不好。

正确的行走姿势以站立为准，挺直身躯，伸直脖子和背部，抬起头，绷紧臀部，抬起腹部重心，保持全身平衡，稳步前行，不弯腰，不要用脚尖行走。这样母子都不受委屈，向前看路也清楚，脚也踩得踏实，不会摔跤，有利于安全。

坐姿要舒适妥帖，要整个臀部接触坐椅，后背笔直靠在椅背上，大腿和小腿呈直角，大腿呈水平状，这样腿和背都舒服。不可坐在椅子的边或角上。坐椅子时，臀部先坐在椅子前缘，然后慢慢后移，以免椅子失衡跌倒。最好坐有靠背的椅子，不宜坐无背的方凳。坐下前要先看好是否稳实、安全。

妊娠初期可以采取平常的仰卧姿势，膝盖下面垫一个枕垫，全身的肌肉都可以放松，比较舒服。到妊娠16周以后，宜采取侧卧姿势，可以消除肌肉紧张，解除疲劳，也容易入睡，不会压迫到腹中的胎儿。

尽量避免搬过重的东西。搬运较轻物品时，也应当先弯腰曲腿蹲下来，让物品靠近自己身体以后再搬起来。如果直接弯腰去搬东西，不仅会增加腹部压力，还会损伤腰部肌肉。

7. 孕期床上用品细选择

睡眠可使营养消耗过大、身体消瘦的母体得到保护，从而少得病。为了让孕妇休息得舒服，选择床上用品时应该考虑以下四点：

（1）床铺

孕妇适宜睡木板床，铺上较厚的棉絮，以避免因床板过硬、缺乏对身体的缓冲而带来的不适、转侧过频、多梦易醒。

（2）枕头

以9厘米（平肩）高为宜。枕头过高会迫使孕妇颈部前屈而压迫颈动脉。颈动脉是大脑供血的通路，受阻时会使大脑血流量降低而引起脑缺氧。

（3）被子

理想的被褥是全棉布包裹的棉絮。不宜使用化纤混纺织物做被套及床单，因为化纤布容易刺激皮肤，引起瘙痒。

（4）蚊帐

蚊帐的作用不仅仅是避蚊防风，还可吸附空间飘落的尘埃、过滤空气。孕妇使用蚊帐有利于安然入眠，并使睡眠加深。

8. 语言胎教叙述生活中的点滴

准父母与腹中的宝宝对话，是一种积极有益的胎教手段。虽然胎宝宝听不懂话的内容，但他能够通过听觉听到父母的声音和语调，感受到来自父母的呼唤。用语言刺激胎宝宝的听觉神经系统及大脑，对胎宝宝大脑发育无疑是有益的。

准父母可以将生活中的衣、食、住、行等都作为和宝宝对话的素材，如："今天好冷啊，多穿一件衣服吧，这件上衣配红色的领带比较好呀！""今天的饭真香啊！""家里的墙壁刷得雪白雪白的，可好看了！""嗬，公园里真漂亮，青青的草，红红的花，还有鼓眼睛的小金鱼在不停地游来游去。"……总之，生活中所有的事都可和胎宝宝交谈。通过和胎宝宝共同生活、共同感受，使母子间的感情更深，并且为出生后宝宝的智力发展打下良好的基础。

在开始工作前，准妈妈要对宝宝讲："乖宝宝，现在妈妈开始工作了，在这段时间，妈妈的精力必须集中在工作上，所以不能和你讲话。但是，妈妈并没有把你忘记，你先香甜地睡上一觉吧。"

在工休时间，准妈妈主动地与周围的人交谈，让宝宝一同参与。同事们可以对着准妈妈的腹部说：“你的妈妈很能干，热爱工作，待人和善，我们大家不仅喜欢她，而且非常喜欢她肚子里的你。我们这里有不少好吃的水果及糖果，还有书籍和劳动工具，你出生后就能吃到、看到或用到。”这类语言用于胎教是最理想、最有益的。周围的人还可以从书中挑出一首小诗、一段格言、一首儿歌、一则寓言故事，反复地朗诵或讲解给胎宝宝听，准妈妈可将这些内容记入胎教日记中。

9. 双语教育要趁早

由于胎宝宝对声音已经具有了记忆的能力，因此准妈妈如果在怀孕的时候经常与胎宝宝说英文，收效会很好。

准妈妈可以讲一些很简单的英语，例如：“This is Mommy.”“It's a nice day.”“Let's go to the park.”“That is a cat.”将自己看见、听见的事情，用简单的英语说给胎宝宝听。此外，还可以用已经替胎宝宝取好的名字与其进行“交谈”，例如：“Lisa，I am your Mommy and I love you so much!”“Johnny，you are my lovely baby and I will try to give anything that you like!”

若要以英文进行胎教，先决条件就是准妈妈本身的英语能力要好，能够在日常生活中很自然地说出标准的流利的英语，能够轻松地运用两种语言来交流。有的准妈妈觉得自己的英语能力有限、发音不够标准，或者觉得在“非英语为母语”的环境中实行英语胎教有一定困难，那么就不要勉强进行英语胎教，可以选择一些句型简单、内容健康、重复性高的英文音像制品，借助它有趣的内容、清晰的发音、活泼的气氛来进行英语胎教，同样可以收到很好的效果。除了英语，准妈妈用本土语言（比如上海话、广东话）和胎宝宝说话，也可收到异曲同工的效果。因为胎教的作用，就是让胎宝宝及早对身边的声音有所认识。

准妈妈若是怀孕时进行英语胎教，那么在宝宝出生之后，仍要持续与宝宝进行英文沟通，不然宝宝对英文的熟悉程度便会渐渐生疏。

10. 让心田的歌声调出好情绪

主题：与胎儿沟通。

工具：自己喜爱和熟悉的一两支歌。

时间：从现在到分娩，最好能每天 1 次。

从怀孕初期到现在，几乎每天都要欣赏音乐，实施胎教。美妙动人的音乐，能够使自己心情放松、身体舒展，并且能传递到腹中，安抚和刺激胎儿。现在，胎儿的听觉器官已经发育，听力形成，正在学习识别各种各样的声音，辨识准妈妈和准爸爸的声音，这正是用歌声和胎儿沟通的大好时机。通过唱自己喜爱的歌，通过夫妻一起合唱，能愉悦身心，怡情养性，把情绪胎教和音乐胎教功课合二为一，一举多得。

即使自己和先生的嗓音都不是特别好，唱得不美，甚至“五音不全”，这些都没关系，不必要求自己达到职业歌手的水平，也不必非要唱得那么悦耳动人，最重要的是两点：一是通过唱歌，使胎宝宝与“全家”建立感情联系，把自己的爱和关怀传递给胎宝宝；二是唱歌的同时，能调动情绪，愉悦身心。

选择一两首轻柔、有抚慰效果，而且能经常唱给宝宝听的歌曲，或者温馨的民谣、小曲，或者儿歌，甚至自己喜爱的戏曲小段，反复对胎宝宝唱。

胎宝宝喜欢重复，反复唱一两首歌曲，胎宝宝就会把歌声作为与妈妈的感情联系纽带，听着来自准妈妈和准爸爸熟悉的歌声，会很宁静、舒适、安详。

如果在宝宝出生以后，听到熟悉的歌声，就变得很乖、很安宁，千万不必为此感到惊讶，这就是胎教的效果。

11. 胎宝宝的“宫中散步”

到6~7个月，准妈妈已能辨出宝宝的头和背，就可以轻轻推着胎宝宝在子宫中“散步”了。准妈妈双手放在腹部，摸清胎宝宝的头部与背部，先抚摸胎头并且告诉胎宝宝：“我们和爸爸一块儿在音乐下散步。”然后轻轻地反复推动胎宝宝几次，双手协调往复。这就是胎宝宝的“宫中散步”。这种运动有利于胎宝宝肌肉发育。医学研究表明：经过以上运动胎教的宝宝，出生后的动作发展要比一般宝宝早，肌肉的发育更好，手更灵巧。手巧心自灵，心灵智力好。胎宝宝如果“发脾气”，用力“顿足”，或者“撒娇”，身体来回扭动时，准妈妈也可以用爱抚的动作安慰胎宝宝，而胎宝宝过一会儿也会以轻轻的蠕动来感谢妈妈的关心。

生命的亲昵也包括准爸爸在内。准爸爸可以用手轻抚准妈妈的腹部同胎宝宝细语，告诉胎宝宝这是准爸爸在抚摸，并与准妈妈交换感受，这样能使准爸爸更早地与未见面的小宝宝建立联系，加深全家人的感情。

如果能够和着轻快的乐曲同胎宝宝交谈，与他“玩耍”，效果会更好，可以帮助他发育得更好。需要注意的是，给胎宝宝做体操应该定时，比较理想的时间是在胎动频繁时，但时间不可太晚，以免胎宝宝兴奋起来手舞足蹈，使准妈妈久久不能入睡。每次的时间也不可过长，5~10分钟为宜。抚摸可以与数胎动结合进行，并且将情况记录在胎教日记中。但有早期宫缩者不宜用这种方法。

12. 经常设想宝宝的形象

准妈妈经常设想自己宝宝的模样是有益处的。中国古代就有人总结过这样的内容：看珠宝玉器，欣赏图画，可使宝宝有美感；音乐可融和人心；观看军人队列，听雄壮的乐曲，可有秩序感。准妈妈的感受都会影响到胎宝宝。宝宝心智和情商方面的发展，更有赖于准妈妈本身的文化素质、道德情操的提高和升华。

一般来说，准妈妈可以把自己的想象通过语言、动作等方式传达给腹中的宝宝，并且要持之以恒。例如可以告诉胎宝宝：“眼睛要长得像妈妈，鼻子要像爸爸……”可以在临睡前与胎宝宝交流，亲切而愉快的情感沟通，能培养宝宝与妈妈的感情！

准妈妈对未来的宝宝的猜想，是准妈妈本人美好的愿望。在想象的过程中，准爸爸应加以正确引导，让准妈妈多想一些对宝宝有益的事，消除对宝宝不利的想法。在孕中期，准妈妈可以多想一下宝宝是多么聪明与可爱、活泼与健壮等。

第九章 孕7月，宝宝接近新生儿了

1. 胎宝宝变化周周看

(1) 第25周

胎宝宝开始了各种与呼吸有关的练习，味蕾生长完毕，身体也渐渐变胖，但皮肤仍然皱得厉害。

(2) 第26周

体重快速增长，身体变得丰满起来。胎宝宝开始进行呼吸，其脸部和身体越来越像新生儿了，并且开始对外界的抚摸作出自己的反应。

(3) 第27周

身体的每个部分几乎都已经形成，视网膜继续发育，内耳的神经连结已经完成，眼皮已能够分开，并且会出现不时眨眼的动作。

(4) 第28周

这一周可以算是孕晚期的开端，胎宝宝眉毛和睫毛不断地生长，脑组织数量明显增加。头发变得更长，体重成倍增长。胎宝宝会做梦了，睡眠也有规律了。

2. 准妈妈变化月不同

随着胎儿的迅速增长，子宫的变化也比较突出，此时宫底高度已在脐上三横指，尺测耻骨联合上的子宫长度达22.4～29.0厘米。由于准妈妈的肚子越来越大，身体重心移到了腹部下方，而且准妈妈的身体比之前更臃肿，手脚更不灵便，因而走路时也更加不平稳。准妈妈的脚这时会有肿胀的感觉，用手按压脚背，即使过很长时间，凹陷也不会消失，这就是水肿。水肿是由于胎儿压迫准妈妈的腹腔静脉，使血液回流受阻，体液外渗到组织间隙所致，是孕中、后期的一种正常生理现象，不必多虑。

妊娠期由于受垂体泌乳素、胎盘泌乳素、雌激素、孕激素、生长激素和胰岛素的影响，使乳腺管和乳腺腺泡增生，脂肪沉积，乳头增大变黑、易勃起。乳晕变黑，乳晕上的皮脂腺肥大形成散在的结节状隆起，称为蒙氏结节。

另外，由于胎儿长得很快，对营养的需求与日俱增，准妈妈全身各系统均有相应的变化，主要表现为：心脏负担日益加重；有相对性贫血；消化系统功能旺盛，饭量往往会增加许多；呼吸也变得急促起来；膀胱因受压，易出现尿频，也容易发生尿道感染。

3. 孕期饮食营养红绿灯

这个月，胎儿体内需要贮存的营养素增多，准妈妈需要的营养也达到高峰。为此，应做到膳食多样化，扩大营养素来源，保证营养素和热量的供给。饮食以清淡为主，忌吃咸蛋等盐分高的食品。

这个时期，需要特别注意的是适当摄取蛋白质。蛋白质是胎儿发育不可缺少的，要尽量从以大豆和鱼为代表的优质蛋白质源中摄取。适量摄取很重要，应参照妊娠饮食基本要求，若摄取过量，会增加肾脏的负担。每天1个鸡蛋、2杯乳制品、150～200克肉和鱼，足以满足每天的需要量。

维生素C能增强母体的抗病能力。维生素C能促进胎儿皮肤、骨骼、牙齿和造血器官的生长。柿子椒、青菜、菠菜等深色蔬菜和花菜，以及柑橘、山楂、柚子等水果含维生素C均较高。因此，怀孕期间多吃新鲜果品和蔬菜有利于准妈妈补充维生素C。

绿豆中赖氨酸的含量高于其他食品。赖氨酸是人体必需的氨基酸，是合成蛋白质的重要原料，可促进发育、提高智力，故被称为营养氨基酸。此外，绿豆还富含淀粉、脂肪、蛋白质、多种维生素及锌、钙等矿物质。中医认为，绿豆味甘性寒，有清热解毒、消暑止渴、利水消肿之功效，是准妈妈补锌及防治妊娠水肿的食疗佳品。因此，准妈妈不妨多吃绿豆做的食品。

准妈妈吃腌制的蔬菜是非常危险的，不仅自身容易摄入盐过多，还会危害胎儿。腌制蔬菜大都含有一种被称为硝酸盐的化学物质。由于蔬菜不趁新鲜食用就会被大肠杆菌、产气杆菌等细菌污染，这些细菌中含有还原酶，在它的作用下，腌制蔬菜中的硝酸盐会转变成亚硝酸盐。当准妈妈食用含有亚硝酸盐的蔬菜后，亚硝酸盐就会与红细胞中的血红蛋白结合，形成高铁血红蛋白，最终导致缺氧，这样会导致准妈妈头晕、呕吐、腹痛、腹泻等，严重时可导致胎儿宫内窒息。

准妈妈除了不宜吃腌制蔬菜外，还不宜吃咸鱼，因为咸鱼含有大量的二甲基亚硝酸盐，进入人体内转化为致癌性很强的二甲基亚硝酸胺，其危害性极大，并且还可通过胎盘危及胎儿。

另外，香肠、腌肉、熏鱼、熏肉等，准妈妈均应限制食用。

4. 孕期食用油选择有讲究

因为每一种食用油的味道、营养和作用都是不同的，准妈妈可以根据自身需要和烹调的方式来选择食用油。目前市场上最常见的有以下几种：

（1）大豆调和油

大豆调和油是市面上比较常见的油，它是由几种烹调油经过搭配调和制成的，主要用油是大豆油。它的营养价值会依原料不同而有所差别，但可以确定的是，它们都富含不饱和脂肪酸、维生素E。

特点：具有良好的风味和稳定性且价格合理，适合日常炒菜及煎炸之用。

（2）花生油

花生油的脂肪酸组成比较合理，含有40%的单不饱和脂肪酸和36%的多不饱和脂肪酸，富含维生素E。花生容易被黄曲霉污染，所以一定要选择质量最好的一级花生油。

特点：它的热稳定性比大豆油要好，适合日常炒菜用，但不适合用来煎炸食物。

（3）茶油

茶油的不饱和脂肪酸含量高达90%以上，其中单不饱和脂肪酸占75%以上，还含有一定量的维生素E。由于茶油的脂肪酸比例合理，对预防心血管疾病有益，因而为营养学界所重视，尊为一种营养价值较高的油脂。

特点：精炼茶油风味良好，耐高温，耐储存，适合作为炒菜、煎炸使用。

（4）芝麻油

芝麻油也就是香油。它富含维生素E，单不饱和脂肪酸和多不饱和脂肪酸的比例合理，对血脂具有良好影响。它是不经过精炼的植物油，因为其含有浓郁的香味成分，如果精炼便会失去。

特点：芝麻油在高温加热后会失去香气，因而只适合做凉拌菜，或在菜肴烹调完成后用来提香。

5. 不可不注意的生活细节

（1）进入这个阶段，胎儿发育迅速，需要充分、足够的营养供给，准妈妈要注意饮食均衡，不偏食，更不宜暴饮暴食。如果有贫血迹象要及时调整饮食，纠正贫血。

（2）没有特殊情况的准妈妈，最好能坚持每天饭后适量散步，这有利于消化吸收。

（3）保持个人卫生，勤换内衣裤。阴部分泌物较多时，只要没有异常感觉，就不需要做特殊处理，也可以在医生指导下，适当选用妇科洗液，保持外阴清洁。

（4）按照医嘱定期到医院做检查。

（5）这个月以后，以前的衣服基本上都穿不上了，应当及时准备合适尺寸的内外衣。

（6）留有长发者，现在可以找美发店修剪头发，选择适合自己的发型，注意不要烫发，以自然直发为佳。

（7）同房时要注意轻柔，避免过频的性生活。

（8）可以开始关注婴儿用品，有计划地为宝宝购买和准备物品。

（9）可继续做一些平常家务，做饭、整理衣物，但要注意保护腹部免受撞击或挤压。

6. 准妈妈念好“洗澡经”

女性怀孕以后，由于机体内分泌的改变，新陈代谢逐渐增强，汗腺及皮脂腺分泌也会随之旺盛。因此，准妈妈比常人更需要沐浴，以保持皮肤清洁，预防皮肤、尿路感染。不过，如果准妈妈在沐浴时不注意方法，有可能会对自身和胎宝宝的健康造成影响，所以准妈妈在洗澡的时候需要注意以下几点：

（1）在家洗澡时不要锁浴室门

准妈妈在洗澡时要注意室内的通风，避免晕厥，如果是在家里洗澡，最好不要锁浴室门，以便万一晕倒、摔倒可得到及时救护。

(2) 温度要适宜

洗澡的水温应适中，水温控制在38℃左右，不宜过冷也不宜过热，更不能蒸桑拿。水温过热会使母体体温暂时升高，破坏羊水的恒温，会对胎宝宝的脑细胞造成危害；而水温过凉则会有流产的危险。

(3) 最好采用淋浴

由于准妈妈的内分泌功能较怀孕前发生了多方面的改变，阴道内具有灭菌作用的酸性分泌物减少，体内的自然防御机能降低，对外来病菌的杀伤力大大降低，泡在水里有可能引起病菌感染，因此孕期最好采取淋浴方式洗澡。

(4) 时间要适度

每次洗澡时间不要太长，以15分钟左右为宜，而且不要长时间用热水冲淋腹部。

(5) 避免去公共浴池

准妈妈应尽量避免到公共浴池洗澡，如果不得已要去，应掌握好时间，尽量选择在人少的早晨去，此时水质干净，浴池内空气较好。

7. 家务活动亦胎教

适当地干些家务活能使准妈妈气血顺畅、经络疏通、精神愉快，同时也是胎教的很好内容，对胎宝宝未来的成长有着很深远的意义。实践证明，喜欢运动的准妈妈生出的宝宝远比不活动或少活动的准妈妈生的宝宝健康、有活力。有些准妈妈显得很娇气，一怀孕就什么活都不敢干、不愿干了，动不动就嚷着不舒服，觉得累，要去坐着或躺着休息，希望别人来伺候自己。对此，专家的建议是：最好适当做一些家务劳动，适当承担一些生活中的家务事，这对你的健康是有好处的。需要特别注意的是，由于准妈妈大腹便便，所以在做家务时要确定姿势是否平稳、正确，尤其不能滑倒，否则后果不堪设想。

另外，合理地安排家务，将语言胎教融于其中，能使做家务也成为一种语言胎教的好方法。如：安排星期一和星期四外出采购，在路上可以花一定的时间观察，并向胎儿讲解观察到的各种现象，有意识地去幼儿园或学校观察学生上课以及在操场上玩耍的情景。星期二打扫客厅、卧室，告诉胎儿他即将诞生到这个温馨的家。星期三擦拭家具，冲洗厕所和浴室，教胎儿爱劳动、讲卫生的科学知识。星期五打扫和整理厨房，安排星期六和星期日的食谱，给胎儿讲述各种营养素的作用，告诉胎儿自己怎样安排每天的膳食，以保证孕期的营养需要。星期六和星期日这两天主要是在家里休息或者去植物园、动物园、花园、田野、沙滩等地，除了享受日光浴外，还要向胎儿传授自然界的知识。

8. 孕期美容、穿衣也是胎教

即使是在怀孕期间，你也可以打扮得很漂亮。虽然你不再拥有苗条和美丽的身段，但你完全可以变得更可爱。别忘了那句话：“可爱的一定是美丽的。”

怀孕了，精力、体力都不如以前，又由于信心不足，有些孕妇就不似以前那样顾及容貌了。事实上，美容、穿衣也是胎教，孕妇完全有必要精心打扮自己。美丽是每一位女性所追求的，娇好的容颜会给你带来许多欢乐。怀孕了，同样应精心打扮。这个一方面是自娱的一种方式，对自己容颜、服装的关心会使你忘掉妊娠中的不适反应；另一方面，打扮会使你显得气色很好，自己看了，心里会舒服，别人看了，对你称赞几句，你也一定会很高兴的。化妆会使你保持自信、乐观、心情舒畅。因此，美容、打扮无论对自己还是对胎儿都是很有意义的。

仪容美的关键在于整洁，孕妇只要注意卫生，保持衣着整齐，形象一定不会差。况且，怀孕虽然使以前的体态美消失了，但同时又会呈现另一种美。由于激素的刺激和血液循环的加快，你的皮肤较以往更加细腻红润，如果以前额头上有皱纹，这时也会消失。你还会发现发质也比以前好得多。因此，孕妇的美别有一番风韵，加上打扮，你的心情会更好。

9. 进行绘画和剪纸的艺术胎教

孕妇绘画、剪纸也是胎教的内容之一。心理学家认为，画画不仅能提高人的审美能力，产生美的感受，还能通过笔触和线条，释放内心情感，调节心理平衡。画画具有和音乐治疗一样的效果，即使不会画画，孕妇在涂涂抹抹之中也会自得其乐。

画画的时候，不要在意自己是否画得好，你可以持笔临摹美术作品，也可随心所欲地涂抹，只要你感到是在从事创作，感到快乐和满足，你就可以画下去。还可向胎宝宝解释你画的内容。当然你如能临摹一些儿童画，看看自己的笔下有没有童趣和稚拙感，你就会通过笔触步入儿童世界。

剪纸，也是一种艺术胎教。你可以先勾轮廓，而后细细剪，剪个胖娃娃，“双喜临门”、“喜鹊登梅”、“小放牛”；或孩子的属相，如猪、狗、猴、兔等。别怕麻烦，别说没时间，别说不会剪，因为目的不在于你剪得好坏，而在于你在进行艺术胎教，你在向胎儿传递深深的“爱”，传递“美”的信息。

10. 给宝宝一点光

不刺眼的柔和光线，不仅能增加胎儿对于明暗的感觉和节奏，对促进其大脑发育和成熟也有利，还可提高胎儿对光的敏感性，促进胎儿出生后顺利地建立生物钟。

用胎儿镜观察可发现，妊娠4个月时胎儿对光就有反应。当胎儿入睡或有体位改变时，胎儿的眼睛也在活动。一般来说，胎儿在妊娠8个月时才尝试睁开眼睛，这时他能看到的是母体内一片红色的光芒，橘黄色的阴影下母亲的体液在运动。所以，光照胎教最好从孕24周开始实施，早期可适度刺激。

准妈妈每天可定时在胎儿觉醒时用手电筒（弱光）作为光源，照在自己腹部胎头的方向，每次5分钟左右。为了让胎儿适应光的变化，结束前可连续关闭、开启手电筒数次，以利于胎儿的视觉健康发育。光照胎教时需注意光源不能太强，照射时间也不宜过长。

光照不一定就是要手电筒，如果天气好，天空晴朗，阳光灿烂，和风拂面，气候宜人，准妈妈可根据自己身体的实际情况，多到外面散散步也是很不错的光照胎教，尤其是在秋冬季节。此外，准妈妈经常晒太阳可补充维生素D，对胎儿的发育也有好处。特别是长期在室内、地下工作或皮肤黑的准妈妈，晒太阳尤为重要。

11. 积极动脑让宝宝更聪明

在怀孕期间，很多准妈妈都会感到特别疲惫，容易犯懒，什么也不想干，甚至连问题都不愿想。实际上，这有可能会失去一个让胎宝宝增长心智的良机。准妈妈与胎宝宝之间是有信息传递的。因为胎宝宝能够感知准妈妈的所思所想，所以如果准妈妈既不思考也不学习，胎宝宝也会深受感染，变得不爱动脑筋。

准妈妈若始终保持旺盛的求知欲，则可使胎宝宝不断接受刺激，大脑神经和细胞的发育也得到促进。准妈妈要学会勤于动脑，勇于探索，在工作上积极进取，在生活中注意观察，把自己看到、听到的事物通过视觉和听觉传递给胎宝宝。对生活保持好奇心，拥有浓厚的生活情趣，对新的问题要不断探索，弄清根蒂。

总之，准妈妈的求知欲能感染胎宝宝，准妈妈要始终保持强烈的求知欲和好学心，充分调动自己的思维活动，使胎宝宝受到良好的教育。

12. 用微笑来缓解孕期紧张情绪

常言道："笑一笑，十年少。"这话一点不假。研究表明：笑是一种全身运动，1分钟的笑能使全身放松45分钟。笑能疏肝理气，调节精神，称得上是人体紧张情绪的放松剂。

从医学的角度来看，"笑"是一种刺激。它可以激活人体的呼吸系统、循环系统、神经系统，兴奋大脑和肌肉，使内分泌系统的活动增强，分泌儿茶酚、肾上腺素、去甲肾上腺素，这些对调节人体各种功能有益。"笑"对心脏十分有益，它能够起到强心的作用。因为，"笑"能使动脉的平滑肌放松，血管内径增大，动脉压力相应减少，对高血压和心脏病有益。"笑"使胸廓得到全面运动，增加肺活量，有利于残存气体的排出。

微笑可以缩短人与人之间的距离，改变周围的不利气氛，展现自己善意的为人，在获得友谊的同时，既消除了不利因素，又缓和了紧张的情绪状态。妊娠期间夫妻更应该笑口常开、微笑常驻，因为快乐的情绪不仅有益于胎宝宝的发育，还能消除妊娠反应等不适。

13. 职场准妈妈可以利用画册进行胎教

如果居住区文化氛围偏差或附近没有美术馆，可以借助画册进行胎教。

在选择画册时，要把准妈妈的爱好取向当做最为重要的标准。如果准妈妈不喜欢受到别人称赞的“杰作”，就选择一些准妈妈所熟知和喜爱的画家的作品。此外，在学生时代的美术课上曾学习过的，或平时通过各种媒体经常接触的作品，也很适合在胎教中使用。准妈妈看到这些作品时，往往会产生一种亲切的感觉。

正如进行音乐胎教并不都能把宝宝培养成音乐家一样，期待通过视觉胎教使宝宝具有较高的审美感，长大以后成为一个名画家，也是不切实际的，但视觉胎教的影响却是深远的。

第十章 孕8月，胎宝宝和准妈妈的甜蜜交流

1. 胎宝宝变化周周看

(1) 第29周

皮下脂肪不断积累增多，手指甲生长出来，用光线刺激时，胎宝宝会朝着光线的方向转动。

(2) 第30周

女胎的阴蒂开始变大，并长出了阴唇模样的组织。男胎的睾丸则从肾脏附近移动到了阴囊当中。

(3) 第31周

胎宝宝仍然一刻不停地生长着。胎宝宝的皮下脂肪明显增多，在一周的时间里体重能够增加500克以上（实际上新生儿的体重有一半都是在出生之前的7周里增加的）。胎宝宝的肺与消化器官几乎都已形成，用光线照射准妈妈腹部可以观察到胎宝宝会作出反应，眉毛和睫毛也变得更加完整了。

(4) 第32周

胎宝宝的头部、臂部和腿部按照适当的比例生长着，并且开始排尿。由于没有活动的空间，胎动的次数逐渐减少，如果是双胞胎，则需要根据胎位来确定分娩方法。

2. 准妈妈变化月不同

进入第 8 个月时，准妈妈的腹部会更加突出，这给准妈妈的生活带来许多不便。准妈妈挺起肚子，重心后移，渐渐成为习惯，而身体稍微前倾都会感到异常困难。

越来越笨重的身体经常会给准妈妈带来很多不舒服。多走点路就会感到腰痛和脚跟痛；经常出现便秘和“烧心感”；已升到上腹的子宫顶着膈肌和胃，使准妈妈饭量减少，并且呼吸费力，甚至需要肩来协助呼吸；夜里偶尔还会因增大的子宫挤住了腹部的大血管而突然感觉神志模糊。

8 个月的准妈妈身体比较笨重，在活动时要注意安全，尤其是走路要注意脚下，千万不要摔倒。平时活动要量力而行，不要过于疲劳。

由于子宫的增大压迫肠、胃及膀胱，准妈妈会出现胃口不好、尿频，同时容易患肾盂肾炎等疾病。在饮食上除了多吃富含营养的食物之外，口味上不要吃得太咸。孕妇睡眠一定要充足，一般母亲睡觉时胎儿也睡觉，胎儿生长所需要的激素是通过下丘脑的垂体部位制造的，只有在睡眠充足的条件下，才能使胎儿正常生长。

3. 孕期饮食营养红绿灯

孕晚期是胎宝宝生长最快的阶段，准妈妈的膳食应当在孕中期的基础上作相应调整，多吃富含蛋白质、维生素、矿物质以及增加热量的食物，控制食盐的摄入。准妈妈每天应摄入的食物量如下：主粮（米、面）400 ~ 500 克；豆类及豆制品 50 ~ 100 克；蛋类 50 ~ 100 克；奶类 250 克；新鲜蔬菜（绿叶蔬菜为主）500 ~ 750 克；畜、禽、鱼、肉类 200 克；水果 200 克；粗粮 50 克；植物油 40 克等。

这一时期如糖类摄入不足，会造成蛋白质缺乏或酮症酸中毒，所以孕8月应保证热量的供给，增加主粮的摄入，如大米、面粉等。一般来说，准妈妈每天平均需要进食400克左右的谷类食品，这对保证热量供给、节省蛋白质有着重要意义。另外，在米、面主食之外，要增加一些粗粮，比如小米、玉米、燕麦片等。

建议准妈妈每天吃5~6餐，还可以多吃一些有养胃作用，且易于消化吸收的粥和汤菜。在做这些粥汤的时候，准妈妈可以根据自己的口味和具体情况添加配料，或配一些小菜、肉食一起吃，粥、汤熬得稠一些稀一些都可以。除早、中、晚三餐外，还可以在10点、15点、21点准备一些可口的点心。

4. 多吃可让准妈妈心情变好的食物

随着分娩的临近，很多准妈妈的焦虑心理越来越严重。不良的情绪无论对于准妈妈自身还是胎宝宝都会产生不好的影响。准妈妈在学会自我放松的同时，还可以多吃一些以下食物来进行调节：

（1）香蕉

香蕉可向大脑提供重要的物质——酪氨酸，使人精力充沛、注意力集中，并能提高人的创造能力。此外，香蕉中还含有可使神经“坚强”的色氨酸，它还能形成一种叫做“满足激素”的血清素，能使人感受到幸福、愉快，可预防抑郁症的发生。

（2）樱桃

长期面对电脑的准妈妈常会因头痛、肌肉酸痛等毛病，导致情绪低落，可吃樱桃改善状况。

（3）南瓜

南瓜富含维生素B_6和铁，这两种营养素能帮助身体所储存的血糖转变成葡萄糖，葡萄糖正是脑部唯一的燃料，可改善脑部缺氧导致的情绪不良状况。

（4）豆类食物

大豆中富含人脑所需的优质蛋白和八种必需氨基酸，这些物质都有助于增强脑血管的机能。身体运行畅通了，准妈妈心情自然就舒畅了。

（5）菠菜

菠菜除含有大量铁质外，还富含人体所需的叶酸。人体如果缺乏叶酸会导致精神疾病，包括抑郁症和老年痴呆等。

（6）土豆

土豆是让人的情绪积极向上的食物，因为它能减轻心脏的压力，使心脏减少对身体输送刺激成分。土豆的好处还在于能够迅速转化成能量，所以平时多吃点土豆做的菜是快乐的秘诀。但是薯片可不是首选，因为薯片经过油炸，而且添加了盐，多吃无益。

5. 本月胎教细细做

第 8 个月的准妈妈身体越来越沉重，行动不便。而步入孕晚期，胎儿的听觉和意识能力都已经比较完善，听声音的能力和理解能力有了发展，适宜多做增进感情交流和性格培养方面的功课，听音乐、唱歌、对话都很有必要。

进入孕晚期，准妈妈容易变得焦虑不安，经常出现烦躁不安的情绪，而且比较敏感、易激动。而现在正值胎儿大脑和感官功能发育的关键期，妈妈的情绪对宝宝的性格形成会有较大的影响。因此，保持乐观心态、舒缓情绪，有意识地避免因为一些小事而烦恼，想方设法让自己快乐，是情绪胎教的要点。

音乐胎教已经实施很长一段时间，而要想取得唤醒宝宝智慧灵性的效果，在于经常地给予耳濡目染的熏陶，并配合调整准妈妈自己的情绪和其他胎教方式，每天可以固定 3 次音乐时间，每次听 15 分钟左右为宜。

除了欣赏音乐之外，还可以放开嗓子或轻缓柔声地为宝宝唱歌，不要怕自己唱不好，对于胎儿来说，母亲充满爱意的歌声，是世界上最动听的声音，也可以每天 2 次，每次 15 分钟左右。

胎儿继续好动是本月的重点，互动式胎教包括继续做一做光照练习和运动游戏。好动的宝宝即将在本月以后固定胎位，抓紧宫内运动练习，是发展宝宝感官能力和运动能力，刺激身体活动能力的好机会。

“对话”是语言胎教的重要形式，继续保持和胎儿说话的习惯，经常喃喃地把自己看到的、想到的、正在做的事，用语言描述给胎儿听。当然，准爸爸也应该继续加入对话，因为宝宝的听觉能力越来越发达，这样做可以加强亲子之间的感情联系。

“持之以恒”是胎教的要点，如果已经习惯了和胎儿每天做交流，更加需要继续坚持下去，把胎教作为习惯。

6. 抽象、立体的美育胎教

怀孕 8 个月时，宝宝已具有了初步的意识，所以此时可以为宝宝进行较抽象、较立体的美育胎教。

美育胎教要求准妈妈通过听、看，体会生活中一切的美，将自己对美的感受通过神经传导输送给宝宝。

(1) 听

主要是指听音乐，这时准妈妈在欣赏音乐时，可选择一些蕴涵主题、意境饱满的作品，比如贝多芬的《月光奏鸣曲》、肖邦的《英雄》、维瓦尔第的《四季》等，这些乐曲都有较鲜明的主题和性格，能唤起人们美好的情怀，也有利于宝宝的心智成长。

(2) 看

主要是指准妈妈要阅读一些优秀的文学作品和欣赏优美的图画。准妈妈要选择那些立意高、风格雅、个性鲜明的文学作品阅读，尤其可以多选择一些中外名著。比如，中国现代作家朱自清和俄国作家屠格涅夫的散文，中国古代诗词及外国诗人普希金、雪莱等人的诗歌；西方著名作家雨果、托尔斯泰的作品和中国现当代的著名小说等。准妈妈在阅读这些文学作品时，一定要边看、边思、边体会，强化自己对美的感受，这样宝宝才能受益。有条件的话，准妈妈还可以看一些美术作品，比如中国的山水画、西方的油画等。在欣赏美术作品时，调动自己的理解力和鉴赏力，因此而产生的美的体验一定会传导给胎宝宝。

(3) 体会

指贯穿听、看活动中的一切感受和领悟，也指准妈妈在大自然中对自然美的体会。准妈妈在这个阶段也要适度活动，到环境优美、空气质量较好的大自然中去欣赏大自然的美，这个欣赏的过程也就是准妈妈对自然美的体会过程。准妈妈通过饱览美丽的景色而产生出的美好情怀，可以促进胎宝宝脑细胞和神经的发育。

7. “绣”出孕期好宝宝

十字绣是一种古老的民族刺绣方式，简单、易操作的十字绣，是锻炼耐心、专注力和调节身心的小手工艺、小制作，最适合准妈妈在孕期练习。十字绣具有多项特色：

简单易学——即使没有任何缝纫基础和经验，只需要花几分钟时间就能学会，比起传统刺绣需要8~10年的训练来说，显得极其容易。

材料易备——现在市场上专卖十字绣品材料、胚料、图案的小店好找，只需要选择自己喜欢的图案，店方就会按照图案设计的需求，配置齐绣工所需要的针、各色绣线、绣胚，甚至操作步骤说明，便捷省事，无须过多劳神。

放松身心——在进行刺绣的过程中，既不会很累，也不会受到干扰，一定的专注力会把人引导进创造的乐趣中，从简单到复杂，一针一线亲手操作，烦恼、不适、抑郁等不良心绪都能被抛于脑后，而且适合多次中断，每天进展一点点渐进作业，直到享受完成时的成功感、自信心、喜悦心情。

培养耐心和注意力——做十字绣手工，需要很多时间，如果耐心不足会坚持不下去，而且，实在觉得烦了，可以放置一段时间再拿起来接着做，对于准妈妈自己和胎儿培养耐心和注意力集中都有好处。

做完一件十字绣品，可能会显得脏一点，放入清水中，加一点中性洗涤剂，稍稍提按几下，就能洗净，让自己的作品焕然一新。注意不要揉搓，以防十字绣品变形。

8. 孕晚期的瑜伽胎教

(1) 蝙蝠姿势

坐在地上，两腿完全伸直，尽最大可能向两侧分开，舒展脚后跟，同时注意自己的腰部保持挺直。

一边吐气一边让双手接近两侧地面，然后上半身缓缓向前俯下。

保持均匀的呼吸，持续 10 ~ 20 秒钟。

吸气的同时再缓缓抬起上半身。

双腿慢慢并拢，休息片刻。

功效：增加腿部内侧和后侧的肌肉力量，消除肌肉疼痛和肌肉痉挛等症状。增强骨盆的柔软性，使肝脏和肾脏的机能保持正常。

(2) 猫势

手掌与膝盖着地，摆出爬行的姿势。双手之间和双膝之间都要保持与肩同宽。尽量使手臂和大腿都与地面呈 90° 夹角。

一边吸气一边向后弯曲颈部，在注视上方的同时腰部自然下陷，臀部保持向上顶的姿势。伸直手臂的同时手掌和膝盖用力，持续做向下推的动作。

在吐气的同时低下头，弓起背部，摆出注视自己腹部的姿势。

跪起坐下或用其他的舒适姿势放松身体。

功效：怀孕之后，变大的子宫一直压迫着骨盆的血管和腰椎，此动作可以改善这一情况，并减轻腿部和肾部的血液循环障碍。强化腹部和脊柱附近的肌肉并促使其均衡发展，从而有效地支撑子宫的重量。

（3）放松腿

垫高背部，在肩膀或头的下面垫一张垫子并平躺。把腿搁到墙壁上让其与地面呈45°夹角。注意不要让背部太过僵硬，手臂可以放在身体的两侧或向外平伸。

保持这一姿势几分钟，但不要让脚有发凉或者发麻的感觉。闭上眼睛，舒服而有节奏地进行呼吸。

功效：通过抬腿来帮助血液顺利地流回到心脏，使准妈妈肿胀而疲劳的臂部和腿得到放松。此外还能自然地伸展腰肢，预防腰痛。

9. 教胎宝宝学算术

在孕5月里给准妈妈介绍了用闪光卡片教胎宝宝认识数字和字母的方法，这个月可以稍稍地做些提升，教胎宝宝来学习算术。

以数字“8”为例，准妈妈可以准备彩色的万能墨水笔和图画纸。用很大的字来进行含有“8”的加减法运算，像4+4=8、5+3=8、6+2=8、8-1=7、8-2=6、8-3=5等，进行各个数字的组合，而且每个数字都用不同颜色，一张图画纸只写一个算式。

把写好的几张图画纸排列起来，构成一幅丰富多彩的图案。把左侧的“4”用绿色，右侧的“4”用蓝色。就这样，在欣赏颜色的组合中，时间如流水似的过去了。按照这种方法，每天教5个，忙的时候可以只教2个到3个，教到“50”以后，再回到“0”，这回把乘除运算写在图画纸上，到了“50”以后，不同颜色的“算式设计图”就能装满一个纸箱了。

此外，你还可以将实物与闪光卡片对照起来运用。例如在1个苹果的旁边再放1个苹果，就变成2个苹果，用算式表示就得出“1+1=2”这个式子，再通过你的视觉将其印在脑子里，同时对胎宝宝说：“这里有1个苹果，我再从筐里拿1个摆在这里，现在变成几个了？”

你要把注意力集中在眼前的苹果和算式上，要和胎宝宝一起思考，代替胎宝宝回答“2个”并传递给胎宝宝，不要拘泥于“记住数字以后，再教算术”的这个常规。在记忆方面，第一步是“囫囵吞枣”。你想想，现在的孩子不都是在记住文字之前就会讲话了吗？用于算式的实物可以选一些你喜欢吃的东西，像饼干、梅子、奶糖等，也可以是一些好玩的，像小的布娃娃、玩具等。

孕育金点子

制作的这些数字卡片、算术卡片等，都可以用来做宝宝出生后幼儿期的教材，所以准妈妈应好好地保存起来。此外，准妈妈本身必须乐于这样的学习，如果你觉得枯燥，那么这种心情就会直接影响到胎宝宝，而且影响胎教的效果。

10. 诵读古诗词

经典的古代诗词，文句优美、凝练，韵律起伏、跌宕，节奏抑扬顿挫，诵读起来朗朗上口，简单明快的文字中，包含着深远、优美的意境，是陶冶情操，提高个人修养的文化宝库。

诵读古诗词，能调整心理，享受语言美和文学表述美。经常朗读，能熟悉和背诵一些名句，既能潜移默化地起到语言胎教的作用，又能提高自己的文学修养，给未来的育儿增添乐趣、打牢基础。

本月的语言胎教，以五言绝句唐诗为例，可以试着用不同的语速、不同的节奏，用不同的韵律朗诵，来体会博大精深的诗歌意境美和语言魅力。推荐篇目：王维《相思》、孟浩然《春晓》、卢纶《塞下曲》二首。

（1）《相思》：红豆生南国，春来发几枝。愿君多采撷，此物最相思。

（2）《春晓》：春眠不觉晓，处处闻啼鸟。夜来风雨声，花落知多少。

（3）《塞下曲》：月黑雁飞高，单于夜遁逃。欲将轻骑逐，大雪满弓刀。林暗草惊风，将军夜引弓。平明寻白羽，没在石棱中。

以卢纶的《塞下曲·其二》为例，诵读时可以采用不同的节奏变化方式，能够读出不同的效果：

林暗——草惊——风，将军——夜引——弓。

林——暗——草惊——风，将——军——夜——引弓。

用不同的断句节奏来诵读，会把诗歌描写的场景——林间夜色朦胧，风吹衰草飒飒，风声呜呜作响，弯弓射箭的将军——如画面一般再现。

用不同的节奏诵读，表现出的重点不同，第一种方式强调将军的引弓动作，第二种方式则重点强调将军本人，犹如摄像机以镜头摇动和速度快慢来表现远、近景和不同重点。

11. 培养胎宝宝良好的生活习惯

在这个月，胎宝宝基本上是个完整的小人了，准妈妈的一些生活习惯会潜移默化地影响胎宝宝。因此，准妈妈日常习惯的好与坏对胎宝宝来说是至关重要的。孩子的习惯容易受妈妈行为的影响。有位妈妈自女儿呱呱坠地时就发现宝宝的生活非常有规律，白天也很少哭闹，饮食、睡眠都非常按时，上幼儿园后，对新环境适应很快，说话、走路都比别的孩子早。当别人向她打听其中的奥秘时，这位妈妈就讲到自己在怀孕时非常注重胎教，并养成了很有规律的生活方式。

瑞士儿科医生舒蒂尔曼博士调查发现，早起型准妈妈所生的孩子，一生下来就有早起的习惯，而晚睡型的准妈妈所生的孩子也有晚睡的习惯。这说明新生儿的睡眠类型是由妈妈怀孕时决定的，即宝宝在出生前就与妈妈之间存在着“感应”。

因此，要想培养自己的宝宝从小就形成良好的生活习惯和性格，就应从胎宝宝时期抓起。在怀孕期间，准妈妈饮食、起居必须有规律，以保持身心健康，做好孩子的楷模。

12. 换位思考，学会宽容

孕妇的情绪不稳，容易发脾气，这不但对自身健康不利，对腹中胎儿的损害更大。

要改变急躁的脾气，除了认识它的害处，狠下决心之外，还要找出急躁的原因。脾气急躁的人不理解事物的发展有其客观规律，实现目标需要有一个过程，单凭主观愿望，急于求成。如果从内心承认别人和自己一样有权按自己喜欢的方式行事，就会学会宽容。

（1）要克服认识的偏见，学会全面、客观地分析并处理问题。

（2）要善于站在对方的立场上，体谅他人的处境和困难。

（3）看问题不能一叶障目，不见森林，或者把自己当做局外人指手画脚地品头论足，而是要用辩证的观点去全面、客观地分析，既要看到问题，还要看到成绩；既要看到正面，又要看到反面。

（4）如果对社会或单位及家庭存在的弊端有看法，发表意见时，一定要注意场合、对象和分寸。否则，就会与自己原有的积极动机相悖，带来消极的影响，还会惹来是非，影响人们之间的关系。

(5) 要学会等待，因为解决某个问题，完成一个任务，总是要等主、客观条件都成熟时再行事。强者既有意志，又能等待时机。

(6) 要善于自我调节不良的情绪。不良情绪会酿成大错。调节情绪，保持良好的心境的方法是：培养乐观向上的精神，不要为眼前的成绩得意忘形，更不要因小事而动怒。可通过自我暗示法提醒自己在沉不住气的时候要“耐心”、“别慌”、“冷静”，要有“猝然临之而不惊，无故加之而不怒”的大家风范。让家人和朋友在自己偏激急躁时，及时提醒、开导，也是一种有效的方法。

第十一章 孕9月，呵护爱做鬼脸的小淘气

1. 胎宝宝变化周周看

(1) 第33周

胎宝宝会吞入羊水并进行呼吸练习，头发明显长长，男胎的睾丸完全进入到了阴囊当中。

(2) 第34周

头部的骨骼变得坚硬，皮肤上的皱纹也减少了许多。脚趾甲长出来的同时手指甲已经完全长出。

(3) 第35周

胎宝宝的肺部正充分地发育着，这一时期出生的胎宝宝存活率已经接近到了99%。

(4) 第36周

皮下脂肪逐渐增多，胎宝宝暂时还不能自主呼吸，所以此时出生的婴儿在一段时间内，必须依靠人工呼吸才能够生存。

2. 准妈妈变化月不同

准妈妈的子宫还在继续增大，到了这个月，子宫已增长到胸骨的剑突和肚脐之间，约在剑突下二横指，尺测耻骨联合上的子宫长度为

29.8～34.5厘米，这个月末甚至会升高到心脏的位置。这时，心脏可能会受到压迫，导致心跳加速等，准妈妈也会因此而有心慌的感觉。同时，子宫体积增大，往上顶挤准妈妈膈肌，胸廓的体积因而减小。这样一来，准妈妈的呼吸便会发生困难，经常出现气短、呼吸急促等现象，并有窒息感。子宫也会推挤胃部，影响胃内消化液的分泌，这就是此时准妈妈食欲减退的原因。

此外，由于子宫和胎儿的重量增加，使位于子宫前面的膀胱时常受到压迫，造成准妈妈尿频。而且，在这一时期，准妈妈极易发生下肢及外阴静脉曲张。所以，这段时间可以说是准妈妈最容易觉得痛苦的时期。

到这个月，由于准妈妈的子宫底已达到了最高点，子宫充满了整个腹腔，子宫往往会奇妙地发生旋转。通常，这种旋转的方向都是向右的。子宫阵发性收缩最初也在这个月开始出现。

3. 孕期饮食营养红绿灯

(1) 注意补充维生素K

在孕晚期，准妈妈应注意摄食富含维生素K的食物，如菜花、白菜、菠菜、莴苣、苜蓿等，以预防产后新生儿因缺乏维生素K引起颅内、消化道出血等。维生素K有“止血功臣”的美称，经肠道吸收，在肝脏能生产出凝血酶原及一些凝血因子。若维生素K吸收不足，血液中凝血酶原减少，易引起凝血障碍，发生出血症。

(2) 向“绿叶”索取维生素

到这个时期，胎儿的胎内生活所剩无几，此时准妈妈要继续保持良好的饮食习惯，每餐以黄绿色蔬菜为主，可分几次吃完，每天保证吃300克用以充分补充B族维生素。特别是B族维生素中的叶酸有稳定情绪、增进食欲、缓解疼痛的作用，是准妈妈非常需要的营养素。为了支撑大肚子，准妈妈很容易疲劳，因此应多摄取叶酸，这样会舒服一些。

除了黄绿色蔬菜，大豆、胚芽米、牛奶中叶酸也很丰富。

(3) 每天都要吃大豆

豆类对妊娠后期的准妈妈和胎儿是特别重要的食品。因为大豆含有丰富的卵磷脂，它有防止胆固醇在血液中滞留、清洁血液、预防发胖和降低高血压的作用。尤其是构成卵磷脂的胆碱，是脑的重要营养来源，有提高智力的效果，对于胎儿健脑不可缺少。以大豆制成的豆腐和纳豆、黄豆粉等大豆制品每天都必不可少。

(4) 向“海洋”索取矿物质

在第 9 个月里，准妈妈必须补充维生素和足够的铁、钙，以保证机体对营养的需求。海洋动物食品被营养学家称为高价的营养品，它们富含脂肪、胆固醇、蛋白质、维生素 A 和维生素 D，与保持眼睛、皮肤、牙齿和骨骼的正常功能关系非常密切。

4. 绿茶是孕期的最佳饮料

专家推荐绿茶，理由是绿茶乃微量元素的“富矿”，对胎儿发育作用突出，锌元素就是其中一种。据测定在食谱相同的情况下，常饮绿茶的孕妇比不饮者每天多摄取锌达 14 毫克之多。此外，绿茶含铁元素也不少，故常饮绿茶可防贫血。但传统的观点却是孕期不宜饮茶，主要原因是茶叶中的鞣酸可干扰食物中锌、铁等元素的吸收。

最近，研究人员找到了一个两全其美的办法，那就是把握好饮茶的时机。一般说来，人在进餐后 30 ~ 60 分钟，食物中的铁质已基本吸收完毕，此时再饮茶便无干扰铁质吸收之弊而只有补锌之利了。

5. 强化肾脏用红枣和五味子

怀孕 33 ~ 36 周，母体的“足少阴肾经”控制着胎宝宝的生长，这是一条与肾脏有关的经脉。所以，强化准妈妈的肾脏机能可以促进胎宝宝的发育，并使骨骼变得结实起来。总而言之，这一时期的饮食宗旨就是帮助胎宝宝获得完整健全的身躯。

例如：红枣和五味子可以对准妈妈的肾脏起到补养作用，在保护胎宝宝的“精血”方面大有好处。橘子、山莓、板栗和黑豆也都是具有类似功效的食物。

如果准妈妈是第一次怀孕，胎宝宝的头部已经降入骨盆。所以为了应对分娩时所发生的出血状况，就要从这一时期开始摄取含有大量 B 族维生素、维生素 C、维生素 K 和铁元素的食品。含有这些元素的食品包括酵母、瘦肉、动物肝脏、牛奶、奶酪、鸡蛋黄、鱼子、蛤蜊、鱼、紫菜、白菜和菠菜等。

6. 多补充蛋白质，为哺乳做准备

普通女性，平均每天蛋白质的需要量为 60 克。而准妈妈对蛋白质的需要量需增加，以满足胎宝宝生长的需要。通常，准妈妈对蛋白质的需求是随着孕期而增加的，在怀孕的早、中、晚期，准妈妈每天应分别额外增加蛋白质 5 克、15 克和 20 克。

如果蛋白质的摄入不足，会导致准妈妈体质下降，胎宝宝生长变慢，而且准妈妈产后常出现身体恢复不良、乳汁稀少等情况，对母子身体都不利。因此，准妈妈应根据不同时期的需要，合理摄入蛋白质。怀孕晚期准妈妈需要贮备一定量的蛋白质，以供产后的乳汁分泌。

不过准妈妈需要注意，必须增加优质蛋白质的摄入量，即多食鱼、蛋、奶及豆类制品。相比较而言，动物性蛋白质在人体内吸收、利用率较高，而豆类和豆制品等植物性蛋白质吸收、利用率较差。

7. 孕晚期需注意保持体力

孕晚期最主要的任务是保持体力。每天的睡眠时间可以适当加长，能睡到10小时左右最好。如果失眠、睡不着也没关系，躺下休息也对保持体力有益。

当然，保持体力和注意休息，并非要成天都躺着，适度做一做孕妇操，每天活动，去户外散一散步，更有益于保持旺盛精力。

只要不是遇到恶劣天气，每天都坚持去户外散步，能舒活全身筋骨，转换心情，会产生怡然自得、心旷神怡的感觉。而保持良好心情，对克服种种不适感和维护腹中胎儿的健康都有益处。

最明显的不适症状，是出现双脚或膝关节以下的水肿，上腹部总是有饱胀感，胃部常会有烧灼感，呼吸变得粗重，动辄气喘吁吁，便秘或痔疮也会加重。

应对种种不适，要注意避免长时间站立，休息时注意把双腿抬高一点，晚上睡觉时可以把双脚垫高，对于缓解水肿会有帮助。

每一餐都不要吃得过饱，吃到七成饱就可以。每天可以一日三餐改为5~6餐，如果受条件限制，可以在两次正餐之间吃一些零食。

饮食方面，在继续注意保持营养均衡的同时，注意多吃一些开胃、纤维素含量较高、容易消化吸收的食物。这样做有助于缓解胃部不适感，减轻便秘和痔疮的烦恼。

准妈妈因为生理上的特殊情况，所以在日常生活中必须格外小心谨慎：

（1）坚持定期去医院做产前检查，出现特殊情况就按照医生预约的时间复检。

（2）留意下肢或身体其他部位的水肿情况，观察休息之后水肿是否减轻和消失。

（3）避免劳累，每天坚持午睡1小时。

（4）坚持计数胎动，掌握胎动的规律，发现胎动异常则尽快就医。

（5）注意饮食调理，保证新鲜蔬菜和水果的摄取量，不要吃咸菜，每天摄取盐量控制在 8 克左右。

（6）节制性生活，最好避免性爱。

（7）注意个人卫生，勤换内衣，保持乳房、外阴部清洁。

8. 放下不必要的担心

怀孕 9 个月，距离预产期越来越近，准妈妈一方面会为宝宝即将出世感到兴奋与激动；另一方面又会为分娩而紧张。准妈妈一定要想办法使自己的情绪稳定下来。

当准妈妈感到紧张的时候，可用快速放松法缓解：

深深吸气，使肺部完全被气体充满，然后慢慢从口中呼出，让气流带着紧张情绪从头顶流向脚趾。当气流完全排出时再吸气，将肺充满。然后轻轻呼气，同时依次放松前额、肩、手、腹部和腿。（呼气能释出身体的紧张情绪。无论任何时候，只要感到紧张就做深呼吸。）

戴上耳机，调暗灯光，坐在舒适的椅子上或躺下。注意，孕晚期时不能平躺，应该用垫子支撑着腹部侧卧。

伸展脚趾，感到牵拉力，然后慢慢放松，再摇动数下。

用力绷紧两膝和大腿肌，感到用劲后保持几秒钟，然后放松，让大腿向两侧摆动。

绷紧腹肌，给胎宝宝一个大的紧缩力，然后尽量放松，使胎宝宝的活动空间加大。

握拳，保持一段时间，然后松开手指。

尽量向上提肩，保持一段时间后再放松，反复进行，使双肩感到放松和舒适。

口微微张开，皱紧面部肌肉，然后放松，反复进行。

放松一会儿，体会身体的感觉。在深呼吸和静息时，胎宝宝会得到更多的氧气。

9. 教胎宝宝学习爱、感受爱

准妈妈可以将汉字“爱”制成一张闪光卡片，然后一边发音，一边用手指临摹字形，并且将注意力集中在字的色彩上，以加深印象。在这个过程中，准妈妈要保持平静的心情和集中注意力。

在学习之前，准妈妈应把呼吸调整得均匀而平静，然后闭上眼睛，在头脑中把“爱”的形状反复描绘。在学习的过程中，准妈妈也可以加入自己的想象——“爱”是什么呢？爱是一家人在一起其乐融融的情景；爱是看着宝宝熟睡的模样；爱是妈妈甜美的笑脸……只要是准妈妈能想到的，都可以在脑中重现一遍，让胎宝宝和你一道去感受这股爱的暖流。

最好的胎教就是准妈妈无限的爱心和最愉快的心情。对胎宝宝的憧憬、期待、疼爱，用最温柔的语气对他说话、讲故事、哼快乐的歌曲，时刻关注着胎宝宝是在睡觉还是在动，这些都是母爱的体现，胎宝宝也是能够感受到的。

10. 诵读和语言胎教策略

充满感情地对胎儿说话，为胎儿诵读诗歌、散文、歌词、童话和故事，是实施语言胎教的基本内容，要把腹中的胎儿当做和自己面对面的宝宝，带着微笑，用欢快、明朗、柔和的声调来完成每一天的语言胎教功课，做到声情并茂、绘声绘色，这样才容易感染宝宝。

诵读经典文学，要把形象和情感以及自己的理解，一起融合起来，创造出情景交融的丰富意境，而且要带着自身的感受，带着自己的描述、表达，比如在黄昏自己散步的途中，夕阳西下，看着天边的落日余晖，走在绿草坪中间的通道上，垂柳轻扬，微风吹拂，自己边走边做深呼吸，安详、宁静的感受伴随着漫步，就可以一边走，一边喃喃地把自己看到、听到、感觉到的一切描述给胎儿听。

讲故事，朗诵童话或对话，应当先把自己要讲的内容过一遍，尽量讲得形象化一些，像是用摄像机镜头来展示画面一样，用自己的声音与画面结合，把想象出来的动态、画面、过程都用语言表达出来。

欣赏图画、美术作品，要尽可能地用自己的生动语言，把画面上表现出的意境用视觉化、动态化的表达方式讲述给胎儿听，例如：“这是一只大鱼缸，里面有红色、白色和黑色的金鱼，它们悠闲自在地游来游去。这条金鱼有长长的尾巴，大大的眼睛鼓起来像一对水泡，不紧不慢、优雅、从容地摆动着长尾巴，像轻轻地舞动长长的绸带一样……”

11. 轻松享受“音乐浴”

在准妈妈感觉情绪烦躁、心情紧张的时候，可以进行一次“音乐浴”式的音乐胎教，这对解除疲乏、胸闷、头昏、头痛有立竿见影的效果，同时也让胎儿得到一次音乐的洗礼。

准妈妈可以坐在带靠背的沙发、椅子或躺椅上，双腿放在前面比坐椅稍高的凳子上，手放在双腿两边，闭上眼睛，全身放松。音响放置在离准妈妈有一定距离的地方，音量开到适中，音乐可根据自己的喜好加以选择，节奏较明快为好，太快太慢都会影响效果。音乐要连续播放10分钟左右。随着音乐响起，全身自然放松，首先感受到音乐如波浪般一次一次有节奏地向你冲来，冲走了疲乏，冲醒了头脑，全身血液正随着音乐节奏流动（时间控制在3分钟以内）。然后，想象音乐如温热的水流自头顶向下流动，血液也在从头到脚来回有节奏地流动（时间控制在5分钟以内）。最后睁开眼，随着音乐的节奏，手、脚有节奏地晃动，时间以2分钟或一首乐曲为限。

在怀孕9个月时，准妈妈很快就要分娩了，这时应选择既柔和又充满希望的乐曲。如《梦幻曲》，它是舒曼的钢琴套曲《童年情景》13首曲子当中最脍炙人口的一支乐曲。柔美的旋律，各声部完美的交融以及充满表现力的和声语言，刻画了一个童年的梦幻世界，表现了儿童天真、纯洁的幻想。准妈妈随着柔美平缓的主旋律进入沉思的梦境，在梦幻中出现美丽的世界，这种美丽在那梦幻中升腾，一层比一层美丽、奇异，仿佛看见了一个圣洁的小天使，那是期盼了好久好久的可爱的小宝宝在向你走来。

12. 凯格尔运动胎教

凯格尔运动也叫骨盆底收缩运动，是一套可以用来增强骨盆底肌肉力量的练习。这套运动可以增强骨盆底的肌肉力量，从而减轻压力性尿失禁，还能促进准妈妈直肠和阴道区域的血液循环，预防痔疮，并且能加快产妇会阴侧切或会阴撕裂愈合。如果产妇在产后经常坚持进行骨盆底肌肉练习，不仅有助于对膀胱的控制，而且会增强阴道的弹性，让产后的性生活更加幸福。

建议准妈妈从现在开始做骨盆底肌肉运动，并且要一直坚持下去，这会是伴随你一生的好习惯。步骤如下：

（1）首先在开始锻炼之前，要排空膀胱。运动的全程，照常呼吸，保持身体其他部分的放松（在整个运动中，只有骨盆底肌肉是在用力的）。可以用手触摸腹部，如果腹部有紧缩的现象，则运动的肌肉为错误。

（2）平躺，双膝弯曲。练习时，把手放在肚子上，这样可以帮助确认自己的腹部保持放松状态。

（3）收缩臀部的肌肉向上提肛。

（4）紧闭尿道、阴道及肛门（它们同时受到骨盆底肌肉的支撑），就如尿急但又无法到厕所去而必须憋尿的动作。准妈妈可以将一只干净的手指放入阴道，如果在练习的过程中，手指能感觉到受挤压的话，就表明锻炼的方法正确。

（5）保持骨盆底肌肉收缩 5 秒钟，然后慢慢地放松，10 秒钟后，重复收缩。

刚开始时准妈妈可以在一天中分多次锻炼骨盆底肌肉。随着骨盆底肌肉的不断增强，准妈妈可以逐渐增加每天练习的次数，并延长每次收紧骨盆底肌肉的时间。准妈妈可以每天做 3 次，每次练习 3～4 组，每组 10 次。

第十二章 孕10月，时刻等待天使降临

1. 胎宝宝变化周周看

(1) 第37周

胎宝宝继续不断生长，体重仍在增加，并生成了大量的皮下脂肪。

(2) 第38周

现在胎宝宝已经完全成熟了。

(3) 第39周

胎宝宝可能将脱落下来的头发和汗毛吞进肚子里，一段时间之后就会成为胎便排出体外。肺部得到了完整的发育，所有的身体器官都已发育成熟。

(4) 第40周

胎宝宝占据了整个子宫，几乎再也没有任何移动的空间。尽管这一周是预产期，但宝宝有可能提前1周或推迟1周降生。

2. 准妈妈变化月不同

自怀孕开始到现在，准妈妈的子宫纤维增长了几十倍，而且越来越粗，使得子宫弹性不断增加。子宫壁静脉也变得非常粗大，它能迅速地将含有大量二氧化碳的血液输回心脏进行处理加工。子宫颈在怀孕前是

比较硬的，现在变得非常柔软、光滑而坚韧。在胎儿娩出时，子宫颈口可从正常的 2 厘米一下子扩大到 10 厘米。到了预产期，准妈妈的腰部出现钝痛，出现临产的各种征兆。

骨盆的各个关节在不断松弛。这样，在生产时骨盆可以拉宽好几个厘米，使胎儿能顺利地降临人世。这时准妈妈的阴道纤维也会变长，弹性在逐渐增加，阴道壁愈加柔软了。由于这一区域血管的扩张，阴道和外阴会因为充血而略带紫色。同时，阴道分泌物也会增加，以便胎儿顺利地通过。

乳房也在迅速地发展，现在它已做好了哺乳的一切准备。

3. 孕期饮食营养红绿灯

进入妊娠最后一个月，准妈妈随时有可能临产，在为分娩做好准备的同时，准妈妈应采用少吃多餐制，充分摄取营养，为分娩储备体力。

进入孕期最后阶段，准妈妈的胃部不适会有所下降，食欲也有所增加，因此营养的摄取是足够的，只要调整情绪，正确进食就没有问题。这个时候应该限制脂肪和糖类等热量的摄入，不能吃得过多，以免胎宝宝过大，影响顺利分娩。同时，为了储备分娩时消耗的能量，准妈妈应该适当多吃富含蛋白质、糖类等能量高的食物，每天可加食 1 ~ 2 个鸡蛋，最好一日多餐，保证食物的消化吸收，及全面的营养。

此时宝宝的发育已基本成熟，服用钙剂和鱼肝油的准妈妈应该停止了，多吃些蔬菜水果，保证产前充足的营养。新鲜的瓜果蔬菜，可满足准妈妈对维生素 A、维生素 C 以及钙和铁的需求。另外，准妈妈要多吃粗粮，少食精制的米、面，多吃谷类、花生等，多晒太阳，使机体产生足量的维生素 D，以保证胎儿骨骼生长的需要；注意多补充人体所需的矿物质，如锌、镁、碘、铜等。在动物类食品、豆类、谷类、蔬菜中含有铁、锌、铜等，海味食品中含碘量高。

准妈妈应尽量避免在外就餐，要保证食物的干净卫生，因为若不小心食物中毒或腹泻都会对宝宝造成不良的影响。

由于维生素 E 的存在，氧气得以输送到身体各部位，从而解除了准妈妈的疲劳，更重要的是缓解了准妈妈临产前的紧张情绪，使紧张的肌肉得以放松，从而保证安全临产。

含维生素 E 多的食品是胚芽米、植物油、坚果类、黄绿色蔬菜等，这都是大家已熟知的食品。临近分娩时，要多吃这些食品。可以自己做一些可冷冻的食品，去医院时带上。尤其是初产的人，从阵痛开始到孩子出生需要时间较长，进分娩室之前可准备些方便食品，避免空腹没力气。

记住，充分摄取维生素 E 是顺利生产的重点。充满信心地迎接分娩吧！

4. 准妈妈临产前应该怎么吃

准妈妈在临产前若进食不佳，会由于缺乏分娩的能量，使子宫收缩无力，导致滞产。所以，临产前正确、健康的饮食是顺利分娩的前提条件。

准妈妈在临产前应该吃高蛋白、半流质、新鲜而且味美的食品，可以根据自己的爱好选择蛋糕、面汤、稀饭、肉粥、藕粉、点心、牛奶、果汁、苹果、西瓜、橘子、香蕉、巧克力等多样饮食。每日进食4～5次，少吃多餐。机体需要的水分可由果汁、水果、糖水及白开水补充。注意既不可过于饥渴，也不能暴饮暴食。临产期间，由于宫缩的干扰及睡眠的不足，准妈妈胃肠道分泌消化液的能力降低，蠕动功能也减弱，吃进的食物从胃排到肠里的时间（胃排空时间）也由平时的 4 小时增加至 6 小时左右，极易存食。因此，最好不要吃过于油腻的油煎、油炸食品。

有些民间的习惯是在临产前让准妈妈吃白糖（或红糖）卧鸡蛋或吃碗肉丝面、鸡蛋羹等。这些都是临产前较为适宜的饮食。不过，有些长辈认为“生孩子时应多吃鸡蛋长劲”，于是便让准妈妈一顿猛吃十个八个的，甚至更多。这种做法是十分愚昧的，常常适得其反。人体吸收营养并非是无限制的，当过多摄入时，则“超额”部分经肠道及泌尿道排出。多吃不仅会加重胃肠道的负担，还可以引起“停食”、消化不良、腹胀、呕吐等不良的后果。准妈妈每顿吃 1～2 个鸡蛋足够，可再配些其他营养品。

5. 巧克力是最佳分娩食品

产妇分娩时需要足够的力量，而产力来源于食物。当前很多营养学家和医生都推崇巧克力，认为在各种食物中，当属巧克力为最佳分娩食品，完全可以充当“助产大力士”。其理由，一是因为巧克力营养丰富，含有大量的优质糖类，而且能在很短的时间内被人体消化吸收和利用；二是由于巧克力体积小，发热多，而且香甜可口，吃起来很方便，因此产妇临产前可吃几块。

6. 产前生活起居红绿灯

（1）下楼时要握住扶手，防止身体前倾、跌倒。

（2）上楼时拉住楼梯的扶手，可以借助手臂的力量来减轻腿部的负担。

（3）平时行走时，应该抬头、挺直后背、伸直脖子、收紧臀部，保持全身平衡，稳步行走。

(4) 最好选择直背坐椅，不要坐低矮的沙发。坐下时，先保持背部的挺直，用腿部肌肉的力量支持身体坐下，让背部和臀部能舒适地靠在椅背上，双脚平放在地上。

(5) 起立时，要先把上身向前移到椅子的前沿，然后双手撑到桌面上，并用腿部肌肉支撑、抬起身体，使背部始终保持挺直，以免身体向前倾斜，牵拉背部肌肉。

(6) 站立的时候，要保持两脚的脚跟和脚掌都着地，使全身的重量均匀分布在两只脚上，双膝要直，向内向上收紧腹壁，同时收缩臀部，双臂自然下垂放在身体的两侧，头部自然抬起，两眼平视前方。

(7) 不要直接弯腰从地上捡拾物品，以免用力过度导致背部的肌肉和关节损伤。应当先慢慢蹲下，拾起物品后再慢慢站起来。

(8) 需要拿高处物品时，千万不要踮起脚尖，也不要伸长手臂，以免不慎摔倒，最好请家人帮助。

(9) 睡觉的姿势往往会影响到睡眠的质量，妊娠晚期要避免长时间的仰卧，以免增大的子宫压迫下腔静脉，影响宝宝的发育，一般以左侧卧为主。

(10) 起床时，如果原来的睡姿是仰卧，应当先把身体转向一侧，弯曲双腿的同时，转动肩部和臀部，再慢慢移向床边，用双手撑在床上，双腿滑到床下，坐在床沿上，稍坐片刻以后再慢慢起身。

(11) 严禁夫妻性生活，以免引起早产。

7. 做好分娩前的心理准备

虽然很多准妈妈都做了充分的准备去迎接这个新生命的到来，但是临近生产，难免还是会有这样或那样的顾虑和担心：能否顺利分娩、生产姿势会不会很难看等等。

首先，准妈妈要相信自己的身体能够应付自然分娩，相信自己的分娩系统会正常运作。很多准妈妈都会害怕自己无法熬过自然分娩的过程，其实那只不过是心理作用而已，准妈妈的骨盆通道天生就是为了生下宝宝而形成的构造，准妈妈应该对自己有信心。

其次，应与医生好好配合。在生产过程中，准妈妈看不到宝宝出生前后的具体情况，必须依赖医生的指导，才知道什么时候开始用力，什么时候应该稍作控制等。分娩开始后，子宫的阵阵收缩会使准妈妈感到腹部发紧、疼痛和腰部不适，这是分娩中必须经历的，准妈妈应遵从医生嘱咐，冷静对待，切不可大喊大叫，扭腰转侧，徒耗体力。

最后，准妈妈要懂得放松情绪与身体。生产过程非常顺利的准妈妈往往很懂得如何放松自己，那些极度缺乏安全感的准妈妈浑身较劲，不能放松身体，这也是生产过程延长的重要原因。

8. 给胎宝宝倾听各种各样的声音

怀孕 10 个月时，宝宝的听觉功能发育已基本完成，此时准妈妈宜给宝宝倾听各种各样的声音，以促进听觉进一步完善。准妈妈可根据不同的情况选取不同的声音：做家务时可听轻快的《米奴哀小步舞曲》；独自一个人冥想时最好听《弥撒曲》或《弥赛亚》等宗教歌曲；忧郁时，最好先听一会儿单调、悲伤的音乐，形成一种过渡，然后再听高兴的音乐；稍微有点不安时，听一些弦乐器演奏的音乐能稳定情绪。

这里需要说明的是，一般人在欣赏音乐时，往往只满足于感官欣赏，也就是说，仅仅满足于悦耳动听、轻松愉快，其实这是不够的。音乐是一门艺术，作为艺术欣赏，还需要加入丰富的感情色彩。在听觉器官接收音乐的同时，应根据不同乐曲在人们心理上、感情上产生的不同反应，进行各种不同的联想，让诗情画意联翩而至，在头脑中凝成生动具体的形象。例如：蓝天、白云和草地上奔跑的小鹿；高山、峻岭、山谷中静静流淌的小溪；夜幕下，月亮时隐时现；摇篮旁幸福慈爱的母亲。这就是我们所说的“感情色彩”。显然，与单纯的感官欣赏相比，效果更好，更有利于强化胎教的作用。

9. 怡情养性话胎教

胎儿生长到第 10 个月时，已经发育成熟，自主性变强，每一个动作都能自主地做。由于胎头已经进入母体盆腔，活动减少，睡眠增多，因此这个阶段的胎教应当以保持良好的情绪、维持环境为主，不宜再实施过多、过重的接触式胎教。

由于临近生产，准妈妈难免心理上紧张，情绪抑郁，这种状况对胎儿很不利。这个月的胎教重点，就是要尽量调整好自己的心态，培养良好情绪，把美好的情绪传导给胎儿。

怡情养性的胎教，就是准妈妈通过欣赏音乐、阅读诗歌、鉴赏艺术作品，在自然美景中放松心情、呼吸新鲜空气，达到对胎儿产生良性影响的效果。

临产前，不能再采用刺激性较强的胎教方法，像光照胎教、运动胎教、游戏胎教等，都应当告一段落。最好常听一些平时喜爱的音乐，尤其是表现自然景色的天籁之声，还有虫鸣、鸟啼、溪流、海浪一类主题的比较舒缓、平稳、节奏变化不强的乐曲，有安抚准妈妈、缓解其紧张情绪的作用。

语言胎教以母亲喃喃自语和轻声吟咏、诵读、哼唱为主，还可以温习一些古典诗词、儿歌、童话，为未来对宝宝实施早期教育和智能开发做好准备。

十月怀胎，一朝分娩，是一件瓜熟蒂落、水到渠成的事，越是临近预产期，越会让人盼望宝宝及早降生。

在分娩前的最后一段时间中，一定不能着急，要坚持像怀孕数月以来那样，每天给胎儿讲一讲大千世界，说一说父母对宝宝的喜爱之情，听一听熟悉的胎教音乐，或高唱、或低吟几句喜爱的歌曲，咏诵、朗读几句诗词名句。

一方面继续坚持对胎儿的胎教，另一方面，也对自己在孕期这几个月中学到的知识做一个全面的梳理和回顾。别小看这天长日久的一点一滴积累，等到胎儿真正降生到世间来，新妈妈和新爸爸开始正式“上任”，荣任宝宝的“第一任教师”的时候，就会发现自己前几个月的努力一点都没有白费——儿歌、诗词名句，脱口而出，音乐、运动，样样拿得起，功夫不负有心人啊！

10. 胎教音乐哆来咪

音乐胎教有很多的方法，在怀孕的最后一个月里，准妈妈可综合多种方法对胎宝宝进行胎教，以利于胎宝宝大脑的发育，但要注意选用舒缓优美、节奏不强、力度不大的音乐。

门德尔松的《E 小调小提琴协奏曲》创作于 1838 ~ 1844 年间，1845 年首次上演，和贝多芬的 D 大调、勃拉姆斯的 D 大调和柴可夫斯基的 D 大调小提琴协奏曲并称为“世界四大小提琴协奏曲”。与其他著名小提琴协奏曲相比，门德尔松这首作品是最富浪漫气息、最令人愉悦和最细腻华丽的小提琴协奏曲。没有贝多芬那样的深邃，也没有勃拉姆斯的严谨和理性，但有着强烈的戏剧性效果和充满了人情味儿的抒情性。

《E 小调小提琴协奏曲》具有华丽的技巧与甜美的旋律，表现出生活中明朗的一面，是举世公认的精品。整部作品充满了柔美的浪漫情绪和均匀齐整的形式美，小提琴的处理手法精妙绝伦，旋律优美，技巧华丽，达到了登峰造极的境界，不仅是门德尔松最杰出的作品，也是德国浪漫乐派诞生以来最美丽的小提琴代表作。

有音乐家评论说，这首小提琴协奏曲是一首具有女性气质的协奏曲，高雅柔美，温婉多情，还流露出一点淡淡的伤感。

德国音乐大师门德尔松，是莱比锡音乐学院的创办人，现代音乐教育奠基者之一。

11. 产前宜适量运动

妊娠晚期，准妈妈的子宫过度膨胀，宫腔内压力较高，子宫口开始变短，准妈妈身体负担也较重，会出现水肿、静脉曲张、心慌、胸闷等。此时，准妈妈应适当减少运动量，过于频繁的活动会诱发宫缩导致早产。

产前经常做力所能及的活动对即将到来的分娩大有帮助。这时，身体沉重的准妈妈最适宜的运动莫过于散步了。散步能够使肌肉力量得到锻炼加强，可帮助骨盆运动，有助于分娩时减轻疼痛，还能改善准妈妈脚部的血液循环，因而可促进全身血液循环顺畅，使胎儿血液供应更充足。

通过散步可刺激脚下通向所有器官组织的60多个穴位，调理脏腑功能，使准妈妈身体健康。

散步能够安定神经系统，增强肺部换气功能，促进准妈妈的消化、吸收及排泄。

12. 准爸爸学点推拿按摩

按摩能缓解疼痛，是舒展肌肉组织、放松身体的好方法。经常适度地给准妈妈做一些家庭推拿按摩，能为她调整种种不适感。

孕期的日常生活中，保持某种姿势的时间过久，或持续运动、站立、下蹲过度，都会使肢体的各部位发生肌肉酸痛、僵硬、疲劳、乏力甚至肌肉、软组织痉挛。

长时间紧张地工作，也容易使人处在持续、慢性疲劳状态。通过不同部位和穴位的按摩和自我按摩，能舒缓压力、放松肌肉、消除疲劳，有利于消除慢性疲劳症。

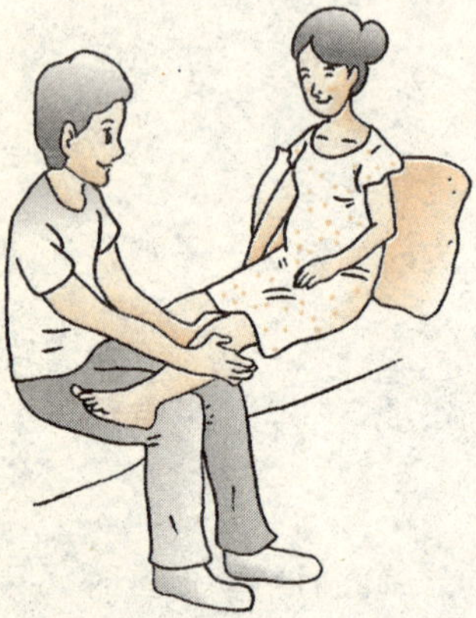

(1) 肩部

取坐位，准爸爸站在准妈妈身后，用双手采取揉法、捏法，由内侧向外侧施行，轮流按摩左右双肩肌肉组织，直至放松。

(2) 腰部

取俯卧位，准爸爸站立在准妈妈侧面，用拇指采用按法、揉法到指掌、臂肘的滚法，沿着腰部到臀部按摩肌肉组织，到准妈妈有肌肉组织松弛感为度。

(3) 肢体

取坐位、侧卧位或俯卧位，准爸爸站立在准妈妈侧面，分别对四肢的肌肉群采用揉捏法、指压法、拿法、摇法和滚法，依次按摩四肢各大主要肌群，包括臂部的肱二头肌、肱三头肌、前臂肌群，腿部的股四头肌、腿后侧肌群、腿内侧肌群和腿外侧肌群，力度宜由轻渐重，速度宜由缓渐疾，直到各组肌群有松弛感为度。然后，再用掌摩法、擦法，对各组肌肉群做缓解和放松。

第 二 篇

0 ~1 岁，早教衔接让宝宝赢在起跑线上

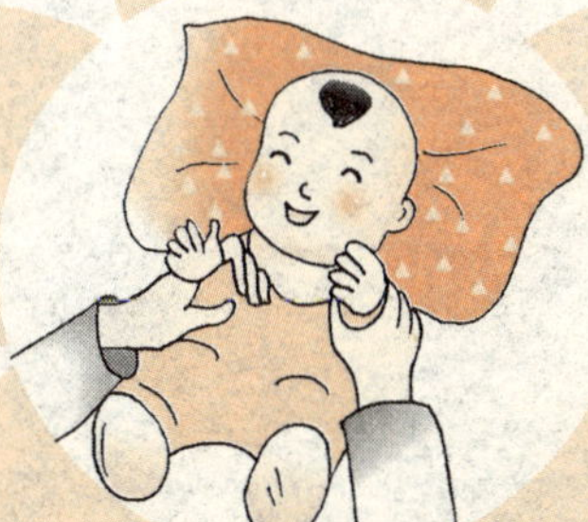

第一章 0～1个月，特殊的关怀期

1. 宝宝体能发育

刚刚出生的新生儿皮肤呈浅玫瑰色。关节的屈曲部、臀部被胎脂覆盖着，在出生后的3～4天，新生儿的全身皮肤会变得干燥，这是由于以前宝宝一直生活在羊水里，而出生后接触空气，皮肤就开始变干燥，表皮逐渐脱落，1周以后就可以自然落净。由于新生儿皮肤的角质层比较薄，皮下毛细血管丰富，因此新生儿的皮肤在“落屑”以后呈粉红色，非常柔软光滑。

宝宝第1个月发育速查表

	男宝宝	女宝宝
身长	52.3～61.5厘米，平均56.9厘米	51.7～60.5厘米，平均56.1厘米
体重	3.8～6.4千克，平均5.1千克	3.6～5.9千克，平均4.8千克
头围	35.5～40.7厘米，平均38.1厘米	35.0～39.8厘米，平均37.4厘米
胸围	33.7～40.9厘米，平均37.3厘米	32.9～40.1厘米，平均36.5厘米

2. 宝宝智能发育

（1）大运动

拉腕坐起，头部能竖直片刻。

(2) 精细动作

触碰手掌会紧握拳。手握拳头的时候比较多，能自动抓紧触及其手掌的大小合适的东西。如你用手指去触摸他的手掌，他会不由自主地抓紧你的手指。

(3) 适应能力

眼跟随红球进行寻找，听声音有反应。对于内耳传来的重力与移动的感觉有反应。如你正在抱着他时，突然把他放低会感到惊慌。

(4) 语言发展

发出细小喉音。

(5) 社交行为

眼跟踪走动的人。

(6) 培养要点

根据新生儿心理发育的特点，应当着手进行“抬头”、“眼跟红绒球”、“学听声音”和“握持反射”等方面能力的培养，开始锻炼其行为能力。

3. 宝宝的感觉学习

初生的婴儿，大脑尚不成熟，谈不到有智慧，要经过不断地学习，才能成熟并且聪明。

虽然新生儿一出生就具备了一些简单的感觉反射能力，能通过听、看、嗅、尝等感觉外部世界，但这些感觉通常是原始的、不协调的，是非社会性行为，必须经过无数次丰富的感觉学习，才能够使得大脑把多种感觉信息统合起来，由被动向主动、由不协调向协调发展。

帮助新生儿通过视、听、嗅、味、触、重力感等的感觉器官，把他身体的内、外环境的大量信息传输进他的大脑，经过大脑的组织分析、加工处理，进行有效的取舍，并且发出相应的指令，使肢体产生相应的动作。经过多次的循环和重复，能够使宝宝在“无意识探索”的过程中，获得观察、专注、记忆信息的能力，并进一步升华，产生想象、思维、语言表达以及操作能力等，使处在低级、动物化阶段的大脑，能够在外界足够的刺激、训练下，迅速而健康地发育成熟，成为聪颖、智能的高级大脑。

对宝宝实施科学有序的感官刺激，称为“感觉教育”，实施这种教育越早、内容越丰富，宝宝的神经系统成熟发育就越快，进步的速度也能日新月异。

4. 了解宝宝的需求

婴儿还不会用语言来表达自己的需求，哭就是他的语言。在整个婴儿时期里，哭有着特殊的意义，这对宝宝日后的语言发展有相应的影响。新爸爸、新妈妈们看到宝宝哭了，不要慌，要了解宝宝哭的意思，根据宝宝的实际需要做出回应。

一般，当宝宝的哭声声调较低，带着一种乞求的感觉，会先短促地哭一下，停顿一下再短促地哭，再停顿，这种有节奏的哭声说明宝宝饿了。一旦吃到奶，宝宝的哭声就会停止。

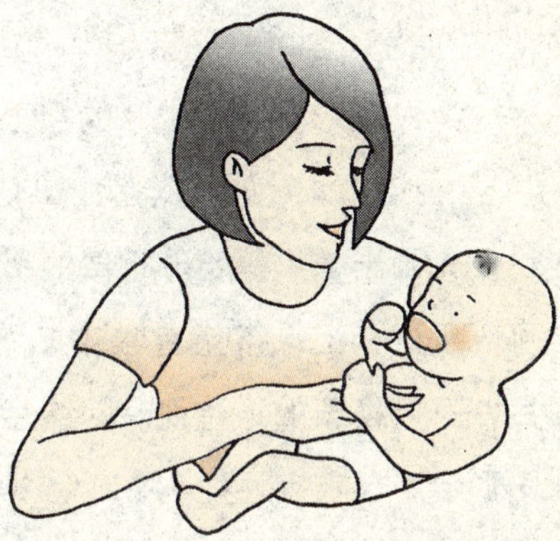

当宝宝的哭声强度较轻，没有什么眼泪，偶尔两腿会乱蹬，一般就是说明宝宝有了大小便，小屁屁不舒服，要父母来“打扫卫生”了。

当宝宝的哭声一阵一阵的，有点响亮，还有点不耐烦，宝宝还会揉眼睛，这说明宝宝困了，要睡觉。一般宝宝越困，越不容易安静下来，哭声就会越强烈，带着颤抖和跳跃。

当宝宝的哭声很高，但没有眼泪时，可能说明宝宝在向父母撒娇，想要父母抱了。

当宝宝的哭声比平常尖锐，还会握拳、蹬腿、烦躁不安，则说明宝宝有了疾病，身体不舒服了。

5. 锻炼宝宝的视觉能力

新生儿具有活跃的视觉能力，他能够看到周围的东西，甚至能够记住复杂的图形，分辨不同人的脸形，喜欢看颜色鲜艳会动的东西。训练宝宝的视觉能力可以参考以下方法：

（1）对视法

新生儿最喜欢看妈妈的脸。当妈妈注视他时，宝宝会专注地看着妈妈的脸，眼睛变得明亮，显得异常兴奋，有时甚至会手舞足蹈。个别宝宝和妈妈眼神对视时，甚至会暂停吸吮，全神贯注地凝视妈妈，这是人类最完美的情感交流，也是最基本的视觉能力训练。

（2）看黑白对比图形

黑白图形，对新生儿的视觉具有刺激性。

在床栏的侧面，挂上父母自己画的黑白脸形，大小可以和人脸相仿。先画出与妈妈脸形相似的图形，让宝宝可以在觉醒状态下观看，还可以观察和记录下宝宝集中精神观看图形的时间。一幅图形看熟了以后，可以换新的，注视时间缩短到 3～4 秒钟以后就换新图形，一般新图形会引起宝宝注视 7～13 秒钟。图形可以换用男女脸形、竖形条纹、斜条纹、棋盘状、水果形等多种形状，供宝宝觉醒时观看，同时要陪伴宝宝说话、逗笑，以缓解疲劳。

（3）用红光吸引视线

准备一只小手电筒，外面包上一块红布，距新生儿 20 厘米左右，给宝宝看红光，并且上下、左右慢慢地移动电筒，速度以每秒钟移动 3

厘米左右为宜，大约每分钟摇动12次左右，每次摇动距离在30～40厘米之间。让宝宝的视线追随和捕捉红色光线，训练目光固定和眼球协调转动的能力。每天做1次，每次1分钟。

(4) 静态观看法

当宝宝睡醒时，会睁开眼睛到处看，这时可以为宝宝预备几幅挂图，最好是模拟妈妈脸的黑白挂图，也可以是条纹、波纹等图形。挂图要放在距宝宝眼睛20厘米处。由于新生儿对新奇的东西注视时间比较长，对熟悉的东西注视时间短，所以每隔3～4天应换一幅图。

(5) 动态玩具法

让宝宝学习追视，爸爸或妈妈可以慢慢拿些玩具在宝宝眼前移动，宝宝的眼睛和追视的玩具距离以15～20厘米为宜。训练追视玩具的时间不能过长，一般控制在每次1～2分钟，每天2～3次为宜，否则会引起宝宝的视觉疲劳。除了用玩具训练宝宝学习追视外，妈妈还可以用自己的脸引导宝宝进行追视。妈妈把脸一会移向左，一会儿移向右，让宝宝追着妈妈的脸看。这种训练方法不但可以练左右转脸追视，还可以仰起脸练向上方的追视，甚至环形追视，从而不仅锻炼了宝宝的视觉能力，而且也使宝宝的颈部得到了锻炼。

6. 训练宝宝的精细动作能力

新生儿手的发育是先从四指与掌心的对捏开始的，越刺激握得越紧。在日后逐渐发育到用拇指与食指捏物。所以刚出生的宝宝，总是习惯性地半握着拳。宝宝精细动作能力的发展也有助于促进宝宝大脑的发育。

舒展小手，使宝宝手指更加灵活。宝宝躺在床上，妈妈对宝宝微笑，跟宝宝说说话，亲亲宝宝。拉起宝宝的小手，轻轻按摩宝宝的手指，并把小手张开、合拢。妈妈边按摩边跟宝宝说话，或者唱歌给宝宝听，或者念些儿歌，引起宝宝愉快的情绪。按摩手指时，妈妈动作要轻柔，要面带微笑，多和宝宝说话，或者唱歌，让宝宝保持良好的情绪。

（1）把细棒玩具放在宝宝手中

父母可以把带有细棒或细圈的小玩具放到宝宝小手中，过一会儿再把玩具拿出来，每天反复练习几次。

这是为了让宝宝感觉到手心的触觉刺激，对宝宝练习抓握和松手动作很有利。

（2）伸手抓转动的玩具

父母还可以在宝宝小床上方挂一些可以转动的玩具，来吸引宝宝伸手去抓或拍打。

这是对宝宝上臂力量和小肌肉的初步锻炼。

7. 训练宝宝的语言能力

宝宝一出生，就表现出与外界交流的天赋。新生儿与妈妈对视，就是彼此交流的开始。亲子间的交流对宝宝行为能力的健康发展具有重大而深远的意义。

（1）激发宝宝说话的兴趣

宝宝啼哭之后，父母可以模仿宝宝的哭声。这时宝宝会试着再发声，几个来回后，宝宝就会喜欢上这种游戏似的叫声，渐渐的，宝宝学会了叫而不是哭。这时父母可以把口张大一点，用“啊”来代替哭声诱导宝宝对答，循序渐进地教宝宝发音。如果宝宝无意中发出另一个元音，无论是“a”或“o”都应以肯定、赞扬的语气回应并巩固强化，还要记录下来。

（2）感受大自然的声音

生活中出现的小鸟的叫声、水流的哗哗声、汽车的嘟嘟声等，都是可以让宝宝接触和感受的更加广泛的语言题材。另外，父母还可以一边做家务一边和宝宝说话，不要让宝宝生活的环境太过安静，因为生活中的一切声音，对于宝宝来说都是最好的语言教材。

（3）说悄悄话

在婴儿睡醒后，用缓慢、柔和的语调对婴儿讲些“悄悄话”，如：“噢，XX（呼乳名）醒了，睡觉梦见妈妈了吗？”“XX，我是妈妈，妈妈好爱你”等等。每天2~3次，每次2~3分钟。

给婴儿以听觉刺激，有助于婴儿早日开口说话，并能促进母子之间的情感交流。

对婴儿说话，尽可能用普通话反复和婴儿说，有条件的，可以同时用外语说同样的话。这样可以让婴儿储存标准、丰富的语音信息，可促进语言能力的发展。

8. 训练宝宝的听觉能力

现代科学已经证明，新生儿不仅具有听力，还具有声音的定向能力，能够分辨出发出声音的地方。所以，在新生儿期进行听觉能力训练是切实可行的。

（1）用音响玩具训练听觉

父母可以用音响玩具对宝宝进行听觉能力训练，这样的玩具品种很多，如各种音乐盒、摇铃、拨浪鼓、各种形状的吹塑捏响玩具，以及能拉响的手风琴等。在宝宝醒着的时候，父母可在宝宝耳边轻轻摇动玩具，发出响声，引导宝宝转头寻找声源。进行听觉训练时，需注意声音要柔和、动听，不要持续很长，否则宝宝会失去兴趣而不予配合。

（2）让宝宝学着欣赏音乐

人的左脑是主管逻辑思维的语言脑，而右脑是感受音乐的艺术脑。在宝宝学会说话之前，优美悦耳的音乐能不失时机地为宝宝右脑的发育增加特殊的“营养”。最好选择优美、轻柔、明快的音乐，比如中外古典音乐、现代轻音乐和描写儿童生活的音乐，都是训练宝宝听觉能力的好教材。最好每天固定一个时间，播放一首乐曲，一次以5～10分钟为宜。播放时先将音量调到最小，然后逐渐增大音量，直到比正常说话的音量稍大一点儿即可。

9. 训练宝宝抬头

宝宝只有抬起头，视野才能开阔，智力才可以得到更大发展。不过，由于新生儿没有自己抬头的能力，所以还需要爸爸妈妈的帮助。

(1) 竖起抱

喂奶以后，把宝宝竖直抱起来，使宝宝的头靠在自己的肩膀上，轻轻拍打几下背部，听到宝宝打出奶嗝，防止吐奶。然后，不要扶持宝宝，让头部自然直立片刻。每天可以进行竖抱抬头练习4～5次，让宝宝的颈部肌肉得到锻炼。

(2) 俯卧抬头

在宝宝清醒的状态下，妈妈仰卧，让宝宝俯卧在自己胸腹上，两手轻轻扶住宝宝逗其抬头。宝宝也可在爸爸的胸腹趴着，感受父爱。

俯卧抬头可以在两次喂奶中间进行，让宝宝取俯卧姿势，抚摸背部，用带响声的玩具逗引宝宝抬头，并且逐渐能左右转头寻找声源。

10. 训练宝宝做伸展运动

新生儿的小胳膊和小腿都处于自然弯曲状态，似乎还保持着在妈妈子宫内的样子。妈妈或爸爸可以利用日常护理的机会，训练宝宝做伸展运动。

在为宝宝洗澡或换尿布的时候，妈妈或爸爸可以帮助宝宝伸展一下身体。帮他伸展身体时，只需将关节稍微弯曲，宝宝就会反射性地伸开他的关节。除了关节外，轻触宝宝的膝盖内侧、身体、手等，宝宝也会反射性地伸展他的身体。这个时期的宝宝，由于四肢十分娇嫩，所以不能用力拉他的手、脚，以免弄巧成拙。

11. 训练宝宝做爬行运动

宝宝在新生儿期就有爬行的先天条件反射，所以适当地进行爬行运动训练，对宝宝的发育和成长具有积极作用。帮助宝宝进行爬行训练时间，可以选在宝宝洗完澡或睡醒觉的时候。先为宝宝做完皮肤抚摸，这时宝宝会感觉到很舒服，会主动要求动一动了。你只要用手掌轻轻抵住宝宝的足底，宝宝就会试图向前爬，尽管开始时爬不了几厘米，但宝宝确实努力了。爬行训练的时间控制在每次1～2分钟，每天1～2次较为适宜。注意不要在宝宝吃饱奶或饥饿的时候做。

经过爬行训练，宝宝颈部及背部的肌肉可以得到很好的锻炼，四肢也会越来越有力量。这种不断的锻炼，能促进宝宝肌肉发育、肢体协调，也能促进宝宝右脑的发育。

12. 训练宝宝做迈步运动

宝宝在新生儿期就有向前迈步的先天条件反射，在宝宝健康、情绪又很好时，就可以进行迈步运动的训练了。

做迈步运动训练时，父母托住宝宝的腋下，并用两个大拇指控制好宝宝的头，然后让宝宝光着小脚丫接触桌面等平整的物体，这时宝宝就会做出相应而协调的迈步动作。尽管宝宝的脚丫还不能平平地踩在物体上，更不能迈出真正意义上的一步，但这种迈步训练对宝宝的发育和成长无疑是有益的。所以，在进行训练时，父母要表现得温柔一点，时间控制在每天 3～4 次，每次 3 分钟。如果宝宝不配合，千万不要勉强，以免弄伤宝宝。

13. 逗笑有利于宝宝智力开发

从孩子出生开始，父母就可以经常逗宝宝笑，让宝宝学会在成年人逗乐时回以微笑，这种笑与他自己在睡梦中脸部肌肉收缩式的笑完全不同。逗笑，是一种外界刺激，宝宝能够用微笑来应答，是学会的第一个条件反射。经过逗笑，回以微笑的过程充满快乐的情绪，这时候宝宝的各个器官，包括眼、耳、鼻、舌、身等感觉器官最为灵敏，接受能力也在最佳、最良好的状态下，有益于大脑接受良性刺激，拓展相关区域并储存良好的信息。

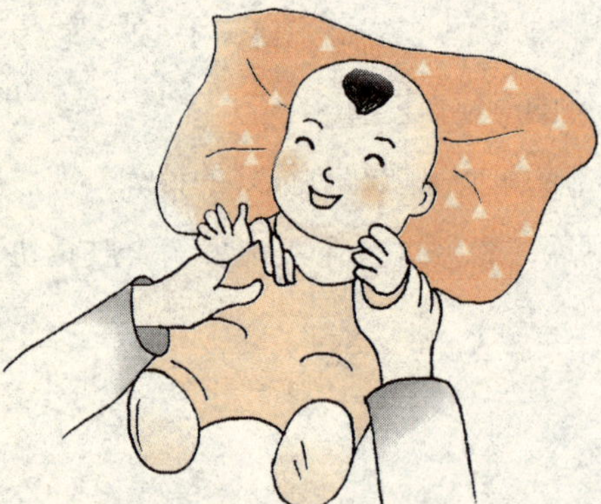

在宝宝吃饱、睡醒之后，躺在床上，妈妈轻轻抚摸、搔痒逗引他，让他笑。

宝宝平躺在床上，或者妈妈抱着，这时妈妈或爸爸用两只手将自己的眼睛蒙住，走到宝宝面前说“猫”，同时将两手分到脸部两侧。这样可重复多次，逗引宝宝发笑。

在逗笑时，亲子之间应互相注视、互相模仿，可增加亲子之间的感情，对新生儿各方面发育都大有好处。

14. 给宝宝营造爱的氛围

母亲和婴儿的身体接触，母亲的声音和温柔的按摩，在婴儿生活的头几天里是十分重要的。在这段时间里如果婴儿和母亲形成一种结合，并且能加以鼓励的话，那么这种结合就是牢不可破的，就会形成一种感情的纽带。

（1）多进行肌肤接触

新生儿觉得与母亲身体的紧密接触是十分安全的，母亲的身体柔软而温暖，气味熟悉。当婴儿把头靠在妈妈的身体上时，他会听到他过去9个月在母腹里曾经听到过的熟悉的心跳声（心搏）。在这种环境里，婴儿觉得安全又舒服。

（2）多和宝宝对视

眼睛是心灵的窗户，宝宝的大脑有上千亿的神经细胞，渴望从“窗户”进入信息。宝宝最喜欢看妈妈的脸，被母亲多加关注的宝宝安静、爱笑，能为形成好的性格打下基础。和婴儿早期进行眼睛接触的母亲，特别是在哺乳时，面对着婴儿和深情地注视着婴儿眼睛的母亲，并且继续坚持做下去，极可能是富有同情心和聪明的，她们大多能冷静地通过逻辑讨论来解决各种问题，而极少对她们的婴儿采取体罚手段，这样的母亲都善良理智，都属贤妻良母型。

（3）多和宝宝说话

新生儿非常喜欢柔和、轻松的声音，不喜欢高声的噪声。宝宝醒来时，妈妈可以在宝宝的耳边轻轻呼唤宝宝的名字，温柔地说话，如“宝宝饿了吗？妈妈给宝宝喂奶”、“宝宝尿了，妈妈给宝宝换尿布”等等。听到妈妈柔和的声音，宝宝会把头转向妈妈，脸上露出舒畅和安详的神态，是对妈妈声音的回应。对于婴儿来说，母亲的声音就是一种心理上的安慰。经常听到妈妈亲切的声音，会使宝宝感到安全、宁静，为日后良好的心境打下基础。

15. 依恋关系早形成

新生儿在出生后最初几天几乎都处于睡眠状态，所以应该在他醒来的时候陪伴着他。有关研究结果表明：你和婴儿的身体接触，你的声音和身体的气味，在他来到世间头几天里是十分重要的。在这段时间里如果婴儿和你形成一种依恋关系，并且得到积极鼓励的话，那么这种关系就是牢不可破的。从头几天开始，你就应该尽可能和你的婴儿多接触。比如温柔地抚触宝宝，这是一种爱的交流。哺乳时，妈妈应尽量与宝宝肌肤相亲，使宝宝感受到妈妈的怀抱是他最安全的场所。他会安静地满足于这种依恋，并形成早期记忆。吃母乳的宝宝，只要妈妈每次用固定的姿势抱他，他就会主动寻找乳头。

父母轻轻抚摸宝宝的小手，传递爱意的同时还能让宝宝感受到皮肤的触觉，有利于他的抓握反射，提高宝宝的灵敏度。对婴儿来说，在妈妈的身体上轻轻摇动比完全静止地躺在小床垫上要自然得多，它能唤起宝宝在子宫内柔软而舒服的成长回忆。

16. 要把新生儿当成懂事的大孩子

有些父母，总以为新生儿期的宝宝除了吃喝拉撒睡之外什么也不懂，其实这种认识是错误的。为使开发宝宝智力潜能的工作卓有成效，首先要做的就是要把宝宝当成懂事的大孩子。

育金点子

宝宝一般在出生10～20天就学会被逗笑。宝宝快乐时，眼、耳、口、鼻、舌等器官最为灵敏，接受能力也最好。

当妈妈说话时，正在吃奶的宝宝会暂时停止吸吮或减慢吸吮的速度。当爸爸逗宝宝时，他会报以喜悦的表情，甚至微笑，这是宝宝在与父母建立感情。宝宝对父母及周围亲人的抚摸、拥抱、亲吻，都有积极的反应。但当宝宝听到妈妈说话时，别人再和他说话，宝宝也不会理会其他人了。

在对宝宝的护理中，父母无论做什么，都要边做边对宝宝讲，不但讲实际操作过程，还要讲你的感受和心得，尽量语调轻缓、充满柔情。比如当宝宝哭的时候，可以把宝宝抱起来，问他是不是饿了，是不是尿了，或者是哪里不舒服了。然后根据自己的判断，一边喂奶、换尿布或者按摩，一边和宝宝讲你在为宝宝所做的事。在平常，也要夸赞宝宝真是好孩子，或用拥抱、亲吻、抚摸、对视等动作不断表示出对宝宝的喜爱。慢慢地，父母就会发现宝宝似乎能听懂自己的话，用更加热切的动作和表情回应着。而父母所做的这一切，都能够促进宝宝的智力发育。

第二章 1～2个月，让宝宝在微笑中长大

1. 宝宝体能发育

第2个月的宝宝变得越来越可爱。体重和身高迅速增长，视力和听觉较为发达。以前整天睡觉的小贪睡鬼现在已经熟悉了新的生活节奏，白天一双圆溜溜的大眼睛会骨碌碌地转。

宝宝在这个月的生长速度之快，实在是令人惊奇。满月时，宝宝的体重比出生时平均增加了1千克，身高也平均增长了3～4厘米。有些生长顺利的宝宝，每天的体重增加量超过30克。但这只是平均数值，宝宝的生长在很大程度上取决于个人发育水平。

这时候的小宝宝，面部长得扁平，阔鼻，小脸光滑，皮肤也白嫩，肩和臀部显得较狭小，脖子短，胸部、肚子呈现圆鼓形状，小胳臂、小腿也变得圆润，而且总是喜欢呈屈曲状态，两只小手握着拳。所有这一切都表明，宝宝已经平安顺利地度过了新生儿期，开始迎接自己的新生活。

宝宝第2个月发育速查表

	男宝宝	女宝宝
身长	55.6～65.2厘米，平均60.4厘米	54.6～63.8厘米，平均59.2厘米
体重	4.7～7.6千克，平均6.1千克	4.4～7.0千克，平均5.7千克
头围	37.0～42.2厘米，平均39.6厘米	36.2～41.0厘米，平均38.6厘米
胸围	36.2～43.4厘米，平均39.8厘米	35.1～42.3厘米，平均38.7厘米

2. 宝宝智能发育

（1）大运动

拉腕坐起时头可竖直片刻，俯卧时头可以抬离床面，离开床的角度可达45°，但不能持久。

（2）精细动作

手脚会来回伸缩，但仍呈蜷曲形，不能伸直。拨浪鼓能在手中留握片刻。

（3）适应能力

两只眼睛的运动还不够协调，对亮光与黑暗环境都有反应，会追踪明亮或会动的物体。能立刻注意大玩具。

（4）语言发展

能发a、o、e等韵母音。

（5）社交行为

被逗引时有反应。喜欢周围的人和他说话，没人理他的时候会因感到寂寞而哭闹。面部表情逐渐丰富，在睡眠中有时会做出哭相，撇着小嘴好像很委屈的样子，有时又会出现无意识的笑。

3. 通过小手“认识”世界

妈妈经常抚摸宝宝的双手，能促进其握持反射。从新生儿阶段开始，妈妈常把自己的手指给宝宝抓握、握持，训练小手的握持能力。现在，把哗啦棍或铃铛放进宝宝的手心，宝宝会马上抓住小棍，然后妈妈用手握住宝宝的小手，帮助坚持握紧的动作，还可以同时继续让宝宝抓紧握持妈妈的手指。

（1）看手——心理发展必经阶段

到2个月前后，宝宝会特别喜欢看自己的小手，会玩、吸吮自己的小手。

这是一个婴儿心理发展的必经阶段，不仅不要干涉宝宝，还应当为宝宝提供相应的条件，帮助宝宝玩小手、看小手。

从满1个月开始，就可以给宝宝的小手上栓一块红色布条，或者戴上一个哗啦作响的手铃，吸引宝宝的注意力，引导宝宝顺利地看手、玩手和吸吮小手。促进大脑相关区域的发展。

(2) 解放小手——满足探索的心理需要

旧风俗中，有把小婴儿的手、脚都用带子或襁褓紧紧地捆绑住的习惯，还解释说免得宝宝长大以后“手脚爱乱动”，这种说法没有丝毫科学根据。

为了防止宝宝的小手上生长迅速的指甲抓伤、划伤自己娇嫩的皮肤，有的父母会给宝宝戴上小手套，有的听说小婴儿戴手套不好，摘掉手套以后，严密监护宝宝的小手，一看到小手有动作，就加以制止，这样做，是不利于宝宝的智能发展的。

应当充分解放宝宝的小手，等到宝宝熟睡以后，用钝角指甲钳为宝宝修剪好手指甲，然后让宝宝在觉醒状态下，自由自在地看、玩、咬、啃自己的小手，这些动作都是宝宝探索和满足心理需求的方式。

通过对于小手的动作认识，咬、吸吮小手和玩小手，来探索和感知自身与外界的关系，玩手越起劲，得到的感知收获就越多。

4. 培养有规律的生活习惯

宝宝的生活有了规律，才能食欲旺盛、按时吃奶，满足身体发育的营养需要；才能按时睡眠，睡着时睡得安稳、香甜，醒来后情绪饱满，玩得愉快。有规律的生活习惯不仅有利于宝宝的体格发育，而且还有利于宝宝的心理发育。

这个月宝宝每天的睡眠，虽然不像新生儿期那样睡得时间长，但睡眠依然是宝宝的主要任务。在这个时期，宝宝每天睡18～20个小时。

一般来说，宝宝的睡眠有以下规律：白天喂奶后醒一段时间，要睡4～5次，每次1.5～2小时。夜间睡眠时间会相对延长一些，大约要睡10个小时。

有些宝宝每天总的睡眠时间不算少，白天睡得很沉，但一到晚上9～10点钟以后，就开始兴奋了，甚至一直要到凌晨2～3点钟才开始再次入睡。

以下几个办法可以帮助宝宝克服“睡倒觉”：首先，白天宝宝卧室的光线不要太黑，早晨或下午尽量不要让宝宝总睡觉，有时要把宝宝叫醒多逗他玩一会儿。特别是到下午5～6点钟以后不要哄宝宝睡觉，到了晚上7～8点钟时，给宝宝洗个澡，喂一次奶之后，等宝宝疲劳了就会自然入睡。利用这样的办法，经过一段时间的调整，宝宝“睡倒觉”的习惯就会慢慢改掉了。

5. 锻炼宝宝的视觉能力

到2个月时，就要对宝宝进行视觉训练。在这一时期，宝宝的视觉训练要静动结合。

所谓的静，就是要锻炼宝宝眼睛的注视能力。在锻炼宝宝对静物的注视方法中，最有效的就是妈妈抱起宝宝，观看墙上的画片、桌上的鲜花、色彩丰富的玩具。另外，妈妈对宝宝说话时，眼睛要注视着宝宝。这样宝宝也会一直看着妈妈，这既是一种注视力锻炼，也是母子之间无声的情感交流。

育金点子

如果宝宝经常自己躺在一边没人理睬，对他（她）的要求也不主动给予反馈，没有哄逗，将影响宝宝的心理发育，不仅宝宝的表情会显得呆板，而且宝宝的反应也相对迟钝。

所谓动，就是锻炼宝宝眼睛的灵活性。锻炼时，妈妈可以拿着玩具沿水平或上下方向慢慢移动，也可以前后转动，鼓励宝宝用视觉追踪移动的物体，或者抱着宝宝观看鱼缸里游动的鱼或窗外的景物。妈妈爸爸在和宝宝说话的时候，也要有意识地移动自己的头部，让宝宝追视你的脸庞，使宝宝眼睛的灵活性随时得到锻炼。

6. 训练宝宝的精细动作能力

(1) 抓一抓

用被子或枕头将宝宝围好，靠坐在沙发上，也可躺着。妈妈拿小花铃棒或带响的玩具在宝宝眼前摇晃，吸引宝宝伸手来抓。有时候宝宝可能抓不到，妈妈可将小花铃棒或带响的玩具递到宝宝手里，让他握住玩一会儿，以满足他的需要。

需要注意的是：所用的花铃棒或带响玩具不宜过大，以宝宝能握住为准。玩具要清洁，不带尖棱角。宝宝坐的时间不宜过长，玩一会儿需躺下休息，一天可玩几次。

(2) 手的被动抓握

给宝宝细圈的玩具，让宝宝握在手里；父母可以经常抚摸宝宝的手，帮助促进宝宝的握持反射；父母也可以伸出手指让宝宝抓握。

手指的充分活动与大脑发育有关，手握东西的锻炼可以促进宝宝手、眼的协调能力。

(3) 宝宝玩手

这个时期的宝宝，对自己的手有了浓厚的兴趣，喜欢看、玩、吮吸。父母可以给宝宝手上带一些小铃铛，让宝宝多玩手、多看手。这个训练可以促进宝宝手的灵活度和手眼协调能力。

（4）心灵才能手巧

宝宝满月以后，醒着的时间长了，四肢的活动，特别是手的活动也明显地多了起来。有时会凝视自己紧紧握着的手，当注意到其他东西时，又会把手指松开。宝宝的手指不但能自己展开合拢，而且还能把手拿到胸前来玩或者吸吮手指。手部的活动是下一步抓东西的基础，等宝宝的手能自由张开和握住的时候，就可以给他一些容易握住的玩具玩了。

7. 训练宝宝的语言能力

（1）有意用声音诱导

妈妈的微笑，宝宝最喜欢看到。然而，适当和宝宝对话，则更是交流的最佳方式。这个月龄的宝宝，在高兴的时候，会不自觉地发出“咿咿、唔唔、哦哦、啊啊……”各式各样的声音，表达自己的愉悦情绪。

听到宝宝出声，妈妈用相同的声音回应宝宝，宝宝开始听到，先会感到吃惊，然后会接着继续发声，妈妈同样回应宝宝的声音，宝宝会乐于继续做这种“对话”。可以采用以下几种方式：

（1）不停地和宝宝说话，大声、小声、轻柔和急促都可以。

（2）说话的时候，可以做出不同的面部表情。

（3）告诉宝宝，妈妈正在做什么的同时，轻轻地抚摸宝宝。

（4）和宝宝说话或者看着宝宝的时候，轻柔地摆弄宝宝的小胳膊和小腿。

（5）对着宝宝微笑或交谈，轻轻地摇抱，宝宝会感到自己沉浸在语言、声音和爱的氛围中。

不要小看这种母子之间没有语意的“对话”交流，它对于宝宝的智力发育和感知能力成长是大有裨益的。

（2）吹泡泡

吹泡泡能运动宝宝的嘴唇肌肉，为以后宝宝说话奠定良好的基础。让宝宝仰卧在妈妈的手臂中，妈妈的脸与宝宝的脸距离约为25厘米。妈妈说："宝宝乖，看妈妈，舔舔嘴。"然后舔舔嘴，说："宝宝也来舔一舔"，然后从头开始。妈妈说："宝宝乖，看妈妈，吹泡泡。"然后用唾液吹出一个小泡泡，说："宝宝也来吹一个"，然后从头开始。可以把舔嘴唇和吹泡泡换成其他锻炼嘴部肌肉的小运动，保持新鲜感。

（3）模仿宝宝

这个时期的宝宝是个观察者，他能用眼睛盯着父母所指的事物并把眼光落在这个事物上。当他看到父母用舌头、嘴唇发出声音时，会模仿他们自发地发出一些无意识的单词，如"呀"、"啊"、"呜"等。对于宝宝伊呀学语发出的呢喃声，父母要尽可能去模仿。这样的回应会使宝宝很兴奋，就像拿到了一个新玩具。为了得到应答，宝宝会更积极地学发声。

育金点子

不断地鼓励宝宝，时时表扬宝宝，总是充满爱意地叫宝宝的名字。尽可能多地说"我爱你"，用表扬和鼓励强化所有好的性格。

模仿时，父母与宝宝面对面，仔细倾听并重复宝宝发出的声音，将他发出的声音立刻转换成字，如将"啊"变成"妈妈"，每发一次重复音节就停顿一下，给宝宝模仿的机会。

父母是宝宝的直接模仿对象，宝宝经常密切地观察和模仿自己的父母，以他们的行为举止为榜样，所以父母一定要把自己最好的行为展现在宝宝的面前，时常把愉悦的情绪和积极的生活态度慢慢地传达给宝宝。

8. 训练宝宝的听觉能力

(1) 熟悉爸爸的声音

通常在小婴儿阶段，宝宝的听力还不是很发达，听一些高音还不清楚，但是对于男性较低沉、浑厚的声音却能听得很清楚。爸爸经常用浑厚的男声对宝宝说话，能给予宝宝亲切感，不仅能锻炼听力，还能增加与宝宝之间的父子情感交流，让宝宝感受到更多的爱意。

爸爸可以靠近宝宝的身边，用较低沉的声音呼唤宝宝的名字，也可以一边发出稍有高低变化的声音，一边观察宝宝的反应。

(2) 听声音

方法一：妈妈可以用有声响的玩具在宝宝身旁摇动，爸爸在宝宝面前轻歌曼舞，宝宝会随着声音追视发出响声的地方。

方法二：父母可以抓着宝宝的手，一起摇动会出声响的玩具，也可以在宝宝手腕上绑上一副摇铃。

(3) 听音乐

喂奶后，小宝宝在清醒状态下，给他放胎教时听过的音乐，或者放一些轻松、缓慢、悠扬的乐曲或歌曲。妈妈也可以给宝宝唱一些好听的歌曲，如摇篮曲、儿童歌曲等。听铃声或音乐都要在宝宝清醒时，不要在睡得安稳时摇铃或放音乐。还可用手鼓打节拍、弹拨弦乐器等让宝宝感受其节奏和旋律。

(4) 制造适合宝宝听觉的声音

对于宝宝来说，听觉是影响智能最基础的因素之一，当宝宝到了2个月的时候，很快就会对更多的事情感兴趣，许多宝宝都会注意到居家生活中的诸如脚步声、开门声、碗碟磕碰声、撕纸声或风铃声，以及窗外的人声、车声等。这些细微却生动的背景音效，不仅可以用来锻炼宝宝的听觉，而且还可以帮宝宝认识周围的事物。

9. 训练宝宝的感觉能力

味觉、嗅觉和触觉是宝宝感知觉体系中很重要的组成部分，是宝宝认识外界事物、探索世界奥秘的重要途径。因此，父母要重视发展宝宝的感觉功能。

（1）味觉训练

父母可以用筷子蘸点有味道的汤汁给宝宝尝尝，这样他的味觉就会逐渐丰富而灵敏，将来食欲强、不挑食、不偏食，还能积累许多有益的味觉体会经验，对促进宝宝认知的发展也是极有好处的。

育金点子

喂奶时可以将奶头在宝宝口边晃动，让他主动寻找奶水，以锻炼宝宝主动探求事物的能力。

（2）嗅觉训练

新生儿期，宝宝能对各种气味作出不同的反应，比如让宝宝嗅到刺激难闻的气味，他会做打喷嚏、皱眉、摆头等动作；当宝宝闻到妈妈身上的奶味时，会做出舔嘴的动作，脸上呈现愉快的表情。自然界和生活中的气味是很丰富的，可以让宝宝多闻一闻各种各样的、无害的气味，以促进其嗅觉的发展。

（3）触觉训练

新生宝宝的触觉器官最大，全身皮肤都有灵敏的触觉能力，有舒适、冷热、疼痛等各种感觉；最喜欢母亲的怀抱，也喜欢接触质地柔软的物品。父母应用各种方法刺激宝宝的触觉，以促进宝宝心智的发育。

10. 帮宝宝做做婴儿操

由于刚满月的宝宝每天大部分时间都是躺在床上，如果运动不足就会影响发育。为了防止出现这种情况，帮宝宝做婴儿操是个比较好的办法。这种活动适合在2个月的后期进行。

(1) 屈腿运动

妈妈两手分别握住宝宝的两个脚踝，使宝宝的两腿伸直，两腿同时屈曲，使膝关节尽量靠近腹部。连续重复3次。

(2) 俯卧运动

运动前，使宝宝呈俯卧姿态，两手臂朝前，不要压在身下，妈妈站在宝宝前面，用玩具逗引宝宝使其自然抬头。为避免宝宝过分劳累，开始时一次只练半分钟，然后逐渐延长，一天做1次即可。俯卧不仅能锻炼颈肌、胸背部肌肉，还可以增大肺活量，促进血液循环，有利于预防呼吸道疾病，并能扩大宝宝视野范围，从不同的角度观察到新的事物，进而有利于智力的发育。

(3) 扩胸运动

首先让宝宝仰卧，妈妈握住宝宝的手腕，大拇指放在宝宝手心里，让宝宝握住，使宝宝的两臂左右分开，手心向上，然后两臂在胸前交叉，最后还原到开始姿势。连续做3次。

11. 锻炼宝宝颈部的支撑力

(1) 竖抱

第2个月时，爸爸或妈妈每天应累计抱宝宝2个小时左右，抱的姿势最好是竖抱。竖抱时，可用两只手分别托住宝宝的背部和小屁股，把宝宝竖抱起来，让宝宝看看室内或室外的事物。这种锻炼不仅可以帮助宝宝练习抬头的动作和颈部的支撑力，而且可以引起宝宝对各种事物的关注和兴趣。由于这个月宝宝骨骼发育还比较差，因此竖抱的持续时间不宜过长。每次锻炼后要让宝宝仰卧在床上休息片刻，还要用手轻轻抚摸宝宝的背部，使宝宝背部的肌肉放松。经过这样的锻炼之后，到了2个月末的时候，竖抱时，发育较好的宝宝就可以自己支撑一会头部。

（2）俯卧抬头

把宝宝两臂屈曲到胸前方，俯卧在床上，母亲可以把宝宝的头转至正中，手拿色彩鲜艳有响声的玩具在前面逗引，说："宝宝，玩具在这里。"诱使宝宝努力抬头看到玩具，抬头的动作从抬起头与床面成45°~90°夹角，到逐步稳定，算完成。每次训练从30秒钟开始，逐渐延长，每天练习3~4次，每次俯卧时间不宜超过2分钟。

锻炼要在宝宝清醒、空腹情况下，即喂奶前1小时进行，床面要平坦、舒适。

12. 继续"行走"练习

小婴儿的踏步反射，是原始性生理反射能力之一。如果得不到巩固和强化，就会在出生后的30~40天完全消失。

如果能坚持每天练习2~3次，每次能走10步左右，宝宝的这种能力就能够一直保持下去。

经过每天坚持的能力强化练习，宝宝在10个月前后，就能够独立行走。早期进行站立行走练习，视野要比成天躺着大得多，练习的同时，会使认知能力增强。

但要注意，早产儿宝宝和有佝偻病的患儿，不宜练习行走。

13. 适当的户外活动有益于提高宝宝体能

阳光中有两种光线，一种是红外线，照射人体后，能使血管扩张，增强新陈代谢，使全身得到温暖；另外一种是紫外线，照射到人体皮肤上，可使皮肤中的7－脱氢胆固醇转变为维生素D，而维生素D能帮助人体吸收食物中的钙和磷，以预防佝偻病，尤其冬天出生的宝宝及人工喂养、双胎或多胎的宝宝更应多进行日光浴。

这个月的宝宝颈部有一定的支撑力，而且喜欢看新鲜的东西，所以父母可以适当地抱宝宝到户外呼吸新鲜的空气，让室外的空气刺激和锻炼宝宝的肌肤，以增强宝宝的体能。

夏季最好选择早晚到户外去，冬季可选择中午外界气温较高的时候到户外去，出去的时候衣服不要穿得太多，包裹不要太严。刚开始要选择室内外温差较小的好天气，每日1～2次，每次3～5分钟。将近1个月大的宝宝，除了寒冷的天气以外，只要没有风雨，就可以包裹好抱到户外去。每天可以抱出去2次，每次5分钟左右，以后根据宝宝的耐受情况逐渐延长时间。当室外温度在10℃以下或风很大时，就不要到外面去了，以免宝宝受凉感冒。

14. 情绪和社交能力的练习

(1) 常逗宝宝笑

婴儿在愉悦的情绪中时，各种感官能力，包括眼、耳、口、鼻、舌、身等感觉能力都最灵敏，接受能力也最好，而愉悦情绪的持续，有利于健康成长。婴儿能够笑出声音，也是一种进步，最好每天都能逗宝宝笑，让宝宝开怀大笑几次。经常笑，而且能遇到很多情况都发笑，则证明宝宝对引起笑反射条件的感受积累较多，大脑中枢神经联系广泛，这种联系越多，宝宝也就越聪明。

可以用带响声的玩具逗笑宝宝，用语言逗笑宝宝。

(2) 洗洗澡，身体好

宝宝天生就喜欢在水里玩耍，洗澡对于宝宝来说不仅是清洁身体，还可以通过洗澡时的按摩动作、水温、水压来刺激宝宝神经功能发育，从而增强新陈代谢。水的不断冲击、水温的变化也促进了宝宝的触觉发育。

15. 正确看待“吃手”现象

吃手，是育儿过程中很多人感到头痛的难题。从两三个月开始，一直到两三岁为止，婴儿吃手是最常见的现象。尤其是老辈人，会为纠正宝宝吃手的习惯，总是不厌其烦地去制止。

宝宝出现吃手的现象，是一个自然的过程，到了一定的月龄，正常的宝宝不用制止也能自己改掉这个习惯。

宝宝开始会吃手，父母应当感到高兴，因为会吃手，证明宝宝增加了新的能力。

婴儿学会了握物，并且能把东西送到口中，是一种本能，源自动物自己觅食的生存需求。婴儿只要能把东西抓握住，就会放进嘴里，尝一尝是不是能吃。而且，这种现象会持续很长一段时间，宝宝会把能够拿到手的东西都放进嘴里。

到这时，宝宝的先天性抓握反射能力逐渐减弱，有时常常会握不住，把抓住的东西掉下去。这个时期，要经常把手指放进宝宝的掌心，或者常常用小玩具放进宝宝手心，训练宝宝反复练习握住物品。

孕 育金点子

要注意保持宝宝小手的洁净，防止因“吃手”引起口腔炎或胃肠炎，还可以用别的东西吸引宝宝，转移宝宝注意力。

经过练习，宝宝抓握动作会从无意动作变成有意动作，而经常练习握物，能够锻炼手指的屈伸、抓握、对捏、协调配合等多种能力，把抓握行为从原始反射的无意状态过渡到有意抓握状态。

2个月的宝宝吮吸手指，可以看做是一种学习和自己玩的能力，等到婴儿大一些，手脚活动能力和范围大了，会玩玩具以后，把手指往嘴里放的现象会越来越少，因此不必强迫宝宝不吮手指。

16. 给宝宝选择合适的玩具

2个月的宝宝俯卧时，头抬起来大约能支持30秒钟时间，眼睛已经能清楚地看东西，能追随活动的东西。对眼前的玩具或人脸也能目不转睛地注视，表情渐渐丰富起来。这时父母可以选择一些玩具给宝宝玩了。

（1）适合0～2个月宝宝的玩具

1）摇响玩具：让宝宝寻找声源，锻炼听觉能力。

2）音乐玩具：让宝宝倾听声音，锻炼听觉能力，还能愉悦他的情绪。

3）活动玩具：吸引宝宝的视线，锻炼视觉能力。

4）镜子：让宝宝照镜子，观察自己，锻炼自我意识。

5）悬挂玩具：悬挂在床头，能吸引宝宝的视线，发出声音，锻炼视觉、听觉能力。

6）图片：悬挂在床头或贴在墙上让宝宝观看，锻炼视觉能力。

（2）玩具的材质

最好挑选天然、耐用、触感好、易清洗、能重复利用的玩具，但最重要的，还是要视品质决定。一般来说，木质玩具胜过金属玩具，除了质量较轻，易抓握之外，也可培养宝宝自然、环保的概念；绒毛玩具，适合不易过敏的宝宝；塑料、橡胶玩具，应选择软硬适中、不易碎的。

(3) 玩具的安全性

玩具应该是无毒，而且不可以有尖锐的边缘，零件的组合要非常牢固，以免松脱造成宝宝误食，玩具材质要轻，才不会砸伤宝宝，体积不宜过小，以防止宝宝误食等。此外，还得注意玩具是否含有害的化学物质成分，是否使用无毒油漆等。

(4) 玩具的清洗和消毒

父母应注意宝宝玩具的卫生，定期给玩具清洗和消毒。一般情况下，需给皮毛、棉布玩具消毒，可把它们放在日光下暴晒几小时；木制玩具，可用煮沸的肥皂水烫洗；金属玩具，可先用肥皂水擦洗，再放到日光下暴晒；塑料和橡胶玩具，可用浓度为0.2%的过氧乙酸或浓度为0.5%的消毒灵浸泡1小时，然后用水冲洗、晾干。

17. 经常给宝宝按摩

经常对宝宝进行按摩是培养父母、宝宝间亲情的一种行之有效的好方法。宝宝在出生后的第一年里，触摸感觉是情绪满足和安全感的主要来源。

(1) 按摩的方法

首先，宝宝的按摩力度一定要轻，以免伤害其幼嫩的血管和淋巴管。其次，为宝宝按摩时，要从宝宝的头抚摩到躯体，然后从躯体向外抚摩到四肢。

主要的按摩部位包括以下几处：

1) 头部按摩。轻轻按摩宝宝头部，并用拇指在宝宝上唇画一个笑容，再用同一方法按摩下唇。

2) 胸部按摩。双手放在宝宝两侧肋线，右手向上滑向宝宝颈部，再复原。左手以同样方法进行。

3）腹部按摩。按顺时针方向按摩宝宝腹部，在脐痂未脱落前不要按摩。

4）背部按摩。双手平放在宝宝背部，从颈向下按摩，然后用指尖轻轻按摩脊柱两边的肌肉，再次从颈部向底部运动。

5）上肢按摩。将宝宝双手下垂，用一只手捏住其胳膊，从上臂到手腕轻轻扭捏，然后用手指按摩手腕。用同样方法按摩另一只手。

6）下肢按摩。按摩宝宝的大腿、膝部、小腿，从大腿至踝部轻轻挤捏，然后按摩脚踝及足部。在确保脚踝不受伤害的前提下，用拇指从脚后跟按摩至脚趾。

（2）按摩的时间

不要在宝宝吃得不饱或过饱的时候进行按摩，对新生儿，每次按摩15分钟即可，稍大一点的宝宝，约需20分钟，最多不超过30分钟。

第三章 2~3个月，抚摸中的亲子交流

1. 宝宝体能发育

这个月的宝宝仍然在快速成长发育，身体的活动越来越频繁，对外界的反应越来越强烈；更重要的是，在这个月，宝宝的头部发育已经趋于完善了。

2~3个月的宝宝已经完全脱离了新生儿的特点，进入婴儿期。眼睛变得有神，能够有目的地看东西了，皮肤细腻、有光泽、弹性好，脸部皮肤变得干净、奶痂消退、湿疹减轻，但也有婴儿反而加重。

宝宝第3个月发育速查表

	男宝宝	女宝宝
身长	58.4~67.6厘米，平均63.0厘米	57.2~66.0厘米，平均61.6厘米
体重	5.4~8.5千克，平均6.9千克	5.0~7.8千克，平均6.4千克
头围	38.4~43.6厘米，平均41.0厘米	37.7~42.3厘米，平均40.1厘米
胸围	37.4~45.3厘米，平均41.4厘米	36.5~42.7厘米，平均39.6厘米

2. 宝宝智能发育

（1）大运动

双臂能同时外展，俯卧时能支撑床面抬起胸部45°，抱直后头比较

稳。扶坐时，头能竖起但不够稳定，微微有些摇晃，并稍向前倾。能自己将头低下。

(2) 精细动作

平躺时会用小手抓自己的衣服。两手握一起，能留握拨浪鼓30秒钟。大腿在床面上可以伸直；髋部会外展。会用小腿踢东西。

(3) 适应能力

把玩具放在醒目的地方，宝宝能很快注意到玩具。眼睛追视红球能转头180°。

(4) 语言发展

有人逗他时，会发笑，并能发出“啊”、“呀”的语音。

(5) 社交行为

有灵敏模样，见人会笑。当听到有人与他讲话或有声响时，婴儿会认真地听，并能发出“咕咕”的应和声，会用眼睛追随走来走去的人。

3. 锻炼宝宝的视觉能力

(1) 看看多彩的世界

挑选一个好天气，把婴儿抱到室外，让他观察眼前出现的人和物，如大树、汽车等等，并缓慢清晰地反复说给他听。这时婴儿会手舞足蹈地东看西看，非常开心。

外出时间可由3～5分钟逐渐延长到15～20分钟。

(2) 对事物的追视能力

父母要有意识地训练宝宝的视觉集中能力和对事物的追视能力。视觉集中能力要从新生儿期就开始训练。可在距宝宝眼睛约60厘米的地方悬挂一些色彩明艳的物体，并注意定时调整方位，训练宝宝把目光集中在某一物体上的能力。训练追视能力可用颜色鲜艳、有声音、能运动的物体吸引宝宝的注意，训练他用目光追视物体并随物体的移动而移动，也可跟宝宝玩藏“猫”的游戏，即大人用衣物或毛巾遮住脸，或是躲在他人身后，让宝宝追视寻找。

（3）判断物体之间的距离

父母可以开始有意识地训练宝宝准确地估量空间距离。宝宝判断物体距离远近的水平很低。我们常常可以见到宝宝发现一件距他很远、用手根本够不着的东西时，仍然伸手抓的现象。这是由于宝宝不能准确估量物体空间距离的缘故。对此，家长应该注意为宝宝提供各种玩具或物体，让他能够触摸各种不同距离上的玩具，在实际生活中学习掌握物体之间的距离并且逐步准确化。

（4）分辨大小

3 个月的宝宝，观察能力已经很强，能够分辨简单的物体形状。可以开始在宝宝能认知简单图形的基础上，教宝宝分辨物体的大小。

拿来同样颜色、质地的玩具，大小有差异，分别引导宝宝先在视线范围内分别看，然后再去摸、拿，告诉宝宝：这是大娃娃，这是小娃娃。

通过由大到小的视觉游戏，能活动和锻炼眼部肌肉，然后用手的触摸，帮助宝宝强化对于外界物体的感知，加深感性认识，并且能逐渐提高形象思维能力，锻炼对于形态的认知能力。

4. 训练宝宝的握力

（1）伸手够摇晃的玩具

妈妈把一件玩具悬挂在宝宝容易触摸到的高度，轻轻晃动一下玩具，让宝宝注意到玩具。

妈妈或爸爸用手把拴绳的玩具有意塞到宝宝手里，然后趁宝宝没有抓牢的时候，突然把玩具提起来，以此来刺激宝宝的兴趣。

经过几次刺激之后，宝宝就会主动挥舞小手去抓。

（2）抓手指法

在训练宝宝的握力时，妈妈可以把自己的大拇指或食指放在宝宝的手心里，让宝宝自己抓握。等感觉到宝宝有一定的握力后，再把手指从宝宝的手心向外拉，看宝宝是否还能去抓。

（3）拉线法

3个月的宝宝可能还不会自己拉线，但可以买一些带拉线的玩具，最好是一拉线就会动或发出响声的玩具。开始训练的时候，妈妈可以把线放到宝宝手里帮宝宝拉，玩具的活动或响声会刺激宝宝的兴趣，经过多次训练，宝宝就会自己玩耍了。

（4）抓球法

训练的时候，先让宝宝趴着，然后把一个色彩鲜艳的球，从宝宝手可以抓到的地方慢慢滚过。刚开始球从一侧滚到另一侧时，宝宝会专心地看，经过几次重复之后，宝宝很快就会伸手去抓这个球。

5. 训练宝宝的语言能力

（1）逗宝宝笑

在这个时期，训练宝宝的语言能力，要重点训练逗引发笑。妈妈要经常通过各种方式逗引宝宝发笑，并伴以四肢活动。经常抱着宝宝说话、唱歌，以刺激宝宝的语言能力。

“小螺号，嘀嘀嘀吹，海鸥听了展翅飞；小螺号，嘀嘀嘀吹，浪花听了笑微微；小螺号，嘀嘀嘀吹，声声唤船归啰；小螺号，嘀嘀嘀吹，阿爸听了快快回啰。茫茫的海滩，蓝蓝的海水，吹起了螺号，心里美耶。”多姿多彩的三字儿歌可丰富宝宝的语言信息，让宝宝通过明快的语音节奏感受到语言的美妙，从而促进宝宝的语言发展。

（2）训练宝宝发音

此时，宝宝能发出较多的自发音，并能清晰发出一些元音，妈妈和爸爸可以利用这个机会培养宝宝的发音，在宝宝情绪愉快时多与宝宝说笑。

有时宝宝哭个不停，此时可以轻轻抱起宝宝，用手指在他（她）嘴上轻拍，使他（她）发出“哇、哇、哇”的声音，也可以将宝宝的手放在妈妈或爸爸的嘴上，拍出“哇、哇、哇”的声音。这些都可以作为宝宝发音的基本训练，使宝宝感受多种声音、语调，促进宝宝对语言的感知能力。

（3）热情地应答宝宝

当宝宝感到寂寞不安而哭闹时，妈妈要走到床边，和宝宝说说笑笑。这时，孩子立即会被妈妈的情绪所感染，高兴得踢腿、伸腰、举手，一边笑一边和妈妈“喔”、“依”、“呀”地说话，这时妈妈要热情地应答，激发他快活的情绪，这是最好的母子交流。这是对宝宝初始的发音训练，把自己的声音同听到的声音联系起来，使宝宝对外界的语言刺激更为敏感。

6. 训练宝宝的听觉能力

（1）辨别声源

拿一只拨浪鼓或者哗啦棒，在距离宝宝前方 30 厘米处摇动，宝宝注意到响声源头后，对宝宝说：“在这儿！”让宝宝的视线紧紧盯着玩具，并且张开手想抓。

然后，再分别把发声的玩具拨浪鼓或哗啦棒慢慢地移动到宝宝能够看到的左边、右边，继续摇动，注意观察宝宝眼、耳和手的动作，观察宝宝对于声源方向的反应程度。

（2）给宝宝听音乐

为宝宝播放悠扬的音乐，让音乐围绕在宝宝的耳畔，这会刺激宝宝的大脑发育，在头脑中的音乐处理中心激荡起一系列强有力的反应，而我们头脑中的音乐处理中心恰恰与数学、语言和其他高级神经活动中心重合。因此，通过这种音乐刺激，提高的不仅是宝宝对音乐的敏感性和感受能力，而且还会促进宝宝大脑高级认知活动区的发展。宝宝的听觉器官正处于发育阶段，鼓膜、中耳听骨、内耳听觉细胞都很脆弱，长时间听音乐会让他们产生听觉疲劳，扰乱宝宝的心绪。所以一般一次不要超过15分钟。需要注意的是，不要给宝宝听立体声音乐，因为立体声音量一般比较大，立体声进入耳道内没有缓和与回旋的余地，会直接刺激宝宝的听觉器官，时间一长，会损伤宝宝的听力。

（3）小鼓咚咚响

为了训练宝宝的听力和手眼协调能力及控制力。可以给宝宝准备一只小鼓（或者圆饼干盒）和一只鼓槌。妈妈先敲给宝宝看，然后让他拿着敲。一开始，妈妈可手把手教，慢慢他自己就会敲了。听到发出响声后，他非常高兴。

7. 训练宝宝的运动能力

（1）摇摇晃晃坐一坐

洗过澡以后，擦干身体，用浴巾铺平，让宝宝仰卧在上面，父母分别拿住浴巾的四个角，把宝宝抬起来，在离床20～30厘米高处，摇晃宝宝，边摇晃边有节奏地说：摇摇晃晃，坐一坐，摇摇我们的乖宝宝！

摇晃一两分钟以后，放在床上，过一会儿再做摇晃游戏，宝宝会很喜欢这样做游戏，开心地咯咯笑出声来。

也可以用双臂抱稳宝宝，大幅度地左右摇晃，在保证安全的前提下，把宝宝举高后，缓缓放下，注意保持宝宝的情绪愉快。

这个月龄的宝宝，已经开始有了空间知觉能力。进行这样的游戏，能锻炼宝宝的知觉和平衡能力，帮助宝宝感受空间位置的变化感，促进宝宝知觉和小脑平衡能力的发展，锻炼宝宝的运动智能。

（2）俯卧抬头

第一步：先让宝宝俯卧在床上，妈妈或爸爸拿着一些色彩鲜艳或有响声的玩具，在前面逗引宝宝，宝宝看到色彩鲜艳的玩具并听到响声，就会努力抬起头来。

第二步：宝宝的运动发育是连续性的，在宝宝能够俯卧抬头45°后，宝宝颈部肌肉的力量也在增强，双臂的力量也在增强，慢慢就可以高高地将头抬起，逐渐达到与床面呈90°夹角的程度。

第三步：等宝宝的头部稳定并能自如地向两侧张望时，就可以把玩具从宝宝的眼前慢慢移动，先移到右边，再慢慢地移到左边，让宝宝的头随着移动的玩具转。

俯卧抬头训练可以根据宝宝的能力安排，但每次俯卧的时间最多不要超过3分钟，每天练习2~3次。以后可根据宝宝的实际情况，逐步增加训练时间和次数。

（3）扶肩抬头训练

扶肩是练习抬头的另一种方法。吃完奶之后，妈妈在拍嗝的时候，让宝宝趴在自己的肩上，轻轻地拍他的后背，实际上也是锻炼宝宝颈椎的力量。在练习时，妈妈让宝宝坐在哪只手臂上就让宝宝趴在哪一边的肩上，宝宝的脸贴在妈妈的脸上，既可以保护宝宝又不影响训练。对于1~3个月的宝宝，均可以在拍嗝的时候让他练习抬头。

8. 适宜宝宝的被动体操

（1）第一节：扩胸运动

预备姿势：妈妈双手握住宝宝手腕，大拇指放在宝宝的手心里，让宝宝握住，然后将宝宝两臂置于体侧。

动作说明：①宝宝两臂侧平开，拳心向上，手背贴床。②将宝宝两臂胸前交叉，并轻轻压胸部。③将宝宝两臂再打开或呈侧手举状。④还原或预备姿势。⑤重复①②③④的动作。

（2）第二节：伸展运动

预备姿势：妈妈双手握住宝宝手腕，大拇指放在宝宝的手心里，让宝宝握住，然后将宝宝两臂置于体侧。

动作说明：①拉宝宝的两臂至胸前并举手，拳心相对。②轻拉宝宝两臂经胸前斜上举，手背贴床。③两臂还原成①的动作。④还原成预备姿势。⑤重复①②③④的动作。

提示：两臂前斜上举时，两臂之间的距离应与宝宝的两肩等宽或稍宽一点，妈妈的动作要轻柔。

（3）第三节：屈腿运动

预备姿势：宝宝仰卧，妈妈两手握住宝宝两脚踝，使宝宝两腿伸直。

动作说明：①将宝宝两腿同时屈至腹部，并轻柔挤压腹部。②还原成预备姿势。③将宝宝两腿再一次同时屈至腹部，并轻柔挤压。④还原成预备姿势。⑤重复①②③④的动作。

提示：宝宝两腿屈至腹部，妈妈稍用力挤压腹部，这有助于宝宝的肠胃蠕动，增强消化器官的功能。屈腿和伸延时，妈妈的动作要轻柔，以免损伤宝宝腿部的关节和韧带。

（4）第四节：举腿运动

预备姿势：宝宝仰卧，两腿自然伸直，妈妈双手轻握宝宝膝部，拇指在下，其他四指在上，轻压膝盖。

动作说明：①将宝宝两腿向前上方举起与腹部呈直角。②还原成预备姿势。③同①的动作。④还原成预备姿势。⑤重复①②③④的动作。

提示：①上举两腿时，宝宝的臀部不要离开床，妈妈动作要轻柔。②2～4个月的宝宝可先做前面这4节被动操，4～6个月可增加后面这几节。

（5）第五节：臂绕环运动

预备姿势：妈妈双手握住宝宝手腕，大拇指放在宝宝的手心里，让宝宝握住，然后将宝宝两臂置于体侧。

动作说明：①妈妈扶宝宝两臂，以肩关节为轴，轻轻将左臂由胸前向上、向外绕环一周。②还原成预备姿势。③同①的动作，只是交换绕环右臂。④还原成预备姿势。⑤同①的动作，但左臂是向上、向内绕环一周。⑥还原成预备姿势。⑦用右臂做①的动作，但右臂是向上、向内绕环一周。⑧还原成预备姿势。

提示：妈妈的动作要轻柔缓慢，不要用太大力，以免损伤宝宝的关节及韧带。

（6）第六节：体后屈运动

预备姿势：宝宝俯卧，两肘及小臂支撑身体，两手向前平放，胸部贴床，稍抬头。妈妈两手分别握住宝宝两脚踝。

动作说明：①妈妈轻轻抬高宝宝的双腿，胸部不离床面。②还原成预备姿势。③妈妈轻轻握住宝宝的两肘，将上体稍抬高，腹部不离开床面。④还原成预备姿势。⑤同①②。⑥同③④。

提示：在抬高宝宝的双腿及上体时，不要太高，身体与床面之间不要超过45°；抬起时宝宝的身体要尽量放直，不要扭歪；妈妈动作要轻柔。

（7）第七节：翻身运动

预备姿势：宝宝仰卧，妈妈两手轻轻从上至下按摩宝宝全身，使其全身放松、心情愉快地躺直。

动作说明：①妈妈左手握宝宝脚踝部，右手轻托宝宝背部，帮助宝宝从仰卧位经体右侧翻为俯卧位，同时让宝宝的头和肩稍抬起一会儿。②妈妈右手握宝宝脚踝部，左手插到宝宝胸下，帮助宝宝从俯卧位经体左侧翻回仰卧位。③同①的动作，但从体左侧翻向俯卧位。④同②的动作，但从体右侧翻回仰卧位。⑤重复①②③④的动作。

提示：妈妈的动作要轻柔、缓慢，翻成俯卧位时让宝宝趴一会儿练练抬头。

（8）第八节：整理运动

动作说明：妈妈握住宝宝的前臂轻轻抖动，再握住宝宝的小腿轻轻抖动，或者让宝宝躺在床上自由活动1～2分钟，使全身肌肉、关节及精神逐渐放松，消除疲劳。

9. 训练宝宝翻身的方法

（1）转身法

第一步：训练时，先让宝宝仰卧，然后妈妈和爸爸可分别站在宝宝两侧，用色彩鲜艳或有响声的玩具逗引宝宝，训练宝宝从仰卧翻至侧卧位。

第二步：如果宝宝自己翻身还有困难，也可以在宝宝平躺的情况下，妈妈用一只手撑着宝宝的肩膀，慢慢将他的肩膀抬高帮宝宝做翻身的动作。

第三步：在宝宝的身体转到一半时，就让宝宝恢复平躺的姿势。

这样左右交替地训练几次，宝宝就可以进一步练习真正的翻身了。

（2）摇晃法

第一步：训练时，先让宝宝躺在摇床里或床垫上，然后妈妈或爸爸再摇晃摇床或床垫。

第二步：当宝宝被摇到半空身体倾斜时，为了保持身体平衡，自然会努力挺起胸、挺直腰，把身体往后仰。

摇晃法与转身法最大的不同，就是让宝宝在保持身体平衡中锻炼背部和胸部肌肉的力量，为下一步的翻身训练作准备。

(3) 转脚法

第一步：转脚法必须建立在宝宝会以侧卧姿势睡眠的基础上。训练时，先让宝宝侧卧，在宝宝的左侧和右侧放一个色彩鲜艳或有响声的玩具或镜子，然后爸爸或妈妈抓住宝宝的脚踝，让宝宝的右脚或左脚横越过左脚或右脚，并碰触到床面。

第二步：搬动宝宝脚的时候，动作一定要轻柔，并注意宝宝的身体是不是也跟着脚翻转。如果不跟着转，可以轻轻地在宝宝背后推一把。

第三步：如果宝宝的身体跟着脚翻转，就会自己翻过去，变成趴着的姿势。

只要宝宝在爸爸或妈妈的帮助下完成这个动作，就可以翻身了。

10. 水浴锻炼促发育

水浴，是利用身体表面温度和水的温差来锻炼身体，它比日光浴、空气浴都容易掌握强度，一年四季均可进行，同时还可因人而异，因此对于3个月的宝宝来说，是一项比较好的锻炼方式。由于水的热传导能力比空气高30倍，所以对人体体温的调节作用更大。

一般健康宝宝对低于20℃的水温会产生冷的感觉，20～30℃时有凉的感觉，32～40℃有温的感觉，40℃以上有热的感觉。1个月以内的婴儿可进行温水锻

炼，1个月以后可逐渐向水浴过渡，到3个月时就可以正式水浴了。

水浴的原则是：应从温水逐渐过渡到冷水，水温越低，与身体接触的时间应越短。水浴方法很多，有冷水浸浴、冷水擦浴、冷水冲淋等。对第3个月的宝宝来说，冷水浸浴比较适宜，方式是用一个较大的盆盛水，水量以宝宝半卧于盆中时，锁骨以下身体部位全浸入水中为宜。室温应控制在20~21℃，水温为36℃左右。每天水浴1次，浸泡时间为5~6分钟。浸浴后，再以低1~2℃的水冲洗全身。宝宝水浴完毕，用大毛巾包裹好，擦干水，适度摩擦宝宝皮肤到泛红为佳。随着宝宝年龄增长，耐受性增强，可逐渐降低水温至28~30℃。宝宝除了冷水浸浴外，平时洗澡、洗脸、洗脚的水温也不要太高，以增强耐寒能力。

11. 培养宝宝的社交能力

(1) 趣味的抚摸

这是一项很有意思的游戏，它可以增进宝宝同爸爸妈妈之间爱的交流。爸爸妈妈一边用准备好的柔软物品轻轻触摸宝宝的手指和脚趾，一边同他低声说话，宝宝将会感到非常的快乐。每次触摸宝宝的手指和脚趾时，爸爸妈妈可以采用不同的物品，这样宝宝将会更加喜欢这个游戏。

这是一个互动性比较强的游戏，可以增进亲子之间的感情，表达互相之间的爱意，也可以让宝宝更好地适应触摸各种物品的感觉，更好地适应这个世界。

(2) 小鸭子，水中游

将大一些的浴缸暂时变为宝宝的小游泳池，一手托住宝宝的脖子和肩膀，一手托住他的屁股，慢慢放入水中，托着他“仰泳”，任他踢打嬉戏。游戏过程中大人要牢牢把握住宝宝的身体，别让他呛水、碰到浴缸四壁。宝宝对水中活动并不陌生，这个游戏能让宝宝学会拍打，从而增强宝宝的肢体力量。

(3) 小宝宝照镜子

准备一面稍大些的镜子。妈妈一边拿着镜子在宝宝面前慢慢移动，一边告诉宝宝："宝宝看，镜子里的小宝宝在看我们呢！"以吸引宝宝注视镜子里的自己。然后妈妈拉着宝宝的手触摸镜子里的宝宝，和镜子里的宝宝招手，妈妈还可学着新生儿的样子向镜子里的宝宝发出咿呀的"问候"语，逗宝宝跟着妈妈向镜子里的宝宝咿呀说话。通过让宝宝照镜子，和镜子里的宝宝"交流"，可培养宝宝良好的情绪，提高宝宝的自我意识和与人交流的能力。

(4) 腿上舞蹈

妈妈仰卧，屈膝，把宝宝的头放在膝盖处，把他的身子放在腿上，他的脚可以自然放下，或者放在妈妈的胸前。一边给他唱歌，一边轻轻地晃动，宝宝会在妈妈的身上高兴得合不拢嘴，他好享受好享受。

12. 宝宝上身活动能力的训练

(1) 转头追视

在和宝宝做游戏时，妈妈可手持色彩鲜艳的玩具（最好是可摇响的），在离宝宝眼睛30厘米远的地方慢慢地移动，可先移向左边，再慢慢地移到右边，让宝宝的头随着玩具做180°的转动。

妈妈在移动玩具时，让玩具发出声响。宝宝的头能朝左朝右各转90°，游戏即可停止。

(2) 扭转上身

妈妈竖抱着宝宝，爸爸在后面叫宝宝的名字，宝宝会扭转上身去看。爸爸先在右侧叫，等宝宝的头转到右侧时，又在宝宝的左侧叫，让宝宝再将头转到左侧。爸爸还可以在手里拿个玩具或者向宝宝做个鬼脸，宝宝转过去时会大声笑起来，使游戏过程既快乐，又练习了本领。

妈妈要确保宝宝的安全，由于此阶段宝宝的颈部还不够稳定，为了避免发生意外，妈妈一只手要抱住宝宝的臀部，另一只手要牢牢护住宝宝的颈部。

13. 创造宝宝与外界交往的机会

宝宝出生后要从生物的人变为社会的人，首先就要与他人交往，这种最初的交往会影响宝宝成年后的社会交往。宝宝交往的第一个对象是妈妈，这也是宝宝与人交往的根基。再次就应该是爸爸了。现在基本上都是独生子女，而且大都住的是楼房，别说是宝宝，就连成人与邻居的交往也不多。所以，爸爸或妈妈要从长远着想，尽量为宝宝创造与他人交往的机会。

经常选择在风和日丽的日子，抱着宝宝到户外去，看一看户外的世界：高高的楼房、绿绿的树荫、驶过的汽车、街道上穿着各种颜色衣服的人、各种颜色的花等等，既能发展和刺激宝宝的视觉能力，又能丰富视野、开拓知识，还能把日光浴、空气浴结合在一起，有利于宝宝的健康和心智发展。

14. 培养宝宝的观察力

第3个月，宝宝的视线可随物体转动，视野范围由原来的45°扩大到180°。视力也有了一定的发展，能看4～7米远的物体，对颜色有了初步的分辨能力。尤其对发声的、色彩鲜艳的或活动着的东西最感兴趣，并开始尝试触觉、听觉、视觉或味觉的相互配合运用。遇到什么东西都想看一看，用小手摸一摸体会手上的感觉，甚至放到嘴里咬一咬尝尝玩具的味道。到了第3个月时，由于神经系统的发育，宝宝双手的抓握也出现了随意性的变化，并主动去抓自己想要的东西。所有的这一切发育成果，都为进一步培养宝宝的观察力奠定了基础。

为培养宝宝的观察力，妈妈和爸爸可在风和日丽的日子里，把宝宝抱出屋外，看一看外面的大千世界，并在看的过程中感知世界，这对宝宝的智力、心理发育具有重要意义。

15. 培养宝宝的认识能力

(1) 视线转移能力

宝宝总是对未知事物充满好奇，并且对美好的事物会作出快乐反应。在3个月初时，宝宝会明显地对照顾他的人，尤其是父母作出快乐的反应。

父母可用两个玩具来逗引宝宝，让宝宝先注视一个玩具，再拿出另一个玩具，训练宝宝的视线从一个物体转移到另一个物体。也可以在宝宝正集中注视某一玩具时，迅速移开玩具或将玩具转向另一边。

这样可以训练宝宝在注视目标消失之后用视线寻找新的目标。

(2) 音乐感受能力

3个月是宝宝大脑发育与智力发展的重要时期，因此要尽量让宝宝多看、多听、多摸、多玩，不仅要多与宝宝进行语言交流，而且可以不失时机地录下宝宝的“咿呀”声并放给他听，或选择优美、轻柔、明快的乐曲放给宝宝听。宝宝如果能自己制造一种声音，就会更加高兴，也会更起劲地反复制造这种声音，所以可以发出响声的玩具总是受到宝宝的欢迎。音乐感受能力可以给宝宝的大脑添加“营养”，同时也可以促进宝宝的听觉能力和音乐才能的发展。

16. 教宝宝指认事物

3个月大的宝宝不会说话，但宝宝对事物有一定的认识和接受能力，父母要根据宝宝认识事物的特点进行潜移默化的训练，要循序渐进，不能急于求成。

通过“对牛弹琴”式的方法教宝宝认识事物。宝宝在会说话之前，就有一定的理解和感悟能力，父母不能认为宝宝不会说就不懂，比如拿一个苹果在宝宝眼前，告诉宝宝“这是苹果”，重复多次，虽然宝宝看似没有反应，但苹果的印象和名字慢慢会留在宝宝记忆中。

育金点子

婴儿对事物的认识首先是从具体对象开始的，因此不管是室内还是室外的物品，只要是宝宝能够接触到的，都可以对他说这些物品的名称，要不厌其烦，经常重复。

利用玩具让宝宝认识事物。宝宝一般比较喜欢各种色彩鲜艳、能发出响声、形象生动逼真的玩具，如各种形象的小动物、娃娃、各种交通工具、日常生活用品等。利用各种形象玩具，让宝宝认识事物，在宝宝玩小动物玩具时，可以告诉他小动物的名称，逗引婴儿模仿小动物的叫声，如“汪汪”、“喵喵”。在玩娃娃时，可以教婴儿认识五官的名称，如认识娃娃的眼睛、鼻子、嘴巴、耳朵等。玩各种交通工具玩具时，可告诉他这些交通工具的名称、用途、特征及发动的声音。

第四章 3～4个月，每天进步一点点

1. 宝宝体能发育

这个时期宝宝的增长速度开始稍缓于前3个月。宝宝的头看起来仍然较大，这是因为头部的生长速度比身体其他部位快。因为头相对较大，会微微摇晃，看起来像个会活动的大娃娃，眼睛的黑眼球很大，会用惊异的神情望着不认识的人，如果你对他笑，他会回应你一个欢快的笑。当你用手蒙住脸，突然把手拿开，并冲着他笑时，他会发出笑声，而且会发出一连串"咯咯"的笑声。

宝宝第4个月发育速查表

	男宝宝	女宝宝
身长	59.7～69.5厘米，平均64.6厘米	58.6～68.2厘米，平均63.4厘米
体重	5.9～9.1千克，平均7.5千克	5.5～8.58千克，平均7.0千克
头围	39.7～44.5厘米，平均42.1厘米	38.8～43.6厘米，平均41.2厘米
胸围	38.3～46.3厘米，平均42.3厘米	37.3～44.9厘米，平均41.1厘米

2. 宝宝智能发育

婴儿4个月是智能发育的关键月龄，行为模式出现了质的变化。

(1) 大运动

让婴儿趴在床上时，他的头已经可以稳稳当当地抬起，下颌和肩部可以离开床面，前半身可以由两臂支撑起。会出现被动翻身现象，不由自主地滚向仰卧位。大人扶着他的腋下和髋部时，他能够坐着。头基本稳定，偶尔会晃动。

(2) 精细动作

头能够随自己的意愿转来转去，眼睛随着头的转动而左顾右盼。会摇动并注视拨浪鼓。当他独自躺在床上时，会把双手放在眼前观看和玩耍。视线可由物体转移到手，再回到物体。

(3) 适应能力

偶然会注意小小的物品，能找到声源。开始对颜色产生了分辨能力，对黄色最为敏感，其次是红色，对其他颜色的反应要慢一些。

(4) 语言发展

咿呀作语，高声叫。

(5) 社交行为

认识亲人。

3. 尽早发现宝宝的学习类型

一般宝宝的学习类型可分为三种：运动型、听觉型、视觉型。区分宝宝三种学习类型，并不是指宝宝光用视觉、听觉或者运动的单一途径进行学习，而是指不同的宝宝的某一个感觉通道比其他感觉通道更敏感。要充分发挥他们的长处，采用对应的方法，可让他们发展得更好。

运动型宝宝的特点：性格外向，活泼好动，身体的运动协调性强，喜欢节奏感强、技巧高的活动，好奇心强，精力充沛。平时要多用实物和玩具来帮助宝宝学习知识，让宝宝在玩中学、在做中学。此外，手势语言对运动型宝宝的学习是很有帮助的，因此爸妈应多使用手势语言。

听觉型宝宝的特点：语言表达能力强，听觉灵敏，喜欢听和讲，容易分散注意力。平时多给宝宝朗读儿歌或简单的故事，用鼓励性的语言激励宝宝的学习热情。

视觉型宝宝的特点：观察力敏锐，喜欢画画和拼图；动手能力强，喜欢拆拼或组装玩具；不太爱说话。平时要多给宝宝玩“创意拼图”“颜色识别”类的游戏，多鼓励宝宝去观察生活中的细节，并把它画出来。

4. 读懂宝宝的“手指语言”

宝宝虽然不会说话，但是会用手指来表达自己的要求，父母只要仔细观察，就能轻松地领悟宝宝的手指语言。

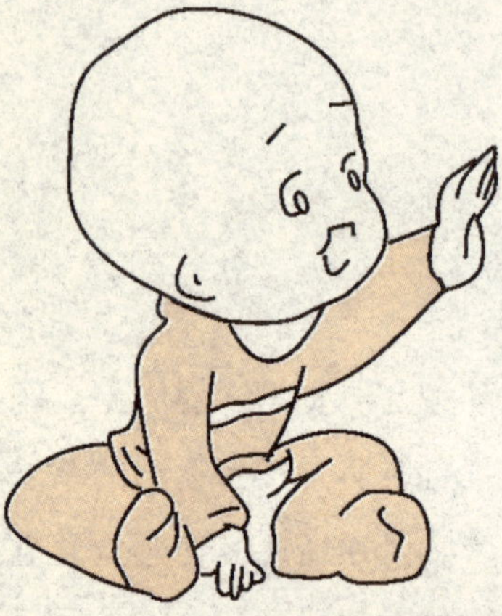

(1) 小手张开、手指向前伸展

宝宝带着愉快的心情醒来时小手通常是这样的动作，这是他在邀请身边的父母和自己一起玩。

(2) 手指放松地弯着

这时宝宝已经不再东张西望，他的手臂也松软地耷拉下来，说明宝宝已经累了，想睡觉了。

(3) 小手捏着松松的拳头

宝宝在睡眠中会有这种手势，说明他正在做梦，他的眼球轻轻地转动，有时还会发出轻轻的鼾声。其实，梦中的宝宝睡得并不深，随时可能会醒来。

(4) 小手紧紧地握着拳头

宝宝紧张时通常会有这样的动作，这时或许宝宝是害怕某个陌生环境或人，也可能是他的小肚子有些不舒服。

(5) 手臂放松、小手轻轻地握着

这时的宝宝正心满意足地享受着美妙的时光，他愿意独自待着，而不需要外来的干扰。

5. 训练宝宝的精细动作能力

(1) 够取玩具

在宝宝的小床上方悬吊着玩具，宝宝会先用手摸、抓，玩具会被推得离开自己小手远远的。再伸手，玩具又会晃动，不容易抓住。

经过多次努力，宝宝终于能用两只手，一前一后地把玩具抱住，然后会很开心地笑出声来。

这个月龄，宝宝能够取到玩具，就已经很成功。一般要到5个月时，才能用单手准确无误地够取到玩具。

(2) 拍拍玩具

1）将一个鲜艳带响的玩具系挂在床的上端，玩具上再系一根绳。

2）妈妈抱着宝宝握着他的小手去拍打带响的玩具，边拍打边说："宝宝拍一拍、打一打，多好听呀！"可拍打多次，宝宝会笑出声来。拍打时可左右手轮换。

3）除拍打外，还可以把玩具上的绳放到宝宝手里，让宝宝自己拉。宝宝一拉绳，玩具就会发出响声，这会让宝宝感到很高兴。拉绳时最好左右手轮换。

游戏中，成人没有必要每次都握着宝宝的手去拍打玩具，要让宝宝自己发现，自己拍打，这会让他感到惊奇。

(3) 抓握玩具

在宝宝面前的桌子上、床上摆上玩具，让宝宝自己去抓握。这样可以锻炼宝宝手的灵活能力和手眼协调能力。

6. 训练宝宝的听觉能力

（1）听音寻源

妈妈或爸爸可以先拿一些可以发出响声的玩具，弄出响声让宝宝注意倾听。等宝宝有了反应之后，妈妈或爸爸从宝宝身边走到另一个房间或躲在宝宝卧室的窗帘后面，叫着宝宝的名字让宝宝寻找。如果宝宝找不到，妈妈或爸爸可以露出头来吸引宝宝，直到宝宝注意为止。进行这种听觉感知训练，声音要由弱到强，距离要由近到远，循序渐进地锻炼宝宝的听觉能力。

（2）响声在哪里

1）准备一台录音机，或者带响的玩具。

2）当宝宝吃饱、睡醒后，在他身旁播放动听的音乐，或者摇动带响的玩具，让宝宝听听响声在什么地方，他会慢慢地转头去找。

3）妈妈可以慢慢把录音机挪到他身体的另一侧，他会转头追随去找，妈妈同时要说："宝宝找找，哪有声音啊？"

可放简单的儿歌让宝宝听，但要注意不论是儿歌还是乐曲，音量不可太大，吐字要清楚。

7. 提高宝宝感知能力的声响感知法

训练时，父母可用松紧带的一头，把色彩鲜艳的玩具吊在床栏上，把另一头拴在宝宝的任意一个手腕或脚踝上，然后父母触动松紧带使玩具发出响声。开始时，宝宝会手脚一起动或使出全身的力气摇动松紧带使玩具发出响声，经过若干次训练之后，宝宝就知道动哪一只手或哪一只脚，才能使玩具发出响声。成功之后，宝宝就会高兴万分、信心百倍，逐渐学会自己弄响这些玩具。但要注意的是，结束训练之后，父母一定要记住解开拴在宝宝手上或脚踝上的松紧带，以免松紧带长时间拴在手上或脚踝上妨碍血液循环。

8. 训练宝宝的语言能力

（1）啊、呜、妈、噢

当宝宝吃饱后，妈妈抱着他玩时，可以有意地发出“啊——呜——妈——噢——”等不同的声音。

发这些音时，妈妈要做出不同的口型给宝宝看，让宝宝既看又听，正确模仿发音。

（2）唱呀唱，动呀动

自编一首儿歌，如：“小麻雀，飞呀飞。猫头鹰，下来了。小麻雀，快点跑！”

让宝宝依偎着被子或枕头等东西坐起来，妈妈一边唱着儿歌，一边根据儿歌内容用手在宝宝眼前做动作，唱到“飞呀飞”时，用手在宝宝面前做飞翔状；唱到“下来了”时，双手慢慢向下移动；唱到“快点跑”时，双手加快左右移动。然后妈妈拉着宝宝的小手边唱边做动作，方法相同。

这个游戏通过宝宝感兴趣的儿歌，丰富宝宝的词汇，可帮助宝宝理解儿歌的含义，锻炼宝宝的节奏感。妈妈唱儿歌时靠近宝宝的脸，让宝宝看着妈妈的口形和手部动作，模仿妈妈的发音和动作。最好选节奏明快、内容简单、容易配合动作的儿歌。

（3）训练发辅音

4个月大的宝宝，都会用口唇发出辅音，有时会自言自语地说“啊不”或“啊咕”的语言。这时，爸爸妈妈也应同时与他呼应地说“啊不”，以让他多叫几声。

一般，宝宝知道大人喜欢听他发音就会使劲大声喊叫，并有意识地把声音拉长或者重复地叫，这时大人可用鼓掌表示欢迎，使宝宝经常自己大声发音，做发音的游戏。

9. 让宝宝在游戏中学习

和宝宝一起做游戏可使宝宝获得爱抚、鼓励和安全感，同时能增进他们与父母之间的交流。比较适合这个月宝宝的游戏有很多种，你不妨试着和宝宝做以下游戏：

（1）声感游戏

你可以轻轻地把宝宝抱在怀里，或坐在宝宝床前，给宝宝讲故事、念儿歌，也可以给宝宝唱歌。唱歌时可在宝宝的身上或手上轻轻地打着节拍。在宝宝困了的时候，也可以为宝宝唱支摇篮曲，让宝宝在歌声中入睡。

（2）动感游戏

可以带上和蔼或高兴表情的面具，也可以选择展示友好面孔的手指玩偶，运用你的身体或手指的动作，让面具或玩偶“活”起来，而且还可以配上歌曲或故事讲给宝宝听。

（3）智能游戏

智能游戏的种类很多，其中“藏猫猫”游戏就是宝宝比较喜欢的。妈妈先用布蒙住脸，就在宝宝看不到妈妈脸时，再把布拿开，当宝宝看到妈妈的脸重新出现时会非常兴奋。经过一个时期的训练之后，宝宝也会模仿爸爸妈妈的做法，拿布蒙在自己脸上，然后再自己掀掉逗妈妈或爸爸。“藏猫猫”游戏可以训练宝宝知道寻找消失的东西。

10. 培养宝宝的识辨能力

利用宝宝日益增长的初步观察能力，发展视觉记忆能力和识辨能力，是发展智力的基础功课。

可以找出几张彩色照片，和宝宝一起做游戏，先拿出一张爸爸的照片，一边给宝宝看，一边说：“这是谁啊？这是爸爸！”让宝宝用小手对着照片中的爸爸，跟着妈妈的话语一起指、点。然后，换一张照片问："这是谁呢？这是妈妈！"起初，宝宝看到照片中的人，并且辨认出来以后，会把视线投向爸爸或者妈妈，并且在照片和真人之间比照、观察。

随后，给宝宝看自己的照片并说："这是谁啊？这是宝宝！"

看熟悉以后，再让宝宝看爸爸、妈妈和宝宝的合影，并且同时分别指着照片中的人，告诉宝宝："这是爸爸，这是妈妈，这是宝宝！"

这个游戏，已经进入较为复杂的辨识、观察、记忆综合练习，虽然看似简单，却能继续锻炼宝宝的辨识记忆能力、情感记忆能力、观察能力和视觉记忆等综合协调能力。

11. 训练宝宝的运动能力

（1）抱大球游戏

培养肢体协调能力。把一个直径30厘米的大球吊起在宝宝双手能够得着的高度。先让宝宝双手抱住大球，然后提起宝宝的双腿，让腿也能够到大球。有些大球内有铃铛，宝宝推动大球时能打响里面的铃铛，使宝宝很愿意用四肢把大球推来推去，让铃铛发出声音。如果大球内没有铃铛，大人可以另外把铃铛挂在吊大球的绳子上，也能在大球被推动时打响。不过要挂得结实，否则掉下来会打伤宝宝。如果宝宝的四肢不能同时抱大球，可以分开先让宝宝用双手去抱，玩熟练后把球拖到脚够得着处，再用双脚练习踢球，渐渐把球向腹侧移动，让宝宝的脚渐渐上举，最后四肢都能同时抱球，把球弄响以取乐。

（2）逗逗飞游戏

锻炼语言动作协调能力。让宝宝背靠在妈妈怀里，妈妈双手分别抓住宝宝的两只小手，教他把两个食指尖对拢再水平分开，嘴里同时说"逗逗——飞"，如此反复数次。还可以分别将其余四指合拢再分开来玩此游戏。这个游戏能锻炼宝宝的小肌肉，同时可以训练宝宝的手眼协调能力和语言动作协调能力。

(3) 蹬脚训练

先用一个能够一碰就响的玩具触动宝宝的脚底，引起宝宝的注意和刺激脚部的感觉，当宝宝的脚碰到玩具时，玩具的响声将会引起宝宝的兴趣，然后会主动蹬脚。这时，妈妈或爸爸配合宝宝移动玩具的位置，让宝宝每次蹬脚都能碰到玩具，每次成功后可以用亲吻或抱一抱的方式来表示鼓励。这样可以锻炼宝宝腿部的力量。

(4) 俯卧支撑训练

在巩固前2个月进行俯卧抬头训练的基础上，当宝宝俯卧时头部能稳定地挺立达90°时，妈妈或爸爸站在距宝宝1米左右的地方，手拿摇铃或一捏就响的玩具逗引宝宝，训练宝宝用前臂和胳膊肘支撑起头部和上半身的体重，使宝宝的脸正视前方，胸部尽可能抬起，每日训练数次，每次数分钟。同时，还要用手抵住宝宝的脚底，观察宝宝有没有向前爬动的意向，为将来练习爬行做准备。这样可以锻炼宝宝前臂支撑力量。

12. 训练宝宝坐的能力

宝宝能够坐起来是很重要的，不仅有利于宝宝的脊柱开始形成第二个生理弯曲，即胸椎前突，而且对保持身体平衡有重要作用，还可以使宝宝接触到许多过去想够又够不到的东西，对感知觉的发育都有重要意义。

(1) 拉坐练习

当宝宝在仰卧位时，妈妈可握住他的手，将他缓慢拉起，注意要让宝宝自己用力，妈妈仅用很小的力气，以后逐渐减力，或只握住妈妈的手指拉起来。通过这个训练，宝宝的头能够逐渐伸直，躯干上部也可挺直，使颈和背部肌肉得到锻炼。

(2) 靠坐训练

让宝宝背靠着枕头、小被子、垫子等软的东西半坐起来。其实，宝宝是很喜欢靠坐的，因为靠坐比躺着看得远，并且双手还可以同时摆弄玩具。

宝宝靠坐时，妈妈应在旁边照料，不宜离开。因为宝宝会用腿蹬踢，导致身体下滑而躺下，或者重心向左右偏移，身体倒向一侧。

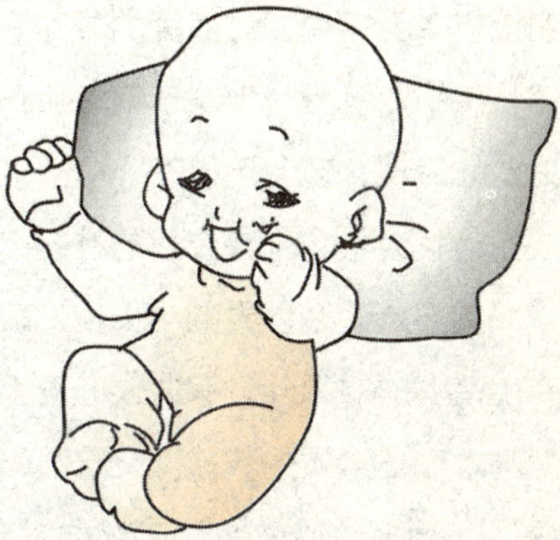

靠坐时间不宜太久，初学的宝宝可持续3~5分钟，坐稳后时间不宜超过10分钟。

最初的独坐训练时间，应当掌握在3~5秒钟为宜，不要急于求成。因为宝宝的骨骼发育尚不成熟，初学独坐的时间太长，容易引起骨骼变形。能够独坐以后，再逐渐适当延长坐的时间，经过天长日久的锻炼，待到宝宝的臀、腰、背、颈部肌肉和骨骼都发育到具备适度能力后，宝宝就会自己坐得越来越久一些。

13. 正确看待宝宝适度依恋

宝宝刚出生的时候第一本能反应就是寻找妈妈的乳头，这是宝宝与这个世界的第一个紧密的、安全的联系。一岁半之前，宝宝需要最大程度地和妈妈相处，以建立母婴依恋安全感。如果这个时候妈妈不能照顾宝宝，那么这种安全感将很难建立，宝宝心里会充满对失去爱的恐惧，导致宝宝产生这样的想法：连我的妈妈都拒绝我、回避我，那么这整个世界都是不安全的。

很多父母把宝宝“黏人”视为缺点，专家特别指出，宝宝“黏人”

不仅不是坏习惯，适当黏人的宝宝在将来与他人沟通和交流时更占优势。

家庭才是最能够给宝宝温暖和勇气的地方，而提供这些力量的就是宝宝和妈妈之间温暖、亲密、连续不断的关系，即适度的依恋（也就是“黏人”现象）。“黏人”不仅可以促使宝宝找到满足感，而且还可以帮助宝宝享受愉悦感。适度的依恋有助于建立一个人的信赖度和自我信任感，将来能够成功地与伴侣、后代和睦相处。因此，专家提醒，如果在婴幼儿时期，宝宝还没有产生适度的“黏人性”，将来就可能很难和别人沟通，会影响宝宝今后的社会工作和家庭生活。

宝宝是这个世界的小天使，每一对父母都有抚育宝宝的责任，除了在生活上的照顾外，有时候心理上的育儿更加重要，这也关系到宝宝日后基本心理素质的养成。父母适当参与带养宝宝是十分必要的，爸爸妈妈尽可能抽出时间在宝宝身边，陪伴宝宝成长，这是我们一生中能给宝宝的最好的礼物。

14. 培养宝宝的情绪和社交能力

（1）亲子共舞

选择一些轻柔而节奏舒缓的音乐，如古典音乐、益智音乐、华尔兹，自己哼哼或用录音机播放，把宝宝温柔地抱在怀里，迈着舞步，和着音乐的节拍转身或旋转。你和宝宝的运动将刺激宝宝耳朵的感官和小脑，发展他的听觉、位置觉和平衡觉。如果你随着音乐哼唱，宝宝还会受到来自你胸部震动的刺激，这样你就会和宝宝一起度过令人神往的几分钟。

（2）小小“探险家”

用质地柔软的布料做一个小包裹，再找几样形状较小点的玩具，如积木块、娃娃、彩球等，将这些玩具装进包里，放在宝宝床上。

将宝宝抱着坐在床上，逗引宝宝注意妈妈的动作和小包裹，在宝宝的注视下将包里的东西摆在宝宝眼前，然后拉着宝宝的小手将东西一件件放进小包，再拉着宝宝的小手将其一件件取出来，边玩边告诉宝宝这些东西分别是什么，重复数次后让宝宝自己做，观察宝宝的反应和动作。

这个游戏给宝宝提供一个探索机会，以此提高宝宝创新思维能力的发展。

(3) 看小朋友玩

爸爸妈妈应经常把宝贝抱到室外，让宝宝观看其他小朋友玩耍，天气寒冷不宜外出时，可抱着宝宝到有小婴儿的邻居家串门儿，或请邻居家的小孩到家里来玩儿。宝宝看其他小朋友玩耍时，父母应不断地和宝宝说话："看，这是小哥哥（小姐姐），他们在踢球玩（跳皮筋）呢。"尽早地让宝宝接触与他年龄相近的小朋友，可促进发展其良好的同伴关系。注意不要让宝贝玩不符合年龄的游戏。

孕 商金点子

在和宝宝玩耍时，爸爸妈妈要有意识地对他做出不同的面部表情，如笑、怒、淡漠等，并训练宝宝分辨这些表情，使他逐渐学会对不同的表情有不同的反应，并学会正确表露自己的感受与情感。

15. 逗引能提高宝宝的情商

逗笑是婴儿期最好的一种娱乐形式。宝宝越早学会"逗笑"就越聪明。这一动作，是宝宝的视、听、触觉与运动系统建立了神经网络联系的综合过程，也是条件反射建立的标志。

有人观察，常常被逗嬉的宝宝比起长期躺在床上很少有人过问的宝宝，不仅要表现得活泼可爱，而且对周围事物的反应也显得更加灵活敏锐，会直接影响到宝宝情商的发展。

(1) 诱导宝宝发笑

1）方法：把宝宝抱在怀中，抚摸着他并轻声呼唤着逗引他时，他就会很理解似的对妈妈微笑。或者妈妈发现宝宝看到某玩具就笑，每天可有目的地给宝宝玩具，或多与宝宝玩一些能令宝宝开心的游戏。

2）目的：让宝宝早日学会微笑，提高宝宝的情商。

3）注意：不要奢求宝宝的笑声有多大，只要在游戏中宝宝能开心地笑，就达到了游戏的目的。

(2) 无声的语言交流

1）方法：在婴儿吃饱后情绪好时，母亲就可以对孩子进行无声的语言训练，母子面对面，相距约 20 厘米，婴儿会紧盯着妈妈的脸和眼睛，当母子的目光碰在一起时，和婴儿对视并进行无声的语言交流，即做出多种面部表情，如张嘴、伸舌、龇牙、鼓腮、微笑等。

2）目的：逗婴儿发笑，培养无声语言能力。

3）注意：逗引宝宝要自然大方，不要做挤眉、斜眼等怪异动作，以免宝宝模仿。

第五章 4～5个月，让宝宝感受多彩的世界

1. 宝宝体能发育

到5个月时，宝宝已逐渐“成熟”起来，已显露活泼、可爱的体态。身长、体重等的增长速率也渐渐较出生的前几个月缓慢下来。

宝宝第5个月发育速查表

	男宝宝	女宝宝
身长	62.4～71.6厘米，平均67.0厘米	60.9～70.1厘米，平均65.5厘米
体重	6.2～9.7千克，平均8.0千克	5.9～9.0千克，平均7.5千克
头围	40.6～45.4厘米，平均43.0厘米	39.7～44.5厘米，平均42.4厘米
胸围	39.2～46.8厘米，平均43.0厘米	38.1～45.7厘米，平均41.9厘米

2. 宝宝智能发育

(1) 大运动

抱在怀里时，婴儿的头不用扶持也能稳稳地直立起来。俯卧位时，能把头抬起并和肩胛呈90°。仰卧时，四肢伸展；可抬高头与肩膀，嘴能够到脚，喜欢把脚搬起并将大脚趾放在口中吸吮。轻拉腕部即坐起，扶坐起，宝宝能坐30分钟；当头保持稳定时，头会向前倾并与身体成一角度。扶腰站立时，双脚已基本能支撑身体，但双膝稍有弯曲。

（2）精细动作

抓住近处玩具。当拨浪鼓等玩具接触小手时，手会主动地张开来抓住玩具，能握住拨浪鼓，并将它保留在手中大约1分钟。

（3）适应能力

拿住一块方木，注视另一块方木。

（4）语言发展

喜欢自言自语，会升高和降低声音。

（5）社交行为

见食物兴奋。能感受到自然界给其带来的兴奋心情（大人抱着去外边感到很高兴）。

3. 训练宝宝的精细动作能力

（1）手部肌肉的训练

在训练宝宝手部肌肉运动能力时，父母可将宝宝抱成坐位，面前放一些色彩鲜艳的玩具，边告诉宝宝各种玩具的名称，边引导宝宝自己伸手去抓握。开始训练时，玩具要放置在宝宝一伸手就可抓到的地方，如果宝宝已经能够比较容易抓到玩具，再渐渐地把玩具移到稍远的地方。在此基础上还可以在宝宝在一只手拿到一个玩具后，再向宝宝的同一只手递玩具，观察宝宝是将原来到手的玩具扔掉再拿另一个玩具，还是学会了将玩具传到另一只手上。然后试着将宝宝不喜欢的玩具递过去，让宝宝练习推开的动作，还可以将宝宝喜欢的玩具从他手中拿过来再扔到宝宝身边，让宝宝练习捡东西的动作。玩具的个头应从小到大。

这样可以锻炼宝宝手部肌肉的力量。

（2）被动抓握

通过被动抓握能力训练，可以锻炼宝宝的动手能力。具体方法为：父母将自己的食指塞入宝宝手中使其握住，并轻轻摇晃，保持片刻。

准备一些抓握玩具，如摇铃、拨浪鼓等。使宝宝从抓、握开始，然后发展到摇、捏等精细动作。

(3) 玩手脚

让宝宝练习玩手、玩脚，能够提高婴儿手的动作灵活性，促使婴儿手脚运动协调，促进触觉、肌肉和关节的协调发展。

宝宝仰卧在床上或摇篮里，大人帮助宝宝把两手握在一起，然后放手让宝宝玩自己的小手。大人还可以轻轻提起宝宝的一只脚，让宝宝用同一侧的手能抓住自己的脚，看宝宝如何表现，是否能把自己的脚放到嘴边。

4. 训练宝宝的言语能力

(1) 主动说话练习

和宝宝面对面坐着，用愉快的口吻和微笑的表情，引导宝宝发出“wu——wu”、“ma——ma”、“ba——ba”等重复音节，要把发声时的口型做得夸张一些、慢一些，让宝宝注意到口型和发声方法，引导宝宝模仿，跟着妈妈发声。每发出一个重复音节以后，稍做停顿，要给宝宝留出观察、体会、模仿的机会。

宝宝咿呀学语，是一个先听、先积累、先理解，而后模仿、试做，再到有意识发声的过程，这个月龄的宝宝，正处在语言积累时期，开始试着模仿发声，并且能听懂一些较简单、与自己生活密切相关的词汇，称为“前语言积累”期。通过游戏，多鼓励宝宝主动发声，多做练习，有利于宝宝早一些学习说话，更有利于他语言能力的发展。

(2) 感受声音的远近、强弱

宝宝坐靠在妈妈怀里，或者躺在床上，爸爸拿着录音机播放节奏明快的音乐，或者用带响的玩具在宝宝面前逗引，吸引宝宝的注意力集中到录音机的声音（或玩具的响声）上之后，就渐渐将录音机拿开，边走边说："声音远了！"再渐渐走近，又说："声音近了！"这样反复进行。

录音机播放的音乐，或者摇响玩具的声音都不要太大，以免引起宝宝的不安。

(3) 点名游戏

宝宝要入睡的时候，妈妈可边拍着宝宝边哼着："宝宝真乖，宝宝睡觉了。"

宝宝清醒的时候，妈妈在旁边叫宝宝的小名："宝宝，妈妈在这里呢！""宝宝在说话哦。"宝宝吃奶的时候，妈妈可抚摸着宝宝："宝宝饿了，宝宝吃奶。"

经常呼唤宝宝的小名，宝宝听习惯了后，每次听到呼唤会有反应，如回头或抬眼看看，或动一动小手等，当然这并不一定意味着宝宝能理解声音的含义。如果没有反应，需在不同的场合反复地练习，经常称呼以后，宝宝就学会将呼唤和自己联系起来了。

5. 训练宝宝的视觉能力

(1) 指物认字

对宝宝的视觉感知训练随时随地都可进行，在日常生活中，爸爸或妈妈要经常把宝宝所看到的物体，尽量用语言来强调指出，以便使宝宝能够把听到的、看到的与感觉到、认识到的东西联系起来。比如宝宝喜欢看灯，妈妈或爸爸就可把台灯拧亮又拧灭，逗引宝宝的视线落在台灯上，然后告诉宝宝说这叫"灯"，说"灯"字时口型要明显，发音要准确、清晰，使宝宝把声音和发亮的物件联系起来，以后妈妈或爸爸再说到灯时，宝宝就会自己抬头看灯了。

(2) 追视训练

1）妈妈在距离宝宝 50 厘米左右的地方，用小红电筒一亮一灭，吸引宝宝注意看，然后上下左右变换位置，吸引他跟随注视。

2）妈妈也可以用色彩鲜艳的玩具逗引宝宝，观察宝宝的视觉反应。当宝宝看到玩具后，妈妈缓缓按弧形移动玩具，让宝宝的视线追随玩具移动的方向。

如果用手电筒，光不可太强，不要直射宝宝的眼睛。

（3）看镜子

抱着宝宝坐到镜子对面，让宝宝面对镜子，然后轻轻敲击镜面，引导宝宝注意到自己映照在镜子当中的形象。宝宝应当能集中眼光，注视自己的身影。然后，对着镜子中的宝宝的映像微笑，并且发声。

到了5个月以后，宝宝逐渐熟悉了镜子中自己的映像，妈妈可以和宝宝一起照镜子，对着镜子中的母子映像做各种表情，逗引和诱导宝宝笑出声来。

照镜子游戏，不仅能够训练宝宝的视觉，对于宝宝建立自我意识、发展动作能力也有辅助作用。

6. 训练宝宝的听觉能力

（1）滴答滴答的小闹钟

让宝宝看到彩色的闹钟，放到耳边，听闹钟走动的“滴答滴答”声，接近闹钟定时响起之前几分钟，提醒宝宝，“滴答滴答的声音好听吗？它快要唱歌了！”等到闹钟准时响起来的时候，宝宝会感到很新奇、有趣。当然，闹钟的响声要柔和，不要猛然间响起来，以免吓着宝宝。

5个月龄的宝宝听觉能力有很大发展，会对各种声音很感兴趣，能表现出集中注意力倾听和寻找声源。玩闹钟是训练听觉记忆力的好方法。

（2）听声寻源

妈妈手拿一个带响的玩具，如手摇铃、花铃棒、拨浪鼓等，在宝宝一侧摇动，发出声响，让宝宝寻找声音。然后再变换位置，从不同的方向发出声响。

1）摇铃的声音可时大时小，可时快时慢，但声音不能过大，也不能离身体太近，以免对宝宝过于刺激。

2）可以用小金属盒，如易拉罐、小糖盒等，里边装少量豆子，妈妈握在手中摇晃发出声响，让宝宝听到声音，并用眼睛去寻找。

(3) 寻找落地的玩具

父母将有响声的玩具掉在地上，观察宝宝的反应，一般宝宝会眼睛追着看，并向前伸着身子去寻找。父母可以继续把没有响声的玩具，比如毛绒玩具掉在地上，宝宝还会去想要寻找。父母可以捡起玩具，夸宝宝聪明。

7. 训练宝宝的运动能力

(1) 学爬行

在床上铺垫些被子、褥子之类的柔软舒服的东西，让宝宝俯卧在上面，妈妈从宝宝背后扶着宝宝的双臂，帮宝宝支起双手，让宝宝用上肢和膝盖支撑身体。

这时候爸爸拿着玩具在前面引逗宝宝，让宝宝爬过来拿玩具，妈妈在后面挪动宝宝的一个膝盖至腹下方，然后再挪动另一个膝盖，帮助宝宝向前爬行。在妈妈的扶持和推动下宝宝会爬向爸爸，去拿玩具。

宝宝已能从仰卧翻到俯卧，能主动用前臂支起上身并抬头。父母应经常帮宝宝做这种被动爬行游戏，但每次时间不能过长。

(2) 坐着玩

准备几样玩具，稍微大一些，如布娃娃、橡皮鸭子、气球等。将宝宝放在有扶手的沙发或者椅子上，让宝宝靠着坐起。

父母拿一个玩具在宝宝眼前晃动，并用玩具碰碰宝宝的小手小胳膊，逗宝宝开心，告诉宝宝："宝宝看，布娃娃要打小宝宝了，宝宝伸手拉住她哦……"宝宝会伸着胳膊抓玩具，这时父母让宝宝自己玩，在旁边看着宝宝，纠正宝宝的坐姿，不要让宝宝跌倒。训练一段时间后等宝宝能独自坐着玩的时候，父母可适当增加游戏难度，如将玩具举到宝宝头顶，让宝宝伸手够，或者放到宝宝身边随手够不到的地方，逗宝宝弓背伸手去取等，训练宝宝坐立平衡能力。

(3) 匍行训练

5个月的宝宝趴着的时候，已经能神气十足地挺胸抬头，有时还会胸部离床，将上身的重量落在手上；有时甚至双腿也离开床铺，身体以腹部为支点在床上打转。

宝宝趴在床上时，父母可以用手抵住宝宝的脚底，并用色彩鲜艳的玩具在前面引逗，宝宝就会以脚底为基点，用上肢和腹部的力量开始向前匍行。如果父母放开抵住宝宝脚底的手，这时的宝宝如果越往前使劲，身体反而越向后面匍行。经常如此反复练习，宝宝很快就会爬行了。

8. 训练宝宝的触摸感知能力

第5个月的宝宝不仅头已竖得很稳，而且视野也更加扩大，对周围环境的事物开始表现出浓厚的兴趣。根据宝宝的这个发育特性，妈妈或爸爸就可以对宝宝进行触摸感知能力的训练。在训练前，细心的妈妈或爸爸一定要注意观察宝宝平时最爱看什么，对什么东西最感兴趣，从中找出宝宝最喜欢的东西让宝宝触摸。比如木制的玩具、铁制的玩具或绒毛玩具等。在对上述各种玩具练习触摸手感的基础上，再找出平绒、粗棉布、劳动布、针织品等各种材质的织物，缝成一个个垫子，垫在宝宝身下，不仅让宝宝用小手摸来摸去，还要让宝宝的身体在上面蹭来蹭去，体会和感觉各种布料的不同质感。但要注意的是不要让宝宝的身体在具有化学纤维成分的小垫子上磨蹭时间过长，以免刺激皮肤。

9. 内向宝宝的安抚方法

性格内向的宝宝，往往更怕生，怕陌生的环境与事物。对此，爸爸妈妈一定要多加开导。

（1）多接触陌生人

抱着宝宝，主动地跟陌生人打招呼、聊天，让宝宝感到这个陌生人是友好的，是不会伤害他的。

（2）慢慢接近

想要接近宝宝，最好拿着他最熟悉、最喜欢的玩具，这样他会慢慢转移注意力，缓解认生的恐惧心理。

育金点子

遇到宝宝认生时，妈妈要马上让宝宝回到安全的环境，比如抱到自己怀里或放回到婴儿车里，不要强迫他接受陌生人的亲热，这样只会让他更加紧张。

（3）户外锻炼

平时要多带宝宝到户外去，多接触陌生人和各种各样的有趣事物，开拓宝宝的视野。

（4）做个幽默的小宝宝

具有幽默感的宝宝大多开朗活泼，更容易融入周围的环境，同时也能拥有更加快乐积极的人生。宝宝的幽默感大约有三成是与生俱来的，其余七成则是靠后天培养的。父母应该多给宝宝提供一些有趣的小游戏，更好地培养宝宝的幽默感。

10. 情商训练小游戏

（1）伸手抱一抱

1）方法：爸爸向宝宝伸出手，同时对宝宝说：“来，伸出手，让爸爸抱抱！”如果宝宝还不知道伸出手，妈妈可以站到宝宝身后，帮助宝宝伸出手臂来。

2）目的：抱一抱宝宝，不仅仅是养育问题，也是教育问题。恰当地抱一抱，能够培养宝宝良好的个性。

3）注意：如果宝宝知道伸出手是要抱后，要鼓励和表扬，而且要抱起来。

（2）好高好高

1）方法：妈妈（爸爸）用双手托起婴儿，将他轻轻地举上举下，转圈圈，让他从这些新的角度来观察周围的世界。当把婴儿举向空中的时候，可以唱下面这首儿歌：

我是一只小小鸟，我是一只小小鸟，高高地飞，快乐地叫，自在又逍遥。从没有忧愁，从没有烦恼，有了妈妈的陪伴，世界多美好。

2）目的：为了不让婴儿总是处于低视野，有时候不妨把他的视线提高，让他换个不同的角度来看这个世界。换个高度来看平常熟悉的环境，可以提高他的好奇心，促进婴儿心智的成长。同时还能让婴儿学会视觉搜寻。

3）注意：动作要轻柔，同时抱紧婴儿，让他有安全感，手一定要抓牢他。

11. 对宝宝进行趴卧训练

宝宝4~5个月的时候，就可以开始趴卧训练了。这一时期的宝宝已经开始学着转头了，颈部肌肉更加强韧，更具协调能力。当宝宝在地面上又踢又动的时候，难免会突然间身子倾斜，翻过身去，这很正常。

（1）在宝宝醒着的时候，爸爸妈妈可以帮助宝宝翻过身来趴着。这种姿势会促进宝宝整个身体的稳定性、四肢的协调性和头部的控制能力。而且，不断地让宝宝练习趴卧，还会提高宝宝抓够物体以及翻转身体的能力，从而为爬行奠定良好的基础。

孕 育金点子

爸爸妈妈要不断地指导宝宝，千万不要让宝宝单独度过“趴卧时间”，宝宝趴的时候，大人一定要在场，以保护好宝宝的安全。通过趴卧训练，可以让宝宝避免睡成扁平头，促进宝宝的抬头、坐和爬的协调能力。

（2）让宝宝趴在妈妈的身上或者趴在妈妈的大腿上，坚持几分钟，让宝宝慢慢熟悉这个姿势。如果是宝宝刚刚吃完奶，不要进行这个训练，趴卧对小肚肚的压力会导致宝宝吐奶。

（3）让宝宝趴在一个平坦干净的平面上，例如毯子或者铺有垫子的地板上。如果宝宝不停地动或者哭闹，试着再加一层垫子或者把一个小毯子塞到宝宝的肚子下面。

（4）分散注意力。把宝宝放在一面镜子前面，吸引宝宝的注意力，或者把一个色彩鲜艳的绒毛玩具放在宝宝触手可及的地方。玩具可以消除宝宝初学“趴卧”时的烦躁和不安，分散其注意力。

12. 训练宝宝的认知能力

（1）识物训练

教宝宝认识周围的日常事物，等宝宝对小狗、小猫、香蕉、灯、花、鸡等名字有了记忆之后，再教宝宝听到物名后用手指出来。经过宝宝的眼看、手摸、记忆等，从而促进宝宝眼、手、脑的协调发展。

（2）拆装玩具训练

训练时，父母可将一个可以拼装的玩具放在宝宝面前，给宝宝玩一会。等宝宝熟悉了玩具的整体结构后，父母再把玩具拆散，然后再装好。这样拆散、装好，再拆散、再装好，反复几次之后，让宝宝自己试着拼装。如果宝宝实在装不好，父母就手把手地帮宝宝把玩具装好。

(3) 音乐记忆力训练

5个月的宝宝对音乐已经具有初步的记忆力，能够表现出明显的情绪，会配合着音乐的节拍摆动四肢。

这个月的宝宝尤其喜欢节奏明显的儿歌，虽然还不懂儿歌的意思，却喜欢儿歌那欢快的节奏和有韵律的声音。在音乐记忆力训练中，最有效的方法就是让宝宝反复听一首儿歌。父母可以试试下面的方法：

用画有相应形象的彩色图片或实物与儿歌配合，比如给宝宝放“小蝌蚪找妈妈”的音乐，并让宝宝看这些图片，父母做相应的解说，这样就可以做到声、物、情融为一体，极大地调动宝宝的兴趣和愉快的情绪，使宝宝的记忆力得到最大限度的强化。

13. 训练宝宝下肢活动力的保健操

宝宝动作的发展在1岁之内是最迅速的，除了日常训练外，还有一个好的办法就是做婴儿保健操。下面介绍一些训练宝宝下肢活动力的保健操。

(1) 伸屈踝关节（2个八拍）

预备姿势为宝宝仰卧，成人右手操作宝宝的左踝部，左手握住左足前掌。①将宝宝足尖向上，屈曲踝关节；②足尖向下伸展踝关节；③动作同①；④动作同②；⑤~⑧动作同①~④。后八拍换右足，做伸展右踝关节动作。注意伸屈时，动作要求自然，切勿用力过猛。

(2) 两腿轮流伸屈（2个八拍）

预备姿势为成人两手分别握住宝宝两膝关节下部。①屈宝宝左膝关节，使膝缩近腹部；②伸直左腿；③~④屈伸右膝关节；⑤~⑧动作同①~④；左右轮流，模仿蹬车动作。注意屈膝时，稍帮助宝宝用力，伸直时动作放松。

(3) 下肢伸直上举

预备姿势为两下肢伸直平放，成人两掌心向下，握住宝宝两膝关节。①~②将两下肢伸直上举过头；③~④动作还原；⑤~⑧动作同①~④。注意两下肢伸直上举时，臀部不离开桌（床）面，动作轻缓。

（4）转体、翻身

预备姿势为宝宝仰卧并腿，两臂屈曲放在胸腹部，成人左手扶胸部，右手垫于宝宝背部。①~②轻轻地将宝宝从仰卧转为右侧转体、翻身卧；③~④动作还原；⑤~⑧成人换手，将宝宝从仰卧转为左侧卧，后还原。注意侧卧时，宝宝的两臂自然放在胸前，使头抬高。

14. 让宝宝感知颜色

准备一些颜色单纯的蔬菜、水果，如胡萝卜、香蕉、茄子各 1 个，洗干净后放在一个浅色盘子里。

妈妈拿起一根胡萝卜，让宝宝注视 5 ~6 秒钟，告诉宝宝：“这是橘色。”再拿起香蕉，让宝宝注视 5 ~6 秒钟后说：“这是黄色。”然后拿起茄子让宝宝注视，告诉他：“这是紫色。”每样蔬菜水果重复告诉宝宝 2 次，然后将胡萝卜和香蕉放在一起，告诉宝宝：“这个是橘色，这个是黄色，宝宝喜欢哪个呢？”将萝卜和茄子放在一起比较都行。这个月的宝宝可能没有什么反应，但他可以模糊地感知颜色，父母要坚持“对牛弹琴”式的训练，不可急于求成。由于水果蔬菜的颜色都是天然的，柔和单纯，所以同时对宝宝的视觉发育很有益处，但要注意所选择的果蔬颜色尽量是少量的，每次最多准备 3 个，以免让宝宝混淆。这个游戏可刺激宝宝的视觉发育，提高宝宝的视知觉能力。

15. 训练宝宝的肢体协调能力

小床是宝宝活动较多的地方，可以在宝宝床边的墙上粘贴一些颜色鲜艳的水果、蔬菜和小动物的图画，每天指着画教宝宝看图识物。虽然宝宝不会开口说话，但宝宝却处在听觉和语言积累潜在模仿阶段。听得多了，下一次再念到图画中物品的名称时，宝宝就会不由自主地朝那画片看去，有利宝宝早期识物的启蒙教育。

从这个月龄开始，可以引导宝宝把视线的寻找，换为用手指点。问“香蕉在哪儿?”等宝宝用目光看到香蕉的画片以后，就引导他用手去指点。

从看到指，有一个中枢神经系统的反应过程，对宝宝的肢体动作协调能力发展有利。

第六章 5～6个月，让宝宝接受更多的刺激

1. 宝宝体能发育

宝宝在第6个月的发育特点是身体发育减慢，但感觉发育却非常迅速，现在正是爸爸妈妈开发宝宝能力的大好时机。

宝宝第6个月发育速查表

	男宝宝	女宝宝
身长	64.0～73.2厘米，平均68.6厘米	62.4～71.6厘米，平均67.0厘米
体重	6.6～10.3千克，平均8.5千克	6.2～9.5千克，平均7.8千克
头围	41.5～46.7厘米，平均44.1厘米	40.4～45.6厘米，平均43.0厘米
胸围	39.7～48.1厘米，平均43.9厘米	38.9～46.9厘米，平均42.9厘米

2. 宝宝智能发育

（1）大运动

会做180°翻身，如果让他仰卧在床上，他可以自如地变为俯卧位。坐位时背挺得很直。能自由活动，且能短暂独坐。在床上处于俯卧位时有往前爬的趋势，但由于腹部还不能抬高，所以爬行受到一定限制。当大人扶他站立时，能直立了，双脚还不停地蹦踏。

(2) 精细动作

10个手指均能做抓握动作。会用一只手够自己想要的玩具，并能抓住玩具。能用双手把纸撕破，会摆弄桌上一块方木。

(3) 适应能力

两手同时拿住2块方木，玩具失落有找的动作，但不一定能找到失落的玩具。

(4) 语言发展

如果有人叫他的名字，会转过头并看着笑。开始将元音和辅音合念了。

(5) 社交行为

洗澡时很听话并且还会打水玩。会自己吃饼干，会和大人玩“藏猫猫”游戏。

3. 培养宝宝站、坐能力

(1) 靠坐练习

方法：将婴儿放在有扶手的沙发或小椅上，让婴儿靠坐着玩，或者家长给予一定的支撑。让婴儿练习坐，支撑力量可逐渐减少。

目的：训练靠坐能力。

注意：每日可连续数次，每次10分钟。

(2) 直立练习

方法：妈妈两手扶着婴儿腋下，让他站在妈妈的大腿上，保持直立的姿势，并让婴儿双腿跳动，每日反复练习几次，促进平衡感知觉的协调发展。

目的：训练直立能力，为学走路打下基础。

注意：直立时间不宜过长，防止累着婴儿。

4. 训练宝宝的精细动作能力

(1) 玩积木

适合这个月龄宝宝玩的积木，以较轻材质做的泡沫塑料为宜，拿着轻、不用费力，掉下去也摔不坏。

给宝宝玩积木，同时要告诉宝宝积木的形状，三角形、方形、圆形等。

玩积木可以训练宝宝手指头的对握能力，用拇指和其余四个指头配合才能拿稳，拿到以后，还可以试着把一只手上的积木传递到另一只手上。

通常，宝宝在这个时候正在学习运用手指拿东西，虽然还不够熟练，但已经开始熟悉小手的用法，一般采用抓握的方式，即拇指和四指的“大把抓”，可以引导把大拇指和别的指头分开，学会正确拿精细物品的方法，但不必勉强宝宝成功用指头，多练习几次抓握，正确使用手指的能力就能提高。

(2) 玩具倒手

先让宝宝双手一起拿着一件玩具，呈抱拿状态。然后，再递给另外一件玩具，引导宝宝扔掉手上的玩具，再拿起或者接过另一个。

在宝宝专注地玩一件玩具时，有意识地再给宝宝递去另一件玩具，并且给宝宝做示范，把玩具从一只手倒到另一只手上，腾出手来接递过去的玩具。

反复练习，宝宝很快就能自己倒换双手上拿着的东西。

用双手替换着倒手拿东西，需要大脑、眼睛、双手的协调动作能力。

（3）拍手儿歌游戏

妈妈用自己双手的手掌，有节奏地与宝宝的双手手掌互相轻轻拍击，同时随着拍击的动作念儿歌："你拍一，我拍一，妈妈和宝宝坐飞机。你拍二，我拍二……"儿歌内容可以随意编排。

这种传统游戏通过双手指尖的接触、分离以及与儿歌歌词的配合，不仅能进一步发展宝宝手部的精细动作，而且对宝宝的触觉神经发育和情感的发展都很有帮助。

5. 训练宝宝的吞咽、咀嚼能力

当宝宝6个月大时，妈妈和爸爸就要开始给宝宝有意识地添加少量半流质食物了。会吸吮是宝宝的本能，但出牙后要学会咬一小块食物，并嚼碎后吞咽下去，就需要后天的训练和培养了。由于这时的宝宝还不会咀嚼和吞咽食物，所以当妈妈或爸爸用小勺给宝宝喂半固体食物时，几乎所有的宝宝都会用舌头将食物顶出或吐出来，甚至在吞咽时有哽噎现象。只要经过一个阶段训练，宝宝就会逐步克服上面所说的现象，形成与吞咽的协同动作有关的条件反射。在进行咀嚼、吞咽训练时，由于不同的宝宝有着不同的适应性心理素质差异，所以有的宝宝只要经过数次试喂即可适应，而有的宝宝则需要1～2个月才能学会。所以，在让宝宝学习咀嚼和吞咽时，妈妈和爸爸一定要有足够的耐心。

6. 宝宝的感情丰富起来了

现在的宝宝高兴时会笑，受惊或心情不好时会哭，而且情绪变化特别快，刚才还哭得很伤心，转眼间又笑了起来。当妈妈离开时，宝宝又哭起来。如果宝宝手里的玩具被夺走，就会惊恐地大哭起来，仿佛被人伤害了似的。当宝宝听到妈妈温柔亲切的话语时，就会张开小嘴咯咯地

育金点子

宝宝对亲近的人也会展示自己的爱，当爸爸或者妈妈抱着宝宝的时候，宝宝会用小手触摸爸爸妈妈的脸，揪爸爸妈妈的耳朵，还会张开小嘴“啃咬”爸爸妈妈的脸，直咬得口水长流。

笑着，并把小手聚拢到胸前一张一合地像是拍手。如果妈妈躲在宝宝看不见的地方喊宝宝的名字，宝宝就会东张西望地寻找声音的来源，发现后就笑得很开心。

这个月的宝宝可以认出熟悉的人并朝他们微笑，但有些宝宝开始明显地认生，对陌生人表现出害怕的样子，不让陌生人抱，也害怕陌生的环境。如果宝宝不顺心，发起脾气也很厉害，会长时间地啼哭，拒绝吃东西，拒绝其他人的搂抱，只让父母抱。

7. 培养独立性从现在开始

用被子把婴儿“围”起来，或者把婴儿放在带围栏的小床上。在婴儿面前放上会发声的橡皮玩具、可以抱的布娃娃或其他小动物玩具，让婴儿自己玩玩具。或妈妈走过去，帮他把玩具弄出声响来，再把玩具放到不同的地方，逗引婴儿变换体位，抓握玩具。

玩具上决不能有易掉落的活动金属物、小纽扣等。要让婴儿呈躺卧状，但也不要长时间保持这种姿势，避免脊柱弯曲。同时注意让婴儿拿东西时，学会把大拇指和其他四指分开。

8. 训练宝宝的语言能力

(1) 叫名回头

婴儿早就能听到声音回头去看，但是能否理解自己的名字，此时可以进一步观察。带婴儿去街心、公园或有其他孩子的地方，父母可先说其他小朋友的名字，看看婴儿有无反应，然后再说他的名字，看他是否回头。当婴儿听到他的名字后回头向你笑笑时，要将他抱起来亲吻，并说“你真棒”、“真聪明”，以示表扬。

切记要用固定的名字称呼婴儿，如果大人一会儿说“宝宝”，一会儿说“文文”，一会儿又说“闹闹”，经常更改名字，会使婴儿无所适从，延迟叫名回头的时间。

(2) 听声拿玩具

在玩具箱前玩，一大堆玩具里面，宝宝能辨别常玩的几种玩具。妈妈对宝宝说：“布娃娃！”宝宝能够从玩具箱里准确无误地拿出娃娃来，听到“大象”，能拿出塑胶大象玩具。

这种“听声音指令拿出玩具”的练习，半岁的宝宝很快就能懂得、并且准确无误地完成。如果宝宝还不懂得指令，可以多练习几次，让宝宝在面前的几件玩具中找到妈妈说的玩具，对常玩的几种玩具的名称很快熟悉起来。

(3) 听儿歌

在宝宝精神状态好时，给宝宝唱一些有关身体部位名称的儿歌，帮助宝宝认识身体，丰富宝宝的语言信息，可边唱边指着相应的部位，如：

1)《小青蛙》——“我是一只小青蛙；我有一张大嘴巴（指嘴）；两只眼睛长得大（指眼睛）；看见害虫我就一口吃掉它；我是一只小青蛙；前腿短来后腿长（指腿）；田里住来水上爬；看见害虫我就一口吃掉它。”

2)《合拢放开》——“合拢放开，小手拍拍拍（两手拍）；合拢放开，小手放腿上（两手放腿上）；爬呀，爬呀，爬呀，爬呀；爬到头顶上（手放头顶上）；这是眼睛，这是鼻子（指眼睛、鼻子）；这是小嘴巴（指嘴巴）。”

9. 宝宝情商的培养方案

爸爸妈妈一定要做好对宝宝情商的培养与照顾，一定要付出足够的耐心和爱心。

（1）行为上的专心

对宝宝学习活动的时间要有意识、有计划地逐渐延长，切忌学一会儿马上去玩一会儿，玩一小会儿又学一点，然后又去玩。这样会使宝宝分心，不能专注地做好一件事。

（2）扩大人际交往

爸爸妈妈要积极地用丰富的语调、语气与宝宝交流，逗宝宝笑。除了爸爸妈妈之外，还要让宝宝接触其他亲人和陌生人，这样培养出来的宝宝性格就会开朗阳光、包容坦荡。

（3）自信心的培养

宝宝自信心的建立尤为重要，对宝宝日后性格的形成起着很重要的作用。可以经常在宝宝的周围多放些不同的玩具，让宝宝自己选择。在发现他最喜欢的玩具后，故意放在离宝宝远一点的地方，逗引宝宝自己爬动伸手去抓取，等宝宝独自完成时，妈妈要及时给予表扬。长此以往，宝宝的自信心会一天天地建立起来。

10. 千万不要冷落了宝宝

6 个月左右的宝宝已经有了比较复杂的情绪，高兴时，眉开眼笑，甚至手舞足蹈；不高兴时，大发脾气，甚至大哭大闹。

宝宝喜欢自己熟悉的亲人，见到亲人就笑，并伸出双手要你抱一抱。宝宝还能听懂严厉或亲切的声音，当听到妈妈和爸爸亲切的声音时，就会表现出兴奋和愉快的情绪。第 6 个月的宝宝虽然不会说话，但已初步能够听懂妈妈和爸爸的话。妈妈在做什么事情之前，都应该说

"妈妈要……（干什么）了"。让宝宝知道你就是他的妈妈，把语音和实际结合起来，宝宝会快速学会发音，并能运用它。同样道理，爸爸做什么也要告诉宝宝。这个阶段婴儿学习语言的最佳途径，仍然是爸爸妈妈多说，宝宝多听。看到什么说什么，不断反复地说，并让宝宝看见、摸到，让宝宝不断感受语言，认识事物。经常和宝宝说话，不仅不会使宝宝感到寂寞，而且可以为宝宝正式开口说话打下很好的基础，促进宝宝的早期智力开发。

这个月的宝宝非常依恋父母，一旦亲人突然离开时，他（她）就会产生惧怕、悲伤等情绪。所以，妈妈爸爸不要突然离开你的宝宝，更不能怕宝宝不老实而用恐怖的表情或语言吓唬宝宝。即使在家中做一些家务的时候，虽然可以把宝宝放在儿童车里，给宝宝一些玩具让他（她）自己玩耍，也不要让宝宝长时间坐在儿童车里，应合理安排时间，让宝宝坐一会儿，然后抱一会儿或逗逗他（她），家务和照顾宝宝应交替进行，以免宝宝有被冷落的感觉。

11. 培养宝宝的社会情绪能力

（1）伸手要抱

6个月龄的宝宝，可以训练伸出手要抱。妈妈向宝宝伸出手，同时对宝宝说："来，伸出手，让妈妈抱抱!"如果宝宝还不知道伸出手，爸爸可以站到宝宝身后，帮助宝宝伸出手臂来。如果宝宝知道伸出手是要抱后，要鼓励和表扬，而且要抱起来。

为了引起宝宝的注意，妈妈可以先拍一拍手，再伸出手向着宝宝。宝宝伸出手以后，一定要抱起宝宝，通过这种动作联系，强化宝宝的认识，把"伸手"和"抱起来"联系起来形成意识。

（2）宝宝去做客

准备一个大熊玩具，放在另一个屋子的床上，打扮好宝宝，告诉他："宝宝，咱们去做客了，去看熊弟弟，宝宝打扮得漂漂亮亮的，咱们走吧。"

妈妈抱着宝宝去另一个屋子，进门时跟宝宝说："宝宝，咱们到了，进去要给熊弟弟问好。"走到床前，妈妈将宝宝放在大熊旁边，拉着宝宝的手和熊玩具握手，教宝宝说："弟弟好，我来看你了。"

做客中间妈妈要即兴加些内容，让宝宝充分理解做客的快乐。如果熊玩具可以发音更能吸引宝宝。让宝宝和大熊玩一会儿后，跟宝宝说："宝宝，回家了，熊弟弟再见！"等。

（3）展示宝宝的力量

给宝宝找一些可以弄出响声的玩具，如一捏就响的玩偶，按动玩具上的按钮就能制造一些"噪声"或弹出一个面孔的魔术玩具等。也可以让宝宝玩不倒翁，推倒了看它怎样站起来，站起来再把不倒翁推倒。还可以让宝宝堆砌积木，然后再把堆砌好的塑料积木打倒。这种自己动手之后能够产生声响效果或形象效果的玩具玩法，能使宝宝对自己的本领感到非常得意，既提高了宝宝的兴趣，也潜移默化地培养了宝宝的自信心。

（4）培养宝宝的爱心

父母可以给宝宝买一些柔软的绒毛玩具，比如小熊、小狗、娃娃等，这特别适宜女宝宝。把玩具交给宝宝以后，父母应鼓励宝宝温柔地对待玩具，和他的玩具一块做游戏。可以教宝宝怎样抱绒毛玩具，并做示范给宝宝看。这时的宝宝已经有了很强的模仿力，适当的教导一定会让宝宝养成彬彬有礼和善意待人的好品德。经过这样的游戏，宝宝很快就会"照顾"他的玩具。

12. 培养宝宝手眼协调的能力

玩纸是一种重要的学习，手部特别是手指需要做出各种动作，反复的练习，这对培养宝宝的动手能力是一种基本训练。手的动作发育对宝宝脑部智力和神经系统的发育具有重要的意义。让宝宝坐稳在床上，把各种各样的纸，如广告纸、包装纸、玻璃纸、卫生纸，放在宝宝的面前。在宝宝注视下，妈妈抓着宝宝的手，辅助宝宝撕纸，一边说："宝宝也来撕一撕。"让宝宝任意玩纸，撕纸，揉成团。宝宝在拿、揉、撕的过程中体验各种纸摸起来的感觉和撕起来的声音是不一样的。

育金点子

在陪宝宝玩耍时，也要针对宝宝的某些弱项加强训练。要使宝宝健全地发展，就不要老是觉得自己的宝宝怕这怕那。宝宝性格上如果有什么欠缺，都是爸爸妈妈无意中养成的。

13. 给宝宝做健身操

这个时期父母可以帮着宝宝做健身操，让宝宝在愉快的情绪中活动四肢。由于出生后宝宝的屈肌占优势，所以这段时间的健身操以伸展活动为主。做健身操不仅可以促进血液循环，还可增强骨骼、肌肉的发育。

宝宝仰卧，两腿伸直，妈妈用两手轻轻握住宝宝的脚踝，推左脚屈至腹前，还原；再推右脚屈至腹前，还原，连做2遍。宝宝仰卧，两腿伸直，妈妈用双手轻轻握住宝宝的脚腕，轻轻抬腿呈45°，然后还原，连续做2遍。

妈妈仰卧，取屈膝姿势，让宝宝趴在妈妈的小腿上，保持平衡，将宝宝的手向两侧张开，然后向上举，鼓励宝宝抬头，再将手拉回原处，连续做5次。

妈妈取蹲位，将宝宝面朝前（背靠妈妈），拥入怀，拉住宝宝的双手向两侧张开，然后再回到胸前，重复数次。

14. 宝宝智能早训练

（1）自己吃饼干

递给宝宝一块小饼干，妈妈自己也拿一块，用较夸张的动作，放到嘴里咬下一块儿，慢慢咀嚼，给宝宝做示范。宝宝会模仿妈妈的样子，咬下一小口饼干，并且用自己的牙龈来试着咀嚼。虽然现在的宝宝还没有长出乳牙，只有两颗小门牙，但牙龈已经有了咀嚼能力，能嚼碎饼干并且咽下。

练习咀嚼，能锻炼牙龈，有助于乳牙萌出，还能帮助宝宝学会咀嚼，逐渐形成吃固体食物的习惯，这也是自然智能的训练。

（2）用音乐开启大脑

婴儿一般都比较喜欢柔和的音乐，6个月大的婴儿对音乐更能表现出特殊的爱好，并能配合音乐节奏摆动四肢，也就是说，他已具有音乐记忆力，并对音乐有了初步的感受能力。所以，从这个月开始，就要有目的、有步骤地让婴儿欣赏音乐。

让婴儿反复听某一乐曲，增强婴儿的音乐记忆力。给婴儿听模仿动物的叫声和大自然中某些声响的音乐。可用画有单个物体的彩色图片和实物配合，引起他的兴趣和调动他舒畅的情绪，做到声—物—情融为一体。

（3）套套杯

套套杯，主要是让手眼动作已经比较协调的半岁宝宝玩“拿出来、再装进去”的游戏。通常，宝宝会很专注地玩很长时间，兴趣盎然。

可以利用现成的各种大小不同的杯子、布丁盒子或幼儿过家家的小碗玩具，练习用一个套装上另一个。当然，要大的才能装小的，让宝宝练习对于空间大小的概念。

市面上也有卖专门的“套套杯”，外型大小较为整齐，但利用家中空置的杯盒或用过的包装盒，也能有同样的效果。

15. 训练宝宝的运动能力

(1) 小猫钓鱼

当宝宝躺在自己的婴儿床里时，妈妈用双手紧紧握住宝宝的双手，感受宝宝的力气，然后慢慢地将他拎起，使他从躺的姿势变成坐的姿势，然后变成站姿。建议每天做3～5次。

为了保证宝宝的安全，建议使用以下的抓握方式：让宝宝的五个手指握住妈妈的大拇指，妈妈剩余的四个手指抓住宝宝的手腕，以保证宝宝的手腕不受伤。

这个游戏可锻炼宝宝全身的肌肉，提高肌肉耐力，有助于宝宝日后学习爬行和走路。

(2) 踢毯子

宝宝仰卧在床上，他会两腿轮番踢，这时妈妈可将一条小薄毯子放在他身上，让他踢玩，踢掉了再放上，反复练习。宝宝会高兴地不停踢玩，甚至会笑出声来。

但需要注意的是：①踢小毯子时，妈妈不要离开宝宝，以免毯子踢到脸上盖住嘴，影响呼吸。②小毯子要轻。

(3) 用力蹬、踢

玩法一：宝宝仰卧在床上，妈妈轻轻抚摸宝宝全身，跟宝宝说说话，然后手掌托着宝宝的脚底，微微推动一下，这时宝宝就会用力踢、蹬。也可用硬纸板垫上一层软布，放在宝宝脚下，接触脚掌后，宝宝会立即蹬、踢。

玩法二：将一个球放在宝宝脚旁，然后让他的脚接触到球，他立刻会蹬、踢，球跑了再拿回来给他踢。这时宝宝会欢喜地笑，手舞足蹈，全身都在动，非常可爱。

16. 宝宝的味觉刺激训练

爸爸妈妈可以利用物品的不同气味，给宝宝以气味和嗅觉的刺激，促进他们对气味的感觉和辨别能力。具体方法：

准备好水、糖、醋、盐、苦瓜末、有点辣味的甜椒末等物品。分别将以上物品用凉开水稀释。糖、醋的味道可以稍浓一点，精盐、大黄末、辣椒粉稀释的浓度应淡一些。

将以上稀释好的物品一一拿给宝宝看，并拿到宝宝的鼻子下让宝宝闻一闻。每闻一样物品时，父母就告诉宝宝是什么东西，有什么味道，然后再用消毒的棉棒蘸上一点抹到宝宝的嘴里。

训练开始时，先用白开水，父母把水拿给宝宝说："这是水，人是离不开水的，宝宝渴了就要喝水，对吗？宝宝来尝一尝。"父母可以用小匙给宝宝喂点儿水，宝宝喝下去可能没有什么反应。

"这是糖水，糖是甜的，宝宝最喜欢了，对吗？"父母用上述方法给宝宝喂点儿糖水。宝宝可能张口还要喝，父母说："糖水是不能多喝的，喝多了以后会使宝宝的牙齿生病的。"

"这是醋，醋是酸的，是做菜用的，有杀菌作用。宝宝来尝一尝好吗？"父母用小匙给宝宝少喂一点儿醋水，宝宝可能不太乐意接受。盐水也要这样操作。

“这是苦瓜，味道是苦的，苦瓜能泻火、能清肠，药大部分都是苦的，生了病就要吃药，对吗？尝尝苦好吗？”父母用消毒的棉棒蘸上一点抹到宝宝的嘴里。宝宝会有很痛苦的表情，也可能会哭。此时父母应鼓励宝宝说：“宝宝勇敢，不要怕苦，宝宝是个好孩子。”甜青椒水也要如此。

第七章 6~7个月，关注宝宝的爬行探险

1. 宝宝体能发育

从这个月起，父母会欣喜地发现，经过半年的精心养育，宝宝已经不再是当初那个整天睡觉的“懒宝宝”，而成了非常活跃的“小淘气”。宝宝的体能动作和活动能力大大增强，范围也在不断扩大。大部分宝宝在这个月会坐或爬，并能弯腰捡起自己丢下的玩具。7个月大的宝宝也开始学习站立了，而且这时候的宝宝已经开始认人了。如果看到不认识的人，会紧紧搂着妈妈，这就是能区别妈妈和别人的表现，说明宝宝已经长智慧了。

宝宝第7个月发育速查表

	男宝宝	女宝宝
身长	65.5~74.7厘米，平均70.1厘米	63.6~73.2厘米，平均68.4厘米
体重	6.9~10.7千克，平均8.6千克	6.4~10.1千克，平均8.21千克
头围	42.4~47.6厘米，平均45.0厘米	42.2~46.3厘米，平均44.2厘米
胸围	40.7~49.1厘米，平均44.9厘米	39.7~47.7厘米，平均43.7厘米

2. 宝宝智能发育

(1) 大运动

可以自由自在地翻滚运动；俯卧时出现爬行练习。无须用手支撑，

能独坐10分钟以上。如果扶着他，能够站得很直，并且喜欢在大人扶立时跳跃。

(2) 精细动作

把玩具等物品放在婴儿面前，他会伸手去拿，并塞入自己口中。能自由弯曲手指做抓物体的动作；还会用拇指配合食指、中指一起捏、拨弄小物体。

(3) 适应能力

能将第一块方木换到另一只手，再去拿第二块方木；能伸手去够远处的玩具。

(4) 语言发展

听力比以前更加灵敏，能分辨不同的声音，并开始学着发声。能无意识地发出"ba——ba、ma——ma"等双唇音。

(5) 社交行为

会用不同的方式表示自己的情绪，如用哭、笑来表示喜欢和不喜欢。对镜中映像有拍打、亲吻和微笑等表情，能认生人。

3. 开始训练宝宝爬行

宝宝出生以后，运动系统逐渐发育完善，所以总是静静地躺着睡觉。等出生2～3个月后，宝宝就可以仰头了。随着月龄的增加，到7个月左右时，就开始学习爬行了，到了8～9个月的时候，经过一个时期的训练就可以用手和膝盖爬行，最后发展为两臂和两脚都伸直，用手和脚爬行。所以说，宝宝的手臂和双腿必须协调才能完成这一动作。为了让宝宝尽快缩短学习爬行的过程，妈妈爸爸就要有意识地教宝宝练习爬行。

首先，要有一个适合爬行的场地，比如在一个较大的床或木质地板上，铺上毯子或泡沫地板垫。但无论是什么场地，都要平整而软硬适当。场地太软，宝宝爬起来就比较费力；场地太硬，不仅爬起来不舒服，而且还可能使宝宝娇嫩的手和膝盖受到损伤。同时，爬行场地要保证干净卫生，以免宝宝受到细菌感染。

其次，训练时妈妈或爸爸要给予适当的协助。如果宝宝的腹部还离不开床面，妈妈或爸爸可用一条毛巾兜在宝宝的腹部，然后轻轻提起腹部让宝宝练习利用双手和膝盖爬行。经过这样的协助之后，宝宝的上下肢就会渐渐地协调起来，等到妈妈或爸爸把毛巾撤去之后，宝宝就可以自己用双手及双膝协调灵活地向前爬行了。

4. 训练宝宝的精细动作能力

（1）抓握对捏练习

从6~7个月开始，可以锻炼宝宝用自己的小手拿取一些小件物品，如糖块、饼干、积木等。开始时，宝宝还不会使用拇指和食指协调地抓捏，而往往会一把抓在手上。这种抓法，往往抓不准确。经过反复多次的练习，宝宝会逐渐掌握要领。在宝宝学会能比较准确抓握的基础上，可以让宝宝把小块积木放入大口瓶子里，或者学着抓捏住一块积木后，再拿到一个或者传递到另一只手。

7~8个月龄的宝宝，一般能学会使用拇指和其余四指的对捏，能够准确地把一只手上的东西递换到另一只手上，还特别喜欢把拿到手的玩具摇上一摇，如果玩具能摇响，会很开心。

（2）拣豆游戏

过了6个月以后，宝宝的小手动作明显灵巧了，一般物体都能熟练地拿起，拣豆游戏就是建立在这种基础之上进行的。游戏前，父母可准备一个广口瓶，再准备10多粒爆米花之类比较好拿又安全的物品。

开始时，父母可以先做个示范，把爆米花之类的东西一个一个地捡起来，放进瓶里，然后再倒出来。如此反复，来回玩耍。在父母示范动作的启发下，宝宝就会效仿着学习捏取这些小物品。这个游戏是一个循序渐进的过程，父母开始时可以找些爆米花之类比较粗糙的东西，等宝宝能够熟练捡起之后，再换一些小糖豆等比较光滑难拿的东西。

经过这样逐步升级的训练，宝宝的小手指就会越来越有力、越来越灵活，而且会由拇指与其他指头的抓握逐渐发展为拇指与食指相对的准确捏取。

(3) 盖盖子

许多宝宝都喜欢玩锅碗瓢盆等一些炊事用具，这时爸爸妈妈可教他如何盖盖子。在宝宝能盖好一个盖子后，再给他另一个不同大小的盖子，看宝宝是否知道在瓶上应盖哪一个盖子。

这个游戏可以锻炼宝宝的精细动作能力，为宝宝以后学会独立打下基础，还可以增进母子感情。

5. 智能开发总动员

(1) 听儿歌做动作

让婴儿面对着妈妈坐在妈妈的膝上，拉住婴儿小手边念边摇："拉大锯，扯大锯，外婆家，唱大戏。妈妈去，爸爸去，小宝宝，也要去。"到最后一个字时将手一松，让宝宝身体向后倾斜。每次都一样，以后凡是念到"也要去"时宝宝会自己将身体按节拍向后倾倒。

注意婴儿身体向后的倾斜度，以免倾斜度过大摔伤婴儿。

（2）打电话

宝宝平时在日常生活中能经常见到父母打电话，也会很喜欢模仿打电话的样子。准备两个玩具电话，一个给宝宝，一个自己拿起来，对着说："喂喂，你好！是宝宝吗?"，然后把另一个玩具电话的听筒给宝宝，拿到耳边，让宝宝也咿咿呀呀地"说话"。

做"打电话"游戏，能调动宝宝主动学习语言的积极性，促进言语能力的发展，帮助宝宝认识和理解人际交往的形式，有益于社会能力的发展。

（3）小小厨师

宝宝处在好奇心重、喜欢探索的月龄，通常会特别喜爱玩小锅、小碗、小瓢、小灶等配套玩具。当然，并不一定非要给宝宝买锅碗灶玩具，拿来宝宝的奶锅，就可以教宝宝为小锅盖上盖子，也可以找废旧瓶子，给宝宝示范怎样给瓶子盖上盖，怎样打开瓶子盖，倒出瓶子里面装的彩色糖丸来。

宝宝能成功地盖上瓶盖以后，可以再另给一个大小不同的盖子，看宝宝是否知道要把瓶盖盖在什么地方。

小锅、小碗、小勺和小盆等宝宝厨具玩具，更可以让宝宝玩得专注而兴趣盎然。打开小锅盖子，看到自己熟悉的小碗、小勺子，或者在里面找到一两块零食，能让宝宝欣喜不已，在发展创造性思维的同时，保持愉悦情绪和兴奋点。

6. 训练宝宝的语言能力

（1）听得懂"不"

到这个月龄，宝宝应当开始了解什么是不能做的、什么是被禁止的，因为作为社会性的人，必须生活在各种各样的规范中。

当然，作为全家的宠爱中心，宝宝无论做什么都会被父母欣然接受。

到了这个月龄，只有通过妈妈严厉的表情和坚决地说出“不行”、“不准”等表示禁止的语句，宝宝才能了解到，世界上还有不能做的事情。

随着宝宝的逐步成长，以社会的各种规范为基础的被禁止行为越来越多，这个时期，应当开始让宝宝认识到这个世界上有被禁止做的事，开始初次接触到规则和制止自己行为的“不”字。

（2）摸摸这，摸摸那

1）宝宝和妈妈面对面，宝宝坐在妈妈怀里，妈妈口中念到“宝宝摸摸妈妈的脸”，这时妈妈握着宝宝的小手摸摸妈妈的脸，轻轻拍打几下。

2）然后还可摸鼻子、嘴、眼睛、耳朵等，同样边说边摸。这样不仅能交流母子感情，而且能训练宝宝听说话的能力，认识五官和发展手的触摸感觉。

（3）宝宝刷刷刷

准备一把颜料刷或者大号的油画笔，不要买容易脱毛的。不要给宝宝穿太多衣服，以便和宝宝肌肤接触，室内温度同样也要舒适。

把宝宝抱在怀里，用颜料刷轻轻地刷宝宝的脚趾头，告诉宝宝：“这是宝宝的脚趾头。”一边刷一边唱儿歌：“刷刷刷，刷老大，刷老二，左刷刷，右刷刷”等。然后轻刷宝宝的脚心、脚背，并告诉宝宝：“这是脚心，这是脚背。”如果宝宝很乐意，就接着刷宝宝的其他部位，刷的时候要反复念相应部位的名称，加强印象。

边刷边和宝宝对话或者唱歌，让宝宝结合听觉和触觉理解语言，认识自己身体各部位，丰富宝宝的词汇。

7. 培养宝宝的情商

（1）捉迷藏

妈妈坐在凳子上，让婴儿面对面坐在她的腿上，一手扶着婴儿的髋部，一手托着他的腋下保持平衡。爸爸在妈妈背后，让婴儿一只手抓着爸爸的手指，另一只手抓住妈妈的胳膊，爸爸先拉一下被婴儿抓住的手，当婴儿朝这边看时，爸爸却从妈妈背后另一边突然伸出头来亲热地叫“XX”（婴儿的名字），当宝宝转过头找到爸爸时会“咯咯”地笑起来。

家长躲起来的时间不要过长，否则婴儿会失去信心，不愿再玩。

(2) 照镜子

妈妈抱着宝宝对着大镜子看，让宝宝手摸到镜子，然后妈妈用手指着镜子里的宝宝说：“这是宝宝，这是妈妈的乖宝宝。”也可以称呼宝宝的名字说：“这是XX。”开始宝宝很奇怪，反复练习之后，他会逐渐明白镜子里的宝宝是他自己。

妈妈也可以指着镜子里宝宝的五官说：“这是XX的鼻子，这是XX的嘴，这是XX的眼睛。”渐渐地，宝宝就会认识自己的鼻子、嘴巴、眼睛，不照镜子也能自己指出鼻子、嘴巴、眼睛。

(3) 飞一飞

1）妈妈（爸爸）的一只胳膊从宝宝的两腿之间伸到体前，用手牢牢托住宝宝的胸腹部和大腿，另一只手从腋下撑住宝宝的双臂，使宝宝紧贴住妈妈（爸爸）的身体。

2）爸爸妈妈说儿歌：“小飞机，飞呀飞，飞到东，飞到西，一飞飞到太空中！”随着儿歌的节奏，前后轻轻悠动宝宝。这时宝宝会努力抬头，观看周围，并有欢快的情绪。

注意不能将婴儿抛过头顶再接住，这样会增加婴儿患脑震荡的概率。

8. 训练宝宝的协调能力

(1) 拍拍手，点点头

与婴儿对面而坐，先握住他的两只小手，边拍边对他说“拍拍手”；然后不要握他的手，你边拍边有节奏地对他说“拍拍手”，教他模仿，“点点头”亦如此。

每天应不断重复地学习。

(2) 小鸟倒飞

练习平衡，感受速度，锻炼宝宝的胆量。爸爸或妈妈双臂凌空托起宝宝仰面朝天，或俯身面下；前后、左右来回晃动宝宝，“小鸟飞高高，小鸟飞低低!”“小鸟倒栽喽!”双手抓住宝宝的脚踝，让宝宝头朝下倒栽；宝宝习惯以后，还可以提着宝宝的脚慢慢地上下摆动，宝宝会玩得很开心。

摇晃感、速度感和倒立感，有助于训练宝宝走路时所需要的平衡感。做倒栽的动作，要循序渐进，确保安全。

(3) 悠悠，晃晃

准备一块结实的棉布，或者小毯子，浴巾也可。将宝宝放在布上面朝上躺好，爸爸、妈妈双手各拽住两个角抬起，然后左右轻轻摇晃，嘴中可说：“悠悠，晃晃，宝宝快乐!”也可边悠边念歌谣。

悠晃时要仔细观察宝宝表情，是否有害怕情绪或要哭的样子，要安慰他、抚摸他，使他没有恐惧感。悠晃的幅度不宜过大。

9. 视觉锻炼到户外

(1) 白雪飘飘

冬天白雪飘飘的时候，父母可带婴儿外出欣赏美丽的雪景，让婴儿看一看漫天飞舞的雪花，摸一摸堆积的雪团，让婴儿领略一下这银白色苍茫大地的气派。

当欣赏雪景的时候，父母可用语言与婴儿交流："下雪了，雪花飘下来了，房顶上变白了，地上也变成白色的了，真漂亮。"

（2）走出去

尽管家里有色彩鲜艳的图片、五颜六色的塑料玩具、明亮的镜子、幽默滑稽的脸谱、各种造型的小动物等，但是这些静止的东西看得久了就会使宝宝厌烦。而到了室外情况就完全不一样了。比如小区内的花卉、树木、假山、流水，以及休闲的人们等，这些活动着的情景对于刚刚接触外界事物的宝宝来说，真可谓是丰富多彩。这些目不暇接的新奇事物，一定会激发出宝宝极大的兴趣，并可在发展视觉的同时感知广阔的外部世界。

（3）滴答滴答下雨啦

训练婴儿了解自然现象。下雨时，可抱（扶）婴儿在窗前或阳台上，引导婴儿观看下雨的情景、听下雨的声音，同时反复说："滴答滴答，下小雨了，沙沙沙沙，小雨沙沙。"若下大雨，则说："吧嗒吧嗒，下大雨啦，哗哗哗哗，大雨哗哗。"然后再唱一曲《下雨》歌给婴儿听，加深印象。

10. 注意培养宝宝的观察力和判断力

观察力和判断力是宝宝将来日常生活和工作中必须具备的基本素质，在宝宝长到第7个月时，就可以利用游戏的方式，逐步培养宝宝的观察力和判断力了。

培养宝宝观察力和判断力的游戏有很多，比如要玩玩具时，可以让宝宝自己找，如果宝宝喜欢玩具娃娃，就可以和宝宝玩藏猫猫游戏，先用一块手帕蒙在玩具娃娃上，要注意手帕不能太大，要将玩具娃娃露出一部分。然后再让宝宝把玩具娃娃找出来。也可以把玩具娃娃和小汽车等几个玩具同时用手帕蒙起来，手帕的边上分别露出小汽车的轮子和玩具娃娃的胳膊或腿，然后再让宝宝揭开手帕寻找到他（她）所喜欢的玩具。或者你点玩具的名称，让宝宝寻找，这样一方面可以锻炼宝宝自己找玩具的能力，同时也可以使宝宝将玩具和玩具的名称对应起来，形成自己的判断，达到增强宝宝认知能力的目的。

11. 如何让宝宝不“霸道”

宝宝“霸道”的性格通常是在父母的不良教育下而成的，为了避免出现这样的结果，父母要了解宝宝不同成长阶段的差异性，从而把握“约束”的时机。

一般在宝宝降生的最初几个月里，父母不能忽视宝宝的要求，应该细心爱护，让他始终感受到爱意和温暖。在宝宝4个半月大时，开始学会通过故意哭闹来得到大人的陪伴和注意。

在宝宝6～8个月中，父母需要坚持用爱、理解和坚决的态度来对待宝宝的各种行为，这样做的结果反而会减少宝宝的哭闹。随着宝宝的长大，一直到14个月这段时间内，父母要让宝宝明白，虽然他有权力表示并坚持自己的想法，但有一个限度，这个限度的范围要由父母来决定，父母要内心坚决，表情要表现得不留余地。

育金点子

随着宝宝日渐长大，父母还可以采取其他方法对付宝宝的“霸道”，如不予理睬，鼓励宝宝的良好行为，让宝宝饲养小动物，设法让宝宝发泄过剩的精力，帮助宝宝建立好人际关系等。

宝宝在7个月的时候，得让他明白，虽然他年龄小，相对家里的大人有一些特殊，但是他并没有比其他家庭成员享有更多的特殊权力和待遇。只有让宝宝经历令他不愉快的“定规矩”的过程，才能保证他以后成为一个快乐、自律的宝宝。

为了减少和宝宝发生的冲突，父母首先要充分了解宝宝的兴趣和性格。如果父母知道宝宝对什么感兴趣，并且能够提供多种机会，就可以减少宝宝的无聊感与沮丧感。其次父母要给宝宝提供安全而自由的玩耍空间，这样减少了父母说“不”的机会，避免了好多摩擦。

12. 培养宝宝的情绪与社交能力

(1) 认识亲人

父母在日常生活中要多给宝宝介绍周围的亲朋好友，扩大宝宝的交往视野，同时减少宝宝对陌生人的恐惧感和羞怯感。

每当家里进来人时父母都告诉宝宝这是谁，该怎么称呼，然后让宝宝打招呼问好等，如外婆来了，妈妈跟宝宝说：“这是外婆，宝宝，叫外婆，外婆好！”朋友家的小男孩来了就告诉宝宝：“这是哥哥，宝宝想不想和哥哥一起玩呀？哥哥多喜欢你！”等等。

从宝宝有记忆力的时候就对宝宝进行耳濡目染的教育，慢慢地宝宝自然地学会与人交往，在未来的人际交往中也会觉得轻松自如，表现得大方得体。

(2) 学习礼貌手势

学习交往，发展良好的情感。妈妈先做“再见”、“谢谢”、“欢迎”等动作给宝宝看，然后把着宝宝的手模仿。

学习招手表示再见，双手掌合拢拱手竖晃动表示谢谢，双手对拍表示欢迎，这些基本手势，配合简单的词语，在与他人交往中，作为基本礼貌行为，对宝宝来说，是能力练习，也是社会交往训练。

还可以是妈妈抱娃娃，亲娃娃，对宝宝说："宝宝也抱抱娃娃！""哦，娃娃喜欢宝宝抱！"

(3) 建立交往信心

教孩子认识人，可以使孩子认识更多的人，可以让孩子理解人与称谓的关系。每当有人进来，都要让宝宝猜一猜这是谁，宝宝肯定不会猜，也不会用语言表达，这不要紧。比如，当外公外婆来到时，妈妈对着宝宝说："宝宝，你看谁来了？""是宝宝的外公外婆。"以后随着年龄的增长，宝宝就会知道他的外公外婆就是他妈妈的父母。这样逐渐建立宝宝与人的交往信心。

13. 让宝宝感受室外大型儿童锻炼器械

在天气条件允许的情况下，把宝宝带到室外活动是非常必要的。尽管父母工作繁忙，但还是要在星期天或其他节假日里，带宝宝到公园等休闲场所去，这样不仅能够增强宝宝身体的抗病能力，而且也会让宝宝感到仿佛进入了一个美妙的童话世界，同时也是父母难得的放松和休闲的机会。

在带宝宝到室外活动的时候，看到其他小朋友玩秋千、滑梯或跷跷板等大型儿童锻炼器械，大部分的宝宝都会表现出高兴情绪。这时，父母也可以适当地满足一下宝宝的好奇心，抱着宝宝一同荡秋千、滑滑梯或压一压跷跷板。当然，让宝宝体验大型儿童锻炼器械时，最重要的是注意安全。父母一人抱宝宝滑滑梯、荡秋千或压跷跷板时，动作一定要慢，最好要有其他人在旁边保护。适当让宝宝体验大型儿童锻炼器械，可使宝宝更积极主动地参与身体的运动，并从中体验运动的乐趣。

14. 训练宝宝的知觉能力

(1) 认识家

抱着宝宝多在家里走走，给宝宝指认家里的各种陈设和用品，边指边把名称告诉他，并进行多次强化。如果安全，还可以让宝宝用手摸一摸，充分调动他的感觉器官。如："这是电灯。"用手指给他看灯，按按开关，让宝宝注意灯的一明一灭，握着他的小手，让宝宝亲自触摸开关灯的按钮，从而调动宝宝认知的积极性。

在游戏时，爸爸妈妈要尽可能让宝宝亲手操作，以积累宝宝的触觉经验，加深宝宝对其生活环境、用品的感知，以训练宝宝将语言与实物相结合的能力；使宝宝认识生活环境和用具，积累视觉、触觉经验，加深记忆力。

(2) 对击

宝宝的手要反复训练，因为人的手部动作联系，在大脑中相关区域所占的比例很大，能够用手进行各种各样的精细动作，是人类智慧的重要表现。

为了反复训练宝宝手的动作能力，还可以适当进行对击练习。选择各种质地的玩具，例如教宝宝用一块积木对击另一只手上拿的另一块积木，对击练习，可以促进宝宝"手—眼—耳—脑"的综合联系，刺激感知觉能力协调发展。

(3) 小鸭子

在一只大浴盆中，装满温水，把宝宝放在盆里，让水能漫到腹部以上。给宝宝准备一只塑料充气玩具小鸭子，让宝宝在水中玩，一边引导宝宝玩，一边可以吟唱儿歌："鸭子，叫嘎嘎，嘎嘎叫，找妈妈！"注意玩水的时间不宜太久，以5~10分钟为宜。

给宝宝洗澡时，也可以在水盆里放一些软木塞、塑料玩具、小皮球之类的玩具，让宝宝坐在水里边洗边玩。

玩水，可以让宝宝获得关于流动、漂浮等感性知觉，对宝宝的智力发展有利。这一类玩具因为与宝宝洗澡时的皮肤接触，一定要干净、无锐角、不会伤着宝宝。

(4) 认图发声

7个月龄的宝宝，感知觉综合能力渐渐增强，能区分简单的几何图形，还能观察到物体的不同性状。并且，能随着妈妈的提示，做出相应的反应和动作。

选择一些色彩鲜艳、故事情节简单的低龄幼儿故事卡片，把故事讲给宝宝听，让宝宝渐渐熟悉图片。以后，只要妈妈把图片上的声音模仿出来，宝宝就能用手指向相应的图片。

比如，妈妈说“小狗——汪汪!”“小猫——喵喵!”“山羊——咩咩!”“小鼓——咚咚!”宝宝就能迅速、准确地找到相应的图片。

锻炼宝宝的视觉敏锐性，促进视觉、听觉和手指活动能力，培养注意力和思维能力。

15. 讲故事促进宝宝语言发展

给宝宝讲故事，是促进宝宝语言发展与智力开发的好办法，虽然这个月龄的宝宝可能还不能够听懂故事的含义，但只要妈妈或爸爸一有时间就声情并茂地讲给宝宝听，就能培养宝宝爱听故事的好习惯。如果妈妈或爸爸再多给宝宝买一些构图简单、色彩鲜艳的婴儿画报，一边用清晰、缓慢、准确、悠扬的语调给他讲故事，一边指点画册上的图像，还能培养起宝宝对图书的兴趣。当然，也有一些宝宝，无论妈妈或爸爸怎么讲，宝宝都提不起兴趣，甚至也不爱看那些画册，这时，妈妈或爸爸也不要生气着急，过一段时间后再试试，可能宝宝就会喜欢听故事了。父母应注意故事的选择，要情节简单、有趣。

16. 宝宝宜少看电视多听音乐

随着现代儿童早期教育科学的普及，大部分的宝宝在未出生之前就接受过了胎教音乐的熏陶，所以对于宝宝来说，音乐已经是比较熟悉的声音了。如果你的宝宝对音乐感兴趣，就可以从这个月开始给宝宝听音乐。对于这个月龄的宝宝来说，最好听一些旋律简单且重复较多的乐曲。如果宝宝喜欢听你唱熟悉的曲调，你可以把几首歌刻录在 CD 上，或者在宝宝安静的时候给他放童谣听。

虽然现在的电视节目里有很多儿童频道和适合宝宝听的音乐，但最好还是不要让宝宝看。一方面，因为电视屏幕的辐射对宝宝的发育不利；另一方面，即使目前最新品牌和款式的高清液晶电视，对宝宝的视力也会有所影响。

第八章 7～8个月，满足宝宝的好奇心

1. 宝宝体能发育

8个月的宝宝，不再“由人摆布”了，已经有了自己的意愿和想法。当宝宝想要这个玩具时，妈妈给了另一个玩具，宝宝就会执拗地伸着手，指向自己想要的玩具，直到妈妈重新又拿给他为止。当宝宝不想吃鸡蛋羹时，如果妈妈硬性喂给宝宝，宝宝就会用手推开，有时会左右晃脑袋躲闪，即使喂到嘴里也会吐出来。

宝宝第8个月发育速查表

	男宝宝	女宝宝
身长	66.5～76.5厘米，平均71.5厘米	65.4～74.6厘米，平均70.0厘米
体重	7.1～11.0千克，平均9.1千克	6.7～10.4千克，平均8.5千克
头围	42.5～47.7厘米，平均45.1厘米	42.3～46.4厘米，平均44.3厘米
胸围	41.0～49.4厘米，平均45.2厘米	40.1～48.1厘米，平均44.1厘米

2. 宝宝智能发育

(1) 大运动

宝宝已经学会了独坐；已经习惯坐着玩了。捡东西时会爬行去捡，双手扶栏杆可站立5分钟以上。宝宝可以独自扶着家具站起来，有时站

不稳会摔倒。能够轻而易举地由趴姿变为坐姿，而且独坐的时间更长了。手指更为灵巧，可以拿住细小的东西，有时一次能捡起3个左右的小物件。

（2）精细动作

会把玩具拿起来，在双手之间来回转动。还会把玩具从一只手递到另一只手或用玩具在桌子上敲着玩。

（3）适应能力

用手持续追逐玩具，不一定能取到。有意识地摇铃。

（4）语言发展

与人玩耍或一个人时会发出各种声音，会对他的玩具“说话”。听到熟悉的声音会作出反应。模仿弹舌或咳嗽的声音。

（5）社交行为

对大人的训斥或赞扬，有委屈或兴奋的不同表情。

3. 培养宝宝的观察力

（1）学习挥手、拱手动作

经常将婴儿右手举起，并不断挥动，让婴儿学习“再见”动作。大人离家时要对婴儿挥手，并说“再见”，反复练习。在婴儿情绪好时，帮助婴儿将两手握拳对起，然后不断摇动，学做谢谢动作。

每次给婴儿食品或玩具时，先让他拱手表示谢谢，然后再给他。

（2）打开包装

在宝宝面前，用包装纸把宝宝常玩的一个玩具包装起来，然后，把纸包交给宝宝。宝宝接到纸包以后，就会把纸撕破，拿出玩具来。

然后，再用另一张纸在宝宝面前把玩具包装起来，并且在宝宝面前打开包装纸，把玩具拿出来。反复做几次以后，宝宝就能明白：原来不用撕破纸，只要打开包装纸就能拿到玩具，并且很乐意去试着打开包装纸。

宝宝学会打开纸包拿出玩具以后，要给予肯定和鼓励。宝宝学会了边动手、边观察、边思考，不仅锻炼了手眼协调能力，还启发了观察、模仿、思考能力。

(3) 找玩具

把婴儿熟悉的几件玩具或物品放在他面前，先说出玩具的名称，再把它拿起来给婴儿看或摸，然后放进一只小篮子或小盘里；放完后，再边说边把玩具一件件从篮子里拿出来；从中挑出几件，隔一定距离放在他面前，说出其中一件的名称，看他是否看或抓这件玩具。

当面把一件玩具藏在枕头底下（开始可藏一只能自动发声的玩具，如闹钟），或者将玩具熊或娃娃用被子盖住大部分，露出小部分，让他用眼睛寻找或用手取出，找到后将玩具给他继续玩作为鼓励。

藏起玩具时要有意让婴儿看到，促进继续游戏的兴趣。

4. 宝宝的提脚移步训练

宝宝的腿部有了力量之后，就可以进行提脚移步训练了。所谓提脚移步训练，就是训练宝宝从双脚无意识地乱蹦，发展成将脚有目的地提起，并向前、向后或向左、向右移步，为学习走做准备。

第一步，让宝宝学会被动移步。训练时，妈妈或爸爸站在床前；

两手扶在宝宝的腋下，先让宝宝站稳，然后再教宝宝把一只脚提起并向前移步，另一脚随后跟上。在妈妈帮助下学习移步时，爸爸可在宝宝前面用玩具或其他东西吸引宝宝。学会向前移步后再学向左边或右边移步。

第二步，让宝宝学会主动迈步。当宝宝的被动移步训练顺利过关，已经学会一步一步地向前移动脚步后，还要进行一段时间的巩固训练。巩固训练与被动移步的方法基本一样，即让宝宝站在地上，妈妈或爸爸从宝宝背后用手扶在腋下，慢慢引导宝宝向前迈步。等到宝宝的双腿基本可以支撑身体的重量之后，妈妈或爸爸就可面对宝宝站立，两手握住宝宝的前臂或手腕，帮助宝宝左右脚轮流向前迈步了。

5. 训练宝宝的模仿技能

模仿是一种天性，也是一种学习的方法。妈妈和爸爸要善于运用游戏来训练宝宝的模仿技能。做游戏时的模仿无时不在，比如，妈妈或爸爸先拿着有声响的玩具摇晃给宝宝看，宝宝听到声音之后，如果妈妈或爸爸把玩具交到宝宝手里，宝宝就会模仿着摇出响声。再比如，妈妈或爸爸教宝宝玩积木时，妈妈或爸爸先拿一块放在桌子上，再拿一块摞上去，然后递给宝宝一块，让宝宝模仿，用不了几次，宝宝就会模仿着往上摞了。就这样，妈妈或爸爸摞一块，宝宝摞一块，慢慢地宝宝就会自己玩积木了，而且还可以用积木叠成多种不同的形状。还可以让宝宝模仿敲鼓，妈妈或爸爸先拿小木棒敲打小鼓给宝宝看，宝宝在小鼓响声的吸引下，就会模仿着学，等宝宝亲自把小鼓敲响之后，妈妈或爸爸可以在鼓声中摇晃着身体唱儿歌助兴。

6. 训练宝宝定时坐便盆

为了培养孩子的良好卫生习惯，孩子会坐的时候，便可以逐渐培养婴儿大小便时坐便盆了。最好要定时、定点坐盆，并教他用力。

妈妈可根据宝宝大便的习惯，训练宝宝定时坐盆大便。当婴儿有大小便表示时，如突然坐立不安或用力“吭吭”的时候，就应该让他坐盆，逐渐形成习惯，不要随便在床上、在玩的时候大小便。便盆宜放在固定地点。宝宝若发呆，停止游戏，扭动两腿，神态不安时，妈妈应及时让宝宝坐盆。开始坐盆时，可每次2~3分钟，然后逐步延长到5~10分钟。若宝宝不解便，可过一会儿再坐，但也不要将宝宝长时间放在便盆上。开始只是培养习惯，一般孩子不习惯，一坐便盆就打挺，这时不要太勉强，但每天都要坚持让孩子坐，这样训练几次就可以了。

宝宝坐便盆的注意事项：

（1）在婴儿还坐不稳时，一定要由家长扶着，但坐便盆的时间不能太长。

（2）切忌养成在便盆上喂食和玩耍的不良习惯。

（3）避免养成在吃饭的过程中大便的习惯，以免吃不好饭。

（4）不能用便盆、便椅代替坐椅，更不能把坐盆作为惩罚宝宝的手段。

（5）冬天注意便盆不宜太凉，以免宝宝受到刺激引起大小便失禁。

（6）不要把便盆放在黑暗偏僻处，以免宝宝害怕不安而拒绝坐盆。

（7）大便后要由前向后揩擦，女孩子更要注意如此，以免引起感染。

> **育金点子**
>
> 孩子最好用塑料的小便盆，盆边要宽而且要光滑。这样的便盆不管夏天还是冬天都适用。搪瓷便盆到了冬天很凉，孩子不愿坐。

（8）给宝宝擦过大便后，成人要用肥皂洗手后再接触宝宝。

（9）每次大便后必须清洗便盆。若宝宝大便不正常，要用开水泡洗便盆，或用1%浓度的含氯石灰澄清液浸泡1小时再使用。

7. 训练宝宝的协调能力

（1）扔球

找一个没有盖子的盒子，拿一些糖球在宝宝面前稍远一点的地方，然后拿糖球朝盒子里扔，扔进盒子以后，对宝宝说："当啷，扔进盒子里了！"

示范表演几次以后，引导宝宝也来扔。如果宝宝也把糖球扔进了盒子，同样说："当啷，宝宝扔进盒子了！"宝宝渐渐地能扔准盒子以后，可以换一个空铁盒子，让扔进去的声音更响一些。

再进一步，可以拿一只大一点的箱子，里面多放几样玩具，摇晃箱子，发出声音，把箱子递给宝宝，打开看到玩具。然后，可以让宝宝自己拿几件玩具放进去，摇晃着发出响声。

扔球游戏，能锻炼视觉、听觉和手部动作的协调能力，加上声音刺激和扔成功的愉悦，有利于促进智力开发。但是，要特别注意，糖球不要让宝宝独自玩，以免宝宝误吞而呛噎，发生意外。

（2）爸爸举高高

爸爸抱起宝宝，让宝宝分开两腿坐在自己的颈后，爸爸双手分别握住宝宝的双手，让宝宝保持平衡。然后，可以慢慢走、蹲下起立、转圈，还可以边念儿歌边活动，让宝宝感受自己在爸爸身上的方位变换。通常，宝宝们都会很喜爱和爸爸一起做这类游戏，会很兴奋地开心大笑。

和父母做游戏，是宝宝很喜欢做的事，有利于融洽亲子关系，能增加愉悦感，体验空间、方位变换，体会游戏带来快乐的同时提升空间智能。

(3) 开始往前爬行

婴儿俯卧位，放在铺有毯子的地板上，家长将婴儿喜欢的玩具放在前方，鼓励婴儿用力向前爬行，去取玩具。必要时家长可用手轻推婴儿的脚掌协助。婴儿会越爬越显得自如，爬行扩大了婴儿视野，提高了婴儿的观察力和思维能力。

家长时刻在旁保护婴儿，以防跌落受伤。

8. 训练宝宝的精细动作能力

(1) 锻炼宝宝手部动作

把宝宝的手洗干净，给宝宝一些小饼干或切成小块的水果，让宝宝从用拇指、食指抓取，渐渐发展到用拇指和食指捏起来，每天训练数次。也可以给宝宝一些带按键的电话、手拨动转盘的玩具等，让宝宝练习食指的灵活技巧。

捏取小食品不仅可以锻炼宝宝食指的能力，还能摩擦宝宝牙床，使宝宝在长牙时的刺痛感得以缓解。

(2) 对捏练习

训练宝宝的拇指、食指对捏能力，首先是练习捏取小的物品，如小糖果、爆米花等。在开始训练时，可以用拇指、食指扒取，以后逐渐发展至用拇指和食指相对捏起，每日可训练数次。

在训练时，最好爸爸妈妈要陪同宝宝一起，以免宝宝将这些小物品塞进嘴里或鼻腔内，进而导致发生危险。

(3) 盒子里寻宝

准备些小玩具放在一个抽屉样的硬纸盒里。在宝宝的注视下，妈妈打开盒子拿出一件玩具。妈妈重复演示几次后，将盒子给宝宝，让宝宝试着打开盒子寻找玩具，妈妈先在旁边指导，训练几次后就让宝宝自己打开盒子。在游戏中，妈妈可以教宝宝如何用手指捏盒子、捏玩具，如何握住玩具等精细动作。

盒子不要太大，而且要容易打开；当宝宝找到玩具，应及时鼓掌加以激励。如果宝宝一时找不到宝藏，妈妈要智慧地帮助他完成任务，比如走到玩具旁做寻找状。

9. 训练宝宝的语言能力

(1) 玩线团学动词

准备一个系着长线的小线团。妈妈一只手拉着细线，一只手攥着线团，在宝宝的注视下边说儿歌边做动作：握住、打开、握住、打开、丢起来、捏一捏等；然后将小线团放在宝宝的手里，妈妈拉着细线，边说儿歌边帮宝宝做动作，到“丢起来”时将绳子轻轻一提，把宝宝手心里的球提起来，然后再放回去，宝宝会开心地去抓捏线团。

这个游戏帮宝宝熟悉手的动作词汇，丰富宝宝的语言词汇，训练宝宝的语言理解能力和应用能力。

(2) 意愿回应

给宝宝拿熟悉的物品的时候，可以问一问：“要，还是不要?”让宝宝用手推开或皱眉头、摇头表示不要或不喜欢，或者用伸手、点头、发出“嗯”的肯定声表示喜欢和需要。

宝宝要某样东西，可以让宝宝先做出前面的某一种表示，然后再给，成功地表达自己的意愿以后，再巩固几次，宝宝就能习惯于用语言—动作的联系来表达自己的意愿。

同时，在宝宝学会表示要或不要以后，还应当让宝宝能听得懂“给我!”“不能!”“坐下!”等简单的指令，利用宝宝刚刚学会的表达方式来表示自己意愿的回应。

(3) 教宝宝学会表达“要”

当宝宝要一种玩具或者食物时，父母可趁机教会宝宝表达这种

“要”，比如，告诉宝宝，如果想要的时候，要伸手。父母可以拉着宝宝的手教，宝宝伸出手后，再把东西给宝宝。并教宝宝用拱手等方式表示“谢谢”。

(4) 发音训练

父母应从这个月开始，将听力训练融于日常生活或游戏中，比如在给宝宝看画册讲故事时，父母可以一边讲故事，一边让宝宝指出画册上的图象，巧妙地将听力培养渗透其中，达到耳听、眼看、手动，同步接受“同一意义”的听觉信息。

通常宝宝喜欢模仿动物或汽车等叫声，父母可以先教宝宝模仿这些声音，如小狗的“汪汪”声、小猫的“喵喵”声和汽车喇叭的“笛笛”声等。如果宝宝发音准确，父母就要及时表扬：“宝宝真聪明。”或者亲吻宝宝。

10. 不要扼杀了宝宝的好奇心

在婴儿时期，宝宝的学习能力和兴趣是很强的，对什么事物都特别好奇，这种探索外界事物的好奇心就是最突出的行为表现。这个时期的宝宝总喜欢东摸摸、西摸摸，什么都往嘴里塞，再稍微大一点的时候，就开始撕坏东西、弄坏玩具，如果宝宝会说话了，肯定还会“为什么”、“为什么”地问个不停。

宝宝每次要探索的东西，都是宝宝当时最感兴趣的东西，每次“亲身尝试”，都会有所收获。即使遇到一些困难，宝宝不仅不会在意，而且还会自己想办法去克服，在这种好奇心驱使下的探索过程中，宝宝的自信心和认知能力都会得到加强。而那些时时事事都由妈妈或爸爸代劳，或是妈妈爸爸对宝宝“不合规矩”的行为过分加以限制，一遇情况就过分施加保护，是很难使宝宝获得成就感的，其自信心也无从建立。所以，妈妈爸爸要鼓励宝宝的好奇心，为宝宝提供一个探索和认识世界的环境，并加以适当的看护和引导，让宝宝自己在好奇中获得经验，在探索中积累能力。

11. 宝宝运动能力的培养

(1) 腿部力量的锻炼

由于这个月的宝宝能够扶着栏杆站起来了，可以训练宝宝先扶着栏杆或者家具站立，每天可以训练数次，但每次训练的时间不要过长，控制在5~10分钟为宜。同时，为了锻炼宝宝腿和膝盖的力量，妈妈可以把双手放在宝宝腋下，帮助宝宝站直且有节奏地蹦跳，常做这种运动可以尽快使宝宝站起来。只有当宝宝腿部的肌肉和骨骼系统逐渐强壮，才能让宝宝经常站立，直到逐渐站稳。

(2) 爬楼梯训练

如果家中有多于三阶的楼梯，可以让宝宝练习爬上爬下。在训练时，父母应一直守护在宝宝身边，绝不能让宝宝一个人进行这种训练。平时，务必在楼梯口加装安全门，并将安全门锁好。总之，爬楼梯是比较难学的动作，父母必须耐心地训练宝宝，才能突破这艰难的一关。注意楼梯的台阶每一阶不要太高，最好不要有锋利的边，避免宝宝磕伤。

(3) 爬取玩具法

爬行不仅可以使宝宝全身的肌肉得到运动，促进了宝宝运动机能的发育，而且还有利于宝宝大脑的发育，扩大宝宝认识和感知世界的范围，父母要在这时期继续帮助宝宝做些爬行训练。

12. 宝宝社会情绪能力的培养

（1）学会交流和分享

妈妈手中拿一个宝宝喜欢的玩具，对宝宝说：“宝宝把爸爸的书拿来，给宝宝玩具。”

听明白妈妈的意思以后，宝宝会很愿意从爸爸手里拿来书，递给妈妈，换取自己的玩具。在和宝宝一起玩的时候，也可以把球滚到宝宝面前，让宝宝把球拿起来，递给妈妈，宝宝做到了，要及时鼓励和赞扬。

这种游戏看起来简单，却有利于从小培养宝宝与他人共享物品的能力，增强人际关系交往能力。

（2）克服“怯生”

在日常生活中，妈妈或爸爸应多让宝宝和自己的洋娃娃玩，听收音机里的人讲话，经常在他面前摆弄新奇的玩具。还要经常带宝宝逛大街、上公园或到亲朋好友家做客。如果有陌生的客人来访时，不要让宝宝急于接近客人，而要用你与客人之间的热情友好气氛去感染宝宝，让宝宝学会“信任”客人，然后让客人逐渐接近宝宝。如果客人也带着自己的小宝宝，就可以让两个小宝宝互相接触，宝宝熟悉的大人越多，体验的新奇视听刺激越多，怯生的程度就越轻，时间也就越短，这种怯生的过程，就会在短期内自然消失。

（3）随时鼓励宝宝

对任何人来说，成功的快乐都是一种巨大的情绪力量，对第8个月的宝宝来说也是如此。

在游戏当中，如果宝宝能够按照要求做得很好，爸爸妈妈就要随时随地鼓励宝宝，不但不要吝啬对宝宝的表扬和夸奖，而且还要运用丰富的表情、由衷的喝彩，甚至兴奋地拍手或竖起大拇指等动作，让宝宝在强烈的亲子气氛中充分体验成功的快乐。宝宝获得的良好情绪可以不断地激发游戏的兴趣，进而促进宝宝形成自信的个性心理特征。

13. 宝宝爬行能力的培养

(1) 过隧道

游戏时间最好在宝宝两餐中间，用枕头、毯子、被子等东西在大床上设计一个有障碍的小通道，父母用玩具或语言引逗宝宝爬过这个通道，此时的宝宝四肢协调得比较好，有的宝宝甚至可以立起手膝爬了，头颈抬起，胸腹部离开床面，可在床上爬来爬去，翻过枕头和被子等障碍物。

当宝宝爬过这个通道时，父母可用语言鼓励宝宝、指导宝宝，和宝宝对话，如“宝宝加油，快到小山跟前了，宝宝加油爬上去哦”，“宝宝慢慢爬，用手抓住被子”等。

(2) 滚筒

用易拉罐或小茶叶筒，里边装点豆子，封严口，在床上将筒滚来滚去，促使宝宝爬着去追着玩。爬着玩一会儿，让宝宝坐着或躺着休息一会儿，将筒递到他手里，让他摔着玩。

爬是一种全身运动，胸、腹、腰和上下肢的大肌肉群都能得到锻炼。也为学习站立打下基础。爬可以扩大宝宝活动范围，认识周围场景，增强宝宝的感知能力，促进心理发展。

14. 训练宝宝集中注意力

宝宝的注意力比前几个月能够持续的时间更长，尤其是对自己感兴趣的东西，注意力会更集中。给一个新鲜的玩具，宝宝会拿着这个玩具很专注地自己玩，时间比原先长得多，而且专注能力会越来越长。

为宝宝多准备一些玩具，让宝宝自己去摸一摸、捏一捏或者敲打几下，甚至放进嘴里尝尝，只要保持清洁，别让宝宝吃到脏东西就行。

也可以拿一些纸片让宝宝动手撕着玩，不同大小、不同质地、不同颜色的纸片，用力不同，撕破以后发出的响声不同，宝宝会玩得很起劲。

自己玩的能力，是集中注意力练习的较好方式，创造环境让宝宝尽可能时间长一些地专注于某一个玩具、某一种游戏，能玩的时间越长，越有利于培养专注能力和思考能力。但必须注意，给宝宝自己玩的东西要特别注意安全，防止造成不必要的伤害。

15. 培养宝宝的判断力

爸爸妈妈可以用拉绳取物的方法来训练宝宝手和眼的协调能力，并在练习的成功或失败中，培养和锻炼宝宝的判断能力。

第一步，先让宝宝坐在桌边，妈妈或爸爸在桌上放两条绳子，一条绳子上系有玩具，另一条绳子则什么也没有。两条绳子的一端都放在宝宝一伸手就能触摸到的地方，然后让宝宝朝自己的方向拉绳，如果拉到空绳就让宝宝重拉，如果把玩具拉到自己身边就给予奖励。经过反复训练，宝宝就会逐步判断出拉哪一条绳子才能得到玩具。

第二步，妈妈或爸爸可以把一个色彩鲜艳的塑料杯放在桌子上，然后把一条绳子穿过杯柄，并把绳子的两端都放在宝宝一伸手就能触摸到的地方。游戏开始时，大多数的宝宝都会凭借以往游戏的经验，用一只手拉这条绳一端，而不会用两只手同时拉动这条绳子的两端，这样做自然就得不到玩具。这时，妈妈或爸爸可以握着宝宝的两手，同时拉绳子的两端，把塑料杯拉到宝宝跟前。然后，在杯子里放上一支鲜艳的塑料花或一个可以吸引宝宝的玩具，让宝宝反复练习。如果宝宝用两只手拉绳子，把杯子拉到自己身边，就把杯子里的塑料花或玩具拿出给宝宝玩，并夸赞宝宝以资鼓励。

第九章 8～9个月，在游戏中进行诱导

1. 宝宝体能发育

这个阶段的宝宝的生活已很有规律了，时间观念的加强会促进宝宝养成良好的生活规律。经过第7、第8个月的活动期，此时的宝宝已经基本能坐、爬，而且开始站立了。从这个月开始，宝宝将从“圆滚的”体形慢慢转换到“幼儿的”体形。由于运动神经的发育在逐步完善，宝宝比以前显得更加活跃了。

宝宝第9个月发育速查表

	男宝宝	女宝宝
身长	67.9～77.5厘米，平均72.7厘米	66.5～76.1厘米，平均71.3厘米
体重	7.3～11.4千克，平均9.3千克	6.8～10.7千克，平均8.8千克
头围	43.0～48.0厘米，平均45.5厘米	42.5～46.9厘米，平均44.5厘米
胸围	41.6～49.6厘米，平均45.6厘米	40.4～48.4厘米，平均44.4厘米

2. 宝宝智能发育

（1）大运动

俯卧时用手和膝趴着能挺起身来；会爬，爬时仅用手脚（或手膝）做动作，躯干抬高，腹部离床面；爬行的过程中能自如变换方向。不仅

会独坐，而且能从坐位躺下，扶着床栏杆站立，并能由立位坐下。拉双手能向前走3步以上。

(2) 精细动作

学会了拾捡玩具，如玩具掉到桌下面，知道寻找丢掉的玩具，并扶物蹲下够地上的玩具。

(3) 适应能力

知道观察大人的行为；方木放入杯中后，能自行将方木从杯中取出；能用一只手中的方木明确地击打另一只手中的方木。

(4) 语言发展

能模仿大人发出单音节词，有的婴儿已经会发出双音节“妈妈”。开始有明显的高低音调。有“欢迎”和“再见”的表示。

(5) 社交行为

学会了照镜子玩，从镜子里看见自己，会到镜子后边去寻找。对不要之物（如食物或玩具）有“不要”（摇头或推开）的表示。会注意听别人讲话或唱歌，清楚地知道自己的名字，叫他名字时他会答应；还能听懂简单的指示。

3. 帮助宝宝做体操

(1) 第一节：扩胸运动

预备姿势：妈妈双手握住宝宝手腕，大拇指放在宝宝的手心里，让宝宝握住，然后将宝宝两臂置于体侧。

动作说明：①宝宝两臂侧平开，拳心向上，手背贴床。②将宝宝两臂胸前交叉，并轻轻压胸部。③将宝宝两臂再打开或呈侧手举状。④还原或预备姿势。⑤重复①②③④的动作。

(2) 第二节：伸展运动

预备姿势：妈妈双手握住宝宝手腕，大拇指放在宝宝的手心里，让宝宝握住，然后将宝宝两臂置于体侧。

动作说明：①拉宝宝的两臂至胸前并举手，拳心相对。②轻拉宝宝两臂经胸前斜上举，手背贴床。③两臂还原成①的动作。④还原成预备姿势。⑤重复①②③④的动作。

提示：两臂前斜上举时，两臂之间的距离应与宝宝的两肩等宽或稍宽一点，妈妈的动作要轻柔。

（3）第三节：屈腿运动

预备姿势：宝宝仰卧，妈妈双手握住宝宝的两脚踝，使宝宝两腿伸直。

动作说明：①宝宝仰卧，妈妈双手握住宝宝两脚踝，右手稍用力推宝宝左腿，使宝宝的左腿屈膝至腹部。②还原成预备姿势。③妈妈用左手推宝宝右腿，屈膝至腹部。④还原成预备姿势。⑤重复①②③④的动作。

（4）第四节：起身运动

预备姿势：妈妈握住宝宝手腕，拇指放在宝宝的手心里，宝宝握住妈妈拇指，两臂稍抬起。

动作说明：①妈妈轻拉宝宝双手，使其从仰卧位到坐位。②还原成仰卧姿势。③同①的动作。④还原成预备姿势。⑤妈妈轻拉宝宝的双手，使其从仰卧位到坐位。⑥轻拉宝宝后，再从坐位到站位（让宝宝站起来）。⑦还原成坐位。⑧从坐位到仰卧位。

提示：6～9个月的宝宝可重复做①～④的起坐动作，9～12个月的宝宝可重复做⑤～⑧的起、坐、站动作。

（5）第五节：体后屈运动

同被动操的第六节。（见第172页）

（6）第六节：拾取玩具体后屈运动

预备姿势：宝宝站在妈妈体前，母子面向同一方向，妈妈一只手扶住宝宝的两膝，另一只手扶住宝宝的腹部，在宝宝前方的床上放一些鲜艳的玩具，吸引宝宝弯腰拾取。

动作说明：①在妈妈的帮助下，让宝宝体前屈（弯腰）拾取床上的玩具。②还原预备姿势。③同①的动作。④同②的动作。⑤重复①②③④的动作。

提示：①妈妈动作要轻柔，引导宝宝前屈（弯腰）去拾取玩具和起立，如果宝宝弯腰后不能自己起立，妈妈可适当帮助。②放在床上的玩具，大小应适宜宝宝的手能抓住。

（7）第七节：下蹲运动

预备姿势：妈妈和宝宝面对面站立，妈妈双手扶住宝宝腋下。

动作说明：①妈妈面对宝宝微笑着说："宝宝、宝宝，蹲下。"同时稍用力帮助宝宝蹲下。②还原成预备姿势。③同①的动作，帮助宝宝下蹲。④还原成预备姿势。⑤重复①②③④的动作。

提示：帮助宝宝下蹲时不要用力过猛，妈妈要尽量引导宝宝主动而自然下蹲。

（8）第八节：跳跃运动

预备姿势：妈妈和宝宝面对面站立，妈妈双手扶住宝宝的腋下。

动作说明：①妈妈扶着宝宝腋下，帮助宝宝做上下跳跃动作，同时对宝宝说："跳跳！跳跳！"。②还原成预备姿势，休息片刻。③重复①、②动作。

提示：宝宝跳跃时，每次可跳动 8 下左右，跳的动作要轻、快、自然，妈妈要尽可能逗引宝宝主动上下跳动。

育金点子

做操前，妈妈应用肥皂将两手洗净，指甲不宜过长，并将手表、首饰等摘除，以免划伤宝宝皮肤，做操的过程中，妈妈的动作要轻柔、缓慢，不要过度牵拉或用力过猛。

4. 爬行训练要充分利用室内环境

(1) 障碍爬行

为宝宝创造一个充满障碍的环境。如在地毯上放几个枕头；用纸箱或两把椅子搭成一个拱门；把小桌的两面用毯子蒙上，做成隧道，方便宝宝从中间穿过。在宝宝能够爬行通过的地方，散放一些充气玩具。场景安排好之后，就可以让宝宝玩游戏了。妈妈在障碍物前逗引宝宝，鼓励宝宝把游戏坚持到底。在宝宝爬过障碍的同时，要用语言告诉他：

“宝宝，你要从枕头上爬过去。”

“宝宝，你现在爬在枕头上，枕头在你的身子下面了。”

“宝宝，你现在从这个‘门’的中间穿过，加油！加油！”

“宝宝，你绕过了娃娃的左边，宝宝真棒！”

当宝宝顺利爬到终点时，妈妈要及时鼓励宝宝。训练开始时，不要设置太多的障碍物，随着宝宝对游戏的熟悉，逐渐提高障碍爬行的难度。但值得注意的是，不要把一些棱角分明的物品（如尖角的桌子等）作为障碍物，以免碰伤宝宝。

(2) 小狗追大狗

妈妈扮成大狗爬着追小狗宝宝，或者小狗追大狗。可以假装爬得很慢，或者中途突然加速，或者“汪汪”叫，可用各种变化增加游戏的气氛。抓住宝宝，或者被宝宝抓住了，妈妈可以把宝宝抱起来，“妈妈大狗被抓住啦，小狗真厉害！”“宝宝爬得真快，妈妈好不容易才抓住宝宝呢！”

爬行时，宝宝可以抬头转颈四处看，不仅颈部肌肉得到锻炼，接受环境刺激的机会增多，而且能促进大脑发育。

（3）爬山

妈妈搂着宝宝顺势平躺下来，让宝宝从一侧爬越妈妈的身体到另一侧，“宝宝爬山喽!”“宝宝好厉害!”然后妈妈侧躺，增加“山”的高度和爬的难度，锻炼宝宝动作的灵活性。

还可以把卷紧的被子卷放在妈妈身体的一侧，约距伸展一臂的距离，让宝宝在被卷上和妈妈的身体之间来回爬、上下爬。妈妈躺在一边保护宝宝，并为宝宝加油鼓劲。

5. 训练宝宝的平衡能力

（1）站立运动

让婴儿抓住妈妈的大拇指，妈妈轻轻地把他从卧位拉到坐位，然后再拉他慢慢站起。每天练习几次，增强肩、胸的活动能力，等婴儿能站后，可以在床栏上挂些玩具，吸引婴儿站起来取玩具，妈妈在旁边帮忙和照顾。另外，可以让婴儿在床上站好，从旁边或前边轻轻地推他一下，使他失去平衡，再用另一只手准备扶住婴儿，避免他跌倒。

（2）弯腰拾物训练

进行站立训练之后，可以进一步进行弯腰拾物训练。训练时，可让宝宝扶着小床的栏杆，然后把一个玩具放在宝宝脚旁，引导宝宝弯下腰，并拾起脚旁的玩具。宝宝拾到玩具后父母应加以称赞，亲吻一下宝宝，激发宝宝的兴趣再次进入训练。这个训练可以锻炼宝宝弯曲及直立的身体，促进宝宝的手眼协调能力，从而促进右脑的发育。

6. 训练宝宝的分辨能力

（1）学认五官

画出五官图片，并在图片上写上相应的字，如在画好的鼻子上写一个大大的“鼻”字。先教婴儿指图说“鼻子”，再指自己的“鼻子”，再指字说“鼻子”。多次重复之后，婴儿懂得图和字都是鼻子，当大人指图或字时，看看婴儿是否指自己的鼻子。用同样方法婴儿可以学认眼、耳、嘴、舌等字。

婴儿在学认五官的字之后，父母应经常调换字的先后次序和位置，反复训练，使婴儿逐渐地学认身体其他部位的名称，如手、头、脚等。

（2）认识大小

把父母的物品和宝宝用的物品，包括袜子、鞋子等小件衣物，大小分明的东西，并列放到一起，然后从中拿起最大的一件，告诉宝宝：“这是大的。”再拿起最小的一件，对宝宝说：“这是小的！”不仅可以用衣物，玩具、日常生活用品都可以用来放在宝宝面前，做“大”、“小”的形象比较，把大件物品排在一边，小的排在另一边，通过外形比较、分门别类的游戏，让宝宝分辨出物品的大小，建立事物外形大小空间的认知概念。

（3）拉绳取物

将用线系着的玩具或圆环在宝宝面前晃动几下，吸引宝宝的注意。

然后将玩具放到旁边宝宝够不着的地方，同时将线伸向宝宝容易够到的地方，训练宝宝拉过线取到玩具。

7. 训练宝宝的精细动作能力

（1）用小勺吃饭

让宝宝坐在专用的小椅子上，戴上围嘴。

小桌上放宝宝专用的小饭碗、小勺、擦嘴小毛巾。

妈妈坐在宝宝对面，用眼睛看着宝宝，让宝宝有安全感。妈妈给宝宝一个小勺，让宝宝抓握小勺。

宝宝可能会挥动小勺，也有可能将小勺丢到地上。如果小勺被宝宝丢到地上，就再给他一个干净的小勺。

妈妈可以帮宝宝用小勺从碗里盛出食物，让宝宝将食物放进嘴里。宝宝有可能放不到嘴里，弄得满脸都是饭，这时妈妈一定要坚持让宝宝自己吃饭，经过反复练习，宝宝的方位知觉发展了，逐渐就会自己吃饭了。

吃完饭，妈妈帮宝宝擦干净嘴，并对宝宝说："我帮你擦干净。"

(2) 手指精确对捏

9个月的宝宝特别喜欢摆弄玩具，能学会把玩具扔掉，再捡起来。还喜欢不停地捏起小件物品，喜欢撕纸，喜欢把小杯子套进大杯子里，可以为宝宝专门置办一套套杯来锻炼手指。宝宝会把手中玩烦了的玩具放下，再去够拿自己喜欢的新玩具。

通过这些动作的完成，宝宝的手—眼—脑的协调性又前进了一步，受到意愿控制的动手能力增加。与此同时，宝宝在这个阶段，会使用小手来接触更多的东西，了解能够碰到的所有东西。

(3) 抓"飞碟"

准备一些丝巾、小手绢、气球或其他扔向空中能够缓缓落下的东西。妈妈与宝宝一起坐在地板上，把丝巾等东西扔到空中，并开心地喊"飞碟飞起来了"，当丝巾落下时，举起胳膊去抓它。然后再扔出去，鼓励宝宝抓："呀，飞碟降落了，宝宝抓住啊！"教宝宝张开双臂，让丝巾落在他怀里。用同样的方法玩其他东西。

妈妈可故意将丝巾往宝宝的头顶上扔，让丝巾落下来正好到宝宝的胸前，激起宝宝的兴趣。还可以让宝宝自己扔出丝巾等东西。

8. 训练宝宝的语言能力

(1) 听儿歌

经常对宝宝诵读一些节奏欢快、押韵上口的简短儿歌，以加深对语言的感觉，渐渐地，宝宝就能跟着妈妈念的儿歌，一起发出儿歌每一段最后一个押韵的字音来，这是提高语言能力的重要方式。

如“小鸭嘎嘎，爱说大话，嘴会唱歌，脚会画画。画把雨伞，没有伞把，唱歌跑调，呀呀——呀——呀！”如果天天听，宝宝就渐渐地能跟着妈妈诵读的节奏，开口跟上“……嘎……话……画……把呀……呀！”

妈妈诵读时，配合以丰富的表情和动作，最后的几个字，宝宝会和妈妈一起做出夸张的表演动作，玩得非常开心。

(2) 找娃娃

父母当着宝宝的面，用纸把一个宝宝喜爱的玩具，（如小娃娃）包起来然后把纸包交给宝宝，并对宝宝说：“宝宝，娃娃不见了。”宝宝看不见自己喜爱的娃娃，一定会翻弄纸包。在宝宝翻弄纸包时，对宝宝说：“娃娃呢？快找娃娃。”当宝宝把纸撕破找到娃娃之后，父母再用另一张纸把娃娃包好，但不交给宝宝，而是自己慢慢打开纸包，把娃娃拿出来。多次重复这一动作，给宝宝看，并不断地强化“娃娃”的概念。通过这个游戏，不仅要让宝宝学会不撕破纸就能取出娃娃，而且使宝宝初步学会“娃娃”的发音。

这样把语言和动作配合起来，锻炼了宝宝手的活动能力和理解语言的能力。

(3) 亲亲手，亲亲脸

宝宝坐在妈妈怀里，妈妈逗他玩，和他讲话，亲亲他的手说："亲亲宝宝手，亲亲脸。"逗引宝宝"咿呀"发音，作出愉快反应。渐渐地，他自己会主动伸手让妈妈亲。

9个月的宝宝已形成比较复杂的情绪，亲亲手亲亲脸类的游戏不仅让宝宝产生欢乐情绪，而且让宝宝理解语言和动作之间的联系。

9. 训练宝宝的认知能力

(1) 嗅觉盒

准备一些空罐子，收集一些有特殊味道的东西，如香料、洋葱、蒜、橘子皮、香水等，放进瓶子里，盖上盖子。

在罐盖子上刺几个小洞，如果没有盖子，可在瓶口覆盖一张纸，用橡皮筋圈紧，然后在纸上刺洞。将瓶子贴近宝宝的鼻子，让宝宝闻一闻，然后自问自答："宝宝，这是什么味道？香不香呀？这是橘子吗？对，这是橘子的味道，宝宝记住了吗，这是橘子……"用同样的方法让宝宝学习其他物品。

通过这样的游戏，经常让宝宝闻一闻不同物品的气味，可促进宝宝的嗅知觉发育。

(2) 推汽车

在地毯上放一块木板，然后拿一辆玩具汽车放在上面，让宝宝在上面推动。再把玩具汽车放到地毯上让宝宝推动。这种在不同的表面上推动玩具汽车的体验重复几次之后，宝宝就会发现，在木板上推动玩具汽车很容易，在地毯上推动玩具汽车就比较费力，于是宝宝就可能不在地毯上推玩具汽车了。

(3) 触觉箱

找一只大一点的空包装箱子，里面可以分别放上热毛巾、冰箱里凉过的冷毛巾、湿毛巾和干毛巾，然后引导宝宝把小手伸进箱子里，告诉宝宝“热”、“冷”、“湿”、“干”。多做几次，宝宝就能够用表情来分别表达这几个触觉经验。

10. 培养宝宝的情绪与社交能力

(1) 递水果

洗水果后，告诉宝宝：“要吃水果了！”宝宝会急切地看着水果，或伸手够取，这时妈妈不要马上递给宝宝水果，而是拿起一个递给爸爸，爸爸说声“谢谢”，然后爸爸拿起一个水果再递给妈妈，妈妈也说声“谢谢”。

这时宝宝可能已经急着要了，妈妈拿起一个水果，让宝宝说了“谢谢”后给他。过一会儿后，妈妈告诉宝宝：“宝宝给妈妈拿个水果好吗?”这时爸爸可指导宝宝取一个水果给妈妈，若宝宝不给，妈妈就自己把水果轻轻拿过来，愉快地说：“谢谢宝宝，我们宝宝很乖。”亲宝宝一下作为鼓励。

(2) 儿歌表演

选择一首内容有故事性、简单而诵读上口的儿歌，可以设计好全套表演动作，按照儿歌的诵读节奏，分别包括宝宝这个月龄能容易完成的动作，如拍手、点头、摇头、伸直或屈回手臂、扭动腰身、踏脚或特殊手势等一系列动作，给宝宝示范，注意每一次动作一定要一致，这样宝宝很快就能学会儿歌表演，并且能独立完成。在父母诵读儿歌的同时，很快就能学会表演不止一套动作。

(3) 及时鼓励

第9个月的宝宝已能听懂父母常说的赞扬话，并且喜欢受到表扬。在宝宝为家人表演某个动作或游戏做得好时，如果听到父母的喝彩称赞，宝宝就会表现出兴奋的样子，并会重复原来的语言和动作，这就是宝宝初次体验成功和欢乐的一种外在表现。所以，每一次宝宝取得小小的成就时，父母都要随时给予鼓励，不断地激活宝宝的探索兴趣和动机，维持最优的大脑活动状态和智力发展，而且还有利于形成从事智慧活动的最佳心理背景。

11. 培养宝宝的探索能力

在同宝宝玩一块积木时，突然用塑料的小碗扣住那块积木，看看宝宝是否能揭开小碗找到积木。如果宝宝经过努力自己找到，就要把他抱起来亲亲并说“宝宝真棒”，让他高兴。如果宝宝找不着，大人就摇摇小碗，让积木发出声音并说“在里面”，引导宝宝揭开小碗寻找。让他玩一会儿后，妈妈又用小碗扣住积木，先看看宝宝是否能自己找，如果不会就拿着小碗摇出声音说“在里面”，看看宝宝是否能揭开小碗找到积木。

12. 培养宝宝的情商

（1）“谢谢”、“再见”

爸爸给婴儿玩具或东西吃时，妈妈在一旁要讲“谢谢”，并要引导婴儿模仿点头或鞠躬的动作以表示“谢谢”。当家里有人要出门时，你一面说“再见”，一面挥动婴儿的小手，向要走的人表示“再见”。反复训练，使他一听到“谢谢”就鞠躬或点头，一听到“再见”就挥手。

不可半途而废，必须经常训练。

（2）接近陌生人

父母抱着宝宝，多接近宝宝平时不多见的邻居等陌生人，消除宝宝不安感。父母对生人的表情、言语、动作也会影响孩子是否接近生人。

这样可培养宝宝逐渐接近陌生人和新事物。

当陌生人接触宝宝时，爸爸或妈妈要在宝宝身边，这样宝宝才会有安全感。

(3) 交朋友

户外活动时，可让婴儿和别的婴儿相互接触，看一看或摸一摸别的婴儿，或让婴儿在别人面前表演一下他的本领，或观看别的婴儿的本领。也可让婴儿和其他同龄婴儿在铺有席子的地上玩，或互相追随爬着玩，或抓推滚着的小皮球玩，或和大一些的婴儿在一起玩，看他是否更喜欢和较大的婴儿在一起玩。

如果宝宝出现抓别人脸或抢别人的玩具等行为时，要制止他。宝宝懂得大人的面部表情，大人夸奖时会微笑，训斥时会表现出委屈；喜欢让大人抱，一起嬉耍。

13. 培养宝宝的自理能力

从现在开始，给宝宝穿衣服或脱衣服的时候，可以开始训练按次序做相应动作的配合，为以后自己独立穿脱衣物做好准备。

穿衣服时，可以对宝宝说：“伸伸手，要穿衣服了！”穿裤子时，说：“伸一伸腿，把小脚丫伸进来！”宝宝如果做得好，要及时夸奖和鼓励。脱衣服和裤子的时候，按照相反的顺序让宝宝做动作配合。

每次穿衣、脱衣服的时候都说，宝宝就能逐渐记得很牢，到穿脱衣服的时候，不用提示，就能知道自己伸手、伸腿做动作。宝宝能听懂父母的指令，并且愿意配合父母的指令完成动作，是一个不小的进步，不仅训练了肢体的协调功能，也能对以后生活自理能力的提高有所帮助。

14. 多给宝宝听欢快的音乐

到了这一时期，宝宝的听力和视力都已相当发达，对音乐已经有了自己的感觉，并能对所听到的欢快的音乐做出很感兴趣的表情，有时还能随着节奏手舞足蹈或随着音乐有节奏地摇晃自己的身体。所以，妈妈和爸爸在这一时期，最好能为宝宝准备一些乐器玩具，比如能够击打的小木琴、一捏就唱的娃娃，提高宝宝对音乐的兴趣。同时，还要尽可能多播放适合宝宝听的音乐，也可以在妈妈或爸爸的指导下，跟着音乐的节奏做婴儿体操。

第十章 9～10个月，帮助宝宝迈出人生的第一步

1. 宝宝体能发育

第10个月，是宝宝生命的一个转折点，他在生理、心理和智力上都会发生很大的变化，逐渐向幼儿阶段发展。这个阶段，宝宝比其他任何时候都更需要父母的关爱和鼓励，尤其需要父母有足够的耐心。

宝宝第10个月发育速查表

	男宝宝	女宝宝
身长	68.9～78.9厘米，平均73.9厘米	67.7～77.3厘米，平均72.5厘米
体重	7.5～11.6千克，平均9.6千克	7.0～10.9千克，平均9.0千克
头围	43.2～48.4厘米，平均45.8厘米	42.7～47.2厘米，平均44.7厘米
胸围	41.9～49.9厘米，平均45.9厘米	40.7～48.7厘米，平均44.7厘米

2. 宝宝智能发育

(1) 大运动

能够坐得很稳了，能由卧位坐起而后再躺下；能够灵活地向前、后爬，能扶着床栏杆站着并沿床栏移动身体。婴儿能自己拉住栏杆站起，身体完全直立；能扶住栏杆走3步以上，一边走，一边移手。

(2) 精细动作

宝宝的模仿动作更多了，会抱娃娃、拍娃娃，模仿成人的动作。双手会灵活地玩积木，会把一块积木搭在另一块上或用瓶盖去盖瓶子口。可以用大拇指和食指以剪刀或钳形的姿势拿小东西或拉一根线，可以用食指伸进洞里。

(3) 适应能力

能主动拿掉杯子取出藏在下面的方木；能明确地寻找盒内的木珠。

(4) 语言发展

在大人的教导下，能模仿发出双音节如“爸爸”、“妈妈”等，还能重复一两个简单的字，如“拿”、“走”等，但发音还不清晰。

(5) 社交行为

知道自己的名字，叫他名字时他会答应。懂得常见人及物的名称，会用眼注视所说的人或物。

3. 激发宝宝的艺术潜能

(1) 小小“指挥家”

选择一首节奏鲜明、有强弱变化的音乐播放。婴儿坐在妈妈的腿上，妈妈从他背后握住他的前臂，说：“指挥！”然后合着音乐的节奏拍手，并随着音乐的强弱变化手臂动作幅度的大小，当乐曲停止时指挥动作同时停止，逐渐使婴儿能配合妈妈的动作节奏。以后每当放音乐时，只要一说“指挥”，他就能有节奏地挥动手臂。

时刻观察婴儿，当孩子表现出不愿再玩时要及时停止。

(2) 培养宝宝对画画的兴趣

这是宝宝模仿能力最强的时期，父母可以培养宝宝对绘画的兴趣和能力。开始学习绘画时，蜡笔更便于宝宝抓握和使用。

父母可以给宝宝放好纸和笔，让宝宝任意乱涂乱画。然后父母可以在纸上画一个简单的图形，教宝宝照着画。

宝宝画成什么样子都没有关系，关键是激发宝宝的兴趣和发挥宝宝的画画“天赋”。

刚开始时，父母必须首先训练宝宝正确拿笔。尽管宝宝并不能掌握准确的握笔姿势，但为了日后的继续学习，这样正规的训练还是很有必要的。

4. 训练宝宝行走

这个时期的宝宝，已经学会独坐和爬行，而且已经有了要行走的欲望，训练宝宝学会走路也是这个时期的主要任务之一。

这个月的宝宝可能会扶着床沿、沙发等横着走几步。有的宝宝推着能滑动的物体向前迈步，但不敢离开物体向前走。父母可以让宝宝靠着物体站在那里，妈妈蹲在宝宝前面，把手伸向宝宝，做出要抱的动作，并对孩子说：“宝宝走过来，让妈妈抱一抱。”这时，宝宝会试着让身体离开倚靠物，两只小手伸向妈妈，向前迈步。如果宝宝还不能向前迈出，身体已经向前倾斜，妈妈应及时向前抱住宝宝，并说：“宝宝真勇敢。”

除此之外，妈妈爸爸可以利用一些玩具和家里的其他东西训练宝宝学习行走，这样不仅有利于宝宝的动作发育，还有利于宝宝的智力开发。训练宝宝学走可以参考以下方法：

(1) 扶走法

妈妈和爸爸可以在家里设置一个小栏杆，让宝宝扶着栏杆站立后，妈妈和爸爸在不同的位置用宝宝感兴趣的玩具逗引宝宝，鼓励宝宝扶着栏杆迈步。等宝宝走得比较稳了，再引导宝宝一只手扶床沿向前直走。也可让宝宝双手扶着床沿站好，妈妈或爸爸以同样的办法引导宝宝迈步。同时，妈妈或爸爸站在床的另一头叫宝宝："宝宝，过来，找妈妈。"让宝宝扶床沿向前走。

（2）木棒法

妈妈和爸爸也可为宝宝准备一根小木棒，妈妈和爸爸的双手分别拿着小木棒的两头，让宝宝的双手抓住木棒的中间部位，妈妈爸爸一步步后退着，引导宝宝向前走。训练时，也可以不拿小木棒，而由妈妈或爸爸双手分别握住宝宝的手，大人边退边引导宝宝向前走。

因为此时宝宝腿部的肌肉较容易疲劳，以上训练时间不能太长，每次的时间控制在5～6分钟较为适宜，每天至少做2～3次。对于站起来比较困难的宝宝，不要勉强。

5. 训练宝宝的精细动作能力

（1）学洗手

应当让这个月龄的宝宝懂得吃饭前要洗手，可以训练宝宝自己学会饭前洗手。

让宝宝洗手，宝宝会很感兴趣，因为宝宝一般天生爱玩水。

当然，刚开始学自己洗手时，会弄湿衣服袖子，这不要紧，不要斥责宝宝，要更加耐心地教宝宝怎么样正确洗手，怎么样把手洗干净。

教宝宝洗手的时候，可以配合语言训练，比如一边教宝宝洗手，一边说"一二三，搓手心，三二一，搓手背"，让宝宝把洗手当做游戏，宝宝会很高兴地学会自己洗手的动作。

（2）两指捏物

1）准备10粒木珠放在浅盆中，木珠可有不同的颜色和形状。

2）妈妈给宝宝示范，用大拇指和食指将珠子一粒粒捏起，放在旁边一个稍大的盒子中。

3）当所有的珠子都放进大盒子后，再将大盒子中的珠子倒回原来的浅盆中。

宝宝可能会大把抓或用三指捏，这些都可以，妈妈不要去制止宝宝，只要宝宝能捏住珠子放到盒子中即可。开始时可用方的小积木练习。

（3）击球游戏

在做击球游戏时，可以让宝宝坐在床上或干净的地板上，在宝宝前面放一个皮球，父母先用小木棍轻轻地击球给宝宝看，然后把皮球再拿回宝宝面前，并把小木棒交给宝宝，一边说“宝宝，把球打出去”，一边指导宝宝击球。如果宝宝不知道怎样做，父母可以手把手地教宝宝，当宝宝学会了之后，父母可以拿一个小木棒，和宝宝对击。

击球游戏既能促进宝宝手部骨骼和肌肉的发育，又能增强宝宝的观察力和判断力。

6. 训练宝宝的语言能力

（1）学称呼

黄昏，爸爸、妈妈带着宝宝去户外散步时，先一遍又一遍地教宝宝分别叫“妈妈”、“爸爸”。宝宝模仿父母的声音叫出声来以后，一定要高声应答，并且要及时鼓励宝宝继续学习和保持兴趣。注意发音要准确、缓慢，易于被宝宝模仿。

在宝宝学会叫爸爸、妈妈以后，逐渐增加对家庭成员的称呼，爷爷、奶奶、姥姥、姥爷相对要更加难学一些，因此，教宝宝学会称呼人，要特别有耐心。叔叔、阿姨、姐姐、哥哥、妹妹、弟弟这些称呼，都可以在户外活动的时候，对遇到的熟人或者小朋友们练习。

(2) 听说话，做动作

妈妈说出宝宝稍微能理解的话，让宝宝听到妈妈的话并做出相应的动作，如妈妈说“拍拍手”，宝宝就拍手。以后还可以将拍手和“欢迎”结合起来，家里来客人时，妈妈可以说：“欢迎、欢迎！”这时宝宝就拍手笑着欢迎。“皮球在哪儿?”宝宝会用手指皮球。“爸爸在哪儿?”宝宝会转头看爸爸，用手指爸爸。

如果宝宝已经做到不在妈妈的示范下就能做出动作，说明宝宝对这些词开始能听“懂”了。

孕 育金点子

经常给宝宝提供表演的机会，让宝宝在快乐的氛围中学习语言，通过这样的方法，可以促进宝宝的语言表达能力发展。

(3) 学“演戏”

父母将纱巾挂在床中间做“帷帐”，构造成个小戏台，爸爸和宝宝在前面观看，妈妈手拿着一个布娃娃从“帷帐”后面伸出来，说着台词：“我是小小布娃娃，我快1岁了！”等，并摇着布娃娃跳来跳去；爸爸指导宝宝与妈妈的布娃娃“对话”，如：“我的名字是某某（宝宝的名字），我10个月大了，布娃娃好吗?”等。父母要及时鼓励夸奖宝宝，让他随意和布娃娃“说话”。根据宝宝的反应可以灵活变动游戏内容，让宝宝充分体会演戏的快乐。

宝宝可能只是咿咿呀呀地答应，妈妈一定要应和着宝宝，不能急于求成，妈妈说台词时一定要慢，有助于和宝宝互动。

7. 对宝宝的个性要区分、引导、培养

从10个月龄开始，宝宝开始显示出个体特征的一些倾向性，有的宝宝会表现得活泼，有的显得沉静，有的灵活，有的动作慢一些；有的

宝宝不能容忍抢走自己手上的玩具和食物，显得“自私”；有的则显得很大方，能把自己的东西送给别人，和别人一起分享；有的宝宝很安静，任人摆布；有的则不允许别人碰自己，见到生人显得很戒备。包括对于成年人的逗玩，不同的宝宝表现出不同的反应，有的能报以友好的微笑，有的则紧绷着小脸儿，对于生人的逗玩不理睬，还有的则见到生人的逗玩不仅戒备，还有可能有打人和躲藏动作。这些表现，证明宝宝已经开始显示出个性倾向。

对于宝宝的表现，要区别对待，这时的宝宝已经能懂得父母的赞许表扬和不满意的表情、动作及简单语言。

因此，对宝宝表现出好的行为，要及时加以肯定和赞许，用点头、微笑、拍手叫好等方式鼓励宝宝；对表现不好的行为，则更要及时表示出不满意，用摇头、摆手、绷脸等表情辅以“这样做不好”、“不能这样”等简单词汇制止宝宝的行为。

无论宝宝表现出什么样的个性特征，在这个时候，给以及时的引导和培养，能够形成和保持良好的个性。

8. 训练宝宝的模仿能力

妈妈应事先准备三个大小不同的杯子，这三个杯子分别为大、中、小三号，而且应该用三只较轻的塑料杯子。

游戏开始时，妈妈和婴儿一起坐在地上，在婴儿的背后垫一个枕头，防止他坐不稳而摔倒。妈妈先把三个杯子按大、中、小的顺序依次摆开。对他说：“宝宝看，这是杯子，是我们喝水用的杯子。这个最大，这个最小，这个不大也不小。今天我们用这三个杯子来做游戏，宝宝要仔细看妈妈怎么做。”妈妈将最大的杯子杯口朝下放在地板上，再将次大的杯子倒着放在最大杯子的上面，最后把小杯子倒放在顶端。让婴儿看清楚后，妈妈把杯子推倒，重新再堆一次。让婴儿用手推倒，激励起宝宝参与的积极性，鼓励宝宝模仿妈妈的动作进行游戏。

妈妈也可以将杯子按次序套在一起，让婴儿寻找套在大杯子中的中号杯和小号杯。

9. 训练宝宝独自站立

10 个月的宝宝虽然主要的运动仍然是爬，但身体较好的宝宝已经有了独自站立的要求，父母要鼓励和满足宝宝的这个要求，但要注意方式方法，不要怕宝宝摔着，也不要急于求成而失去训练的耐心。

训练宝宝独自站立时，可以先让宝宝两条小腿分开，后背部和小屁股贴着墙，脚跟稍离开墙壁一点。父母可以用玩具引逗宝宝，宝宝就会因张开小手或想迈动脚步而身体晃动，这样宝宝腿部的力量和身体的平衡力便可得到锻炼。父母也可以扶住宝宝的腋下帮助宝宝站稳，然后再轻轻地松开手，让宝宝尝试一下独站的感觉。父母还可以先扶住宝宝的腋下训练宝宝从蹲位站起来，再蹲下再站起来，逐渐发展成拉住宝宝一只手，使宝宝借助父母的扶持锻炼腿部的力量。经过这样的训练，如果让宝宝扶着栏杆站立，宝宝常常会稍稍松手，以显示一下自己站立的能力，有时甚至能站得很稳，这时最好不要去阻止，而要及时给予鼓励和表扬。

10. 和宝宝做蹲起运动

从蹲着到站立，这个月的宝宝需要父母用手拉一下，或自己扶着物体站起来。自己徒手站起来需要有个过程，父母可以用手指轻轻勾着宝宝的手指，边说“宝宝站起来”，边用力向上拉。如果宝宝站起来了，就鼓励宝宝说：“宝宝站起来了，宝宝长高了，宝宝真棒。”

以后，妈妈把手指伸给宝宝，先不接触宝宝的手指，对宝宝说：

“宝宝站起来，够妈妈的手。”这时宝宝就会伸出小手，勾住妈妈的手指，妈妈顺势轻轻拉起，并说：“宝宝够到妈妈手了，宝宝自己站起来了。”宝宝会很高兴的。

11. 培养宝宝的自我意识

自我意识就是知道自己是“谁”，具体地说，是明白自己作为一个生命个体，与他人有着明确的界线。自我意识的核心是“我”。“我”这个概念不是与生俱来的，而是从无到有逐渐发展起来的。初生的新生儿完全没有“我”的意识，分不清主体和客体，是在以后与外界事物的不断交互作用中才逐渐“发现”自我的。

这个发现自我的过程开始是模糊的，以后渐渐清晰起来。自我意识是人建立自觉性、自控力的前提，要想宝宝自觉学习、成长，就应培养宝宝的“自我意识”。

为让处于混沌状态中的宝宝尽快启蒙，就应该尽快让宝宝眼睛明亮起来，耳朵灵敏起来，手、脚活动增多等。为此，适当而丰富的刺激是很有效的，需要注意的是，不要忽视宝宝的“看”“听”，要刺激宝宝手和脚的肌肉，让小手多触摸、小脚多活动，从而逐渐意识到“这是我的手和脚”。

12. 让宝宝知道有不能做的事

父母们总会觉得宝宝太小，不管宝宝做什么都不生气，采取放任的态度。这样会使宝宝分不清是非，判断不清楚什么是应当做的、怎么样做不对。时间长了，会变得任性，想干什么就干什么。因此，当宝宝无意识地做出某些不适当的事情或某些危险的举动时，父母要用严肃的表情和语言进行制止和教导。

例如，宝宝看到发亮的灯泡要去摸时，父母要严肃地制止宝宝："不能拿，危险！"当然，宝宝并不懂得什么是"危险"，但会看到父母严肃认真、甚至声色俱厉的表情，自然会明白这个东西是不能玩的。

家庭教育中，父母用表情引导宝宝的行为，往往会比语言更有说服力，而小宝宝则是一位"察颜观色"的"高手"，从小培养宝宝注意和顾及别人的感觉与表现，是情商教育的内容，也是一种能力训练。

13. 培养宝宝的色彩意识

宝宝对颜色的认识不是一下子就能完成的，要经过不断训练和培养。

多提供一些丰富的色彩，可以在宝宝的居室里贴上一些色彩协调的画片挂历，在宝宝的小床上经常换上一些颜色温柔的床单和被套，小床的墙边可以画上一条七色彩条。在宝宝的视线内还可以摆放些色彩鲜艳的彩球、塑料玩具等，充分利用色彩对宝宝进行视觉刺激，对宝宝认识颜色有很大的帮助。

宝宝能盯着某种颜色或转动头部看到别的颜色时，可以指着这些玩具对宝宝说"这是红气球"、"那是小白兔"、"这是黄花"等语言加以描述，加深宝宝对颜色的感知能力。

这个月龄，可以和宝宝一起做"我说，宝宝指"的游戏。例如指着几种颜色的气球问"哪只是红气球，哪只是蓝气球？"让宝宝用手去指，指对了就亲一亲表示鼓励，说"宝宝真乖，这是红气球。"如指错了就说："再看看，哪只是红气球？"宝宝如果还是指不出，要反复指着红气球说"这是红气球。"让宝宝认识红色以后，再认识绿色。

也可以变换说："这是红气球呢，还是绿气球？"让宝宝学发"红、绿、蓝"的音。还可以放上各种颜色的玩具，让宝宝按要求拿出相同颜色的玩具。

虽然宝宝还不能完全理解关于颜色的游戏，但是，应当及早给予色彩意识概念的熏陶，以利于以后识别色彩。

14. 适当增加宝宝的户外活动

户外活动的重要性毋庸赘述，加强户外活动的好处是妈妈们都知道的。即使冬天，在不太恶劣的天气里，在注意保暖的情况下，适当地让宝宝接触室外冷空气，也是非常必要的。

户外天地广阔，阳光充足，空气新鲜，宝宝在大自然中游玩，有助于激发宝宝的好奇心和探索的愿望，是帮助宝宝喜爱大自然的好方法，这适合于每一个宝宝，而且父母和宝宝一起在户外玩，还可以增进家庭亲密关系。嫩嫩的、涩涩的小草，硬硬的树干，香气扑鼻的花儿，这些感受都无法在封闭的室内环境中得到。

从健康角度来看，充分利用自然界的空气、阳光和水，可增加机体对外界环境的适应能力；日光的红外线能扩张皮肤血管，紫外线可杀菌；适当地接受阳光照射，还可促进宝宝新陈代谢和生长发育，预防佝偻病和贫血症。户外活动还可提高呼吸道黏膜的抗病能力。

需要注意的是，户外活动时衣着不宜过多，有的妈妈或爸爸总担心宝宝受凉，每次外出时给宝宝穿上大衣，戴上帽子、口罩、围巾等，全身捂得严严实实。这样做的结果，会使宝宝的身体无法接触空气和阳光，而且容易大汗淋漓，导致着凉。如果宝宝活动之后流汗，要注意不要吹风，适量的出汗对宝宝的身体有好处。

小儿进行户外活动的时间还应根据季节变化、气温的高低、新生儿适应的情况作相应的调整，如在夏季，可在上午10点前、下午4点后，在户外阴凉处睡眠和玩耍。冬季可在上午9点后，到下午3点前进行户外活动。

15. 培养宝宝广泛的兴趣

(1) 寻找的兴趣

在这个阶段，可以和宝宝做躲猫猫或捉迷藏的游戏，培养宝宝寻找的兴趣。比如把宝宝最喜爱的玩具用毛巾盖起来，漏出一点破绽让宝宝容易找。妈妈或爸爸也可用毛巾遮住自己的头，让宝宝把毛巾从妈妈或爸爸头上揭开以看到妈妈或爸爸。或者妈妈或爸爸躲在门后，只露出一只手或者脚趾头，然后让宝宝寻找。

(2) 解决问题的兴趣

这个阶段的宝宝，已经初步有了解决问题的欲望。妈妈或爸爸可以用玩具手机或电话座机，先拨动号码发出声音，然后做出接电话的样子。让宝宝知道怎么玩之后，再让宝宝自己尝试。还可以把宝宝喜爱的玩具用纸包起来，然后让宝宝打开纸包寻找。在进行解决问题的兴趣训练时，当宝宝遇到困难的时候，妈妈或爸爸不要急着帮宝宝，先让宝宝自己试着解决，必要时再给予一定的协助，这样有助于锻炼宝宝学会解决问题的能力。

育金点子

这个月的宝宝对身边的一切事物都表现出浓厚的兴趣，抓住宝宝的这个特点，可以在游戏中培养宝宝广泛的兴趣。

(3) 模仿的兴趣

这个阶段宝宝的模仿能力很强，宝宝对动物的叫声特别感兴趣。这时，应多让宝宝看一些有关动物的图书，到动物园看动物并听听动物的叫声，在节假日外出时让宝宝接近一下宠物狗等动物，但一定要注意安全。同时，还可以给宝宝听一些动物歌曲，或和宝宝一起模仿各种动物的叫声。一旦宝宝学会了模仿多种动物的叫声，就会受到鼓励去模仿其他的声音。训练宝宝的模仿能力时，妈妈或爸爸还可以在宝宝面前弹钢琴、弹吉他或摆弄其他乐器，引导宝宝也进行类似的尝试，虽然宝宝只是象征性地动一动而已，但通过倾听不同的声音，可以提高宝宝的听力，对促进宝宝语言的发展有很大好处。

(4) 对空间的兴趣

这个阶段的宝宝对空间也特别感兴趣，喜欢爬到沙发或椅子后面。当妈妈带宝宝到公园或附近的操场上去的时候，妈妈或爸爸可以把四周的事物指给宝宝看，也能帮助宝宝形成空间感，刺激宝宝的视觉感官。此外，在洗澡时，妈妈或爸爸可以在盆里装满水，用杯子和其他容器教宝宝把它们盛满水，然后再倒掉。这种盛满又倒掉的游戏既能训练宝宝建立起空间感觉，又能锻炼宝宝手眼协调能力。

第十一章 10～11个月，建立良好的双向沟通

1. 宝宝体能发育

11个月的宝宝，骨骼发育较快，各方面能力进一步增强。虽然不会用语言和父母进行交流，却能以其他方式进行交流。尤其是妈妈通过宝宝的表情、举止，基本能够判断出宝宝的要求，宝宝也能够听懂妈妈说话的意思。这种交流对父母和宝宝都是很有意义的。

宝宝第11个月发育速查表

	男宝宝	女宝宝
身长	70.1～80.5厘米，平均75.3厘米	68.8～79.2厘米，平均74.0厘米
体重	7.7～11.9千克，平均9.8千克	7.2～11.2千克，平均9.2千克
头围	43.7～48.9厘米，平均46.3厘米	42.9～47.8厘米，平均45.2厘米
胸围	42.2～50.2厘米，平均46.2厘米	41.1～49.1厘米，平均45.1厘米

2. 宝宝智能发育

(1) 大运动

能稳坐较长时间，能自由地爬到想去的地方，能扶着东西站得很稳。能一手扶栏蹲下，用另一只手捡取玩具，并能再站起来；能独自站立2秒钟以上。大人拉着他的小手，宝宝可以迈步走几步了。

(2) 精细动作

拇指和食指能协调地拿起小的东西。能有意识地打开包方木的纸，寻找方木，将方木拿到手里。会招手、摆手等动作。

(3) 适应能力

能有意识地将方木放入杯中；能模仿父母在桌面上推动玩具小车。

(4) 语言发展

能模仿大人的声音说话，说一些简单的词。能有意识地并正确地发出相应的字音，以表示一个动作（如“拿”），一个人（如“姨”）或一件物（如“鸡”）。能够理解常用词语的意思，并会一些表示词义的动作。

(5) 社交行为

喜欢和成人交往，并模仿成人的举动。如模仿大人涂鸦、推拉玩具等。家长说“不动”或“不拿”后，会停止拿取玩具的动作。当他不愉快时他会表现出很不满意的表情。

3. 孩子的启蒙教育

(1) 学数数

在婴儿的注视下，用一张16开的纸包上1块糖果，打开，再包上，引导他打开纸把糖果找出来。当他打开后，就说“1块”，并把糖果给他作为奖励。当着婴儿的面另取4块一样的糖果，边说“这是1块，这是3块”，边用两张纸分别包上1块和3块，再打开让他注视两边的糖果各5秒钟后包上（两包的位置不要变），要求他把两包糖果都打开，看他要哪一包。玩过几次后，如果他总是要3个的一包，说明他能区别“1”和“3”。然后，你再包上2块和3块，看他是否还要3块，如果是，说明能区别“2”与“3”。

不要每打开一个包都把糖果给婴儿吃，那样会对婴儿的牙齿不利。

(2) 移纸取物游戏

妈妈抱着宝宝坐在桌边，桌上放一个色彩鲜艳的玩具，让宝宝先玩一会儿。然后，妈妈用一张透明的纸或塑料袋，放在玩具上面将玩具挡住，使宝宝看得见但拿不到。宝宝伸出去的手只能碰到纸。这时妈妈开始教宝宝将纸向左或右移开，然后拿到玩具。

让宝宝在寻找物体的基础上．训练宝宝解决问题的能力以及对方位的初步记忆力。但要注意的是，玩过几天后，要换换玩具再接着玩，以增加宝宝的兴趣。

(3) 认图片

准备一些水果和小动物的图片，妈妈可先教宝宝认识几张简单好记的图片，然后将所有图片放到桌上，让宝宝找出妈妈所说的图片，如“找找哪个是苹果，哪个是小狗”让宝宝指出并把图片拿出来。

(4) 认识“1”和“2”

吃饭的时候，对宝宝说话，让宝宝从抽屉里拿出1把小勺子。如果宝宝一次拿多了，要纠正，然后告诉宝宝重新拿，“拿1把勺子！”如果做正确了，要夸奖：“宝宝真棒，这就是1把勺子！”每次吃饭前，都可以让宝宝做，宝宝很快就懂得妈妈让拿出1把勺子的意思。

然后告诉宝宝：“拿2根筷子！”拿出2根筷子，反复给宝宝强调：“拿2根筷子，这是2根！”也可以伸出2个手指头示意给宝宝看。渐渐的，宝宝也能很快适应，能够听着妈妈的指令，渐渐地区分开“1把勺子”和“2根筷子”的区别，懂得伸出1个手指和2个手指的差别。

4. 训练宝宝的精细动作能力

(1) 学翻书

让宝宝在情绪愉快时坐到妈妈的怀里，打开一本宝宝常看的图书。先打开书中宝宝认识的一种小动物图画，引起兴趣，再当着宝宝的面合上，说：“小猫藏起来了，我们把小猫找出来吧！”然后示范一页一页翻书，翻到后显出兴奋的样子说：“找到了！”然后再合上书，让宝宝模仿妈妈的动作，打开书，找小猫。

开始时，宝宝只能打开、合上，渐渐地能学会一次翻好几页。

这项游戏要求宝宝食指、拇指配合较熟练。可以培养对图书的兴趣，训练精细动作能力。

(2) 配盖法

父母可以拿出几个漂亮的空瓶子或空盒子，把盖打开，让宝宝试着把盖盖上或拧上。宝宝很喜欢玩各种瓶子和盒子，有螺旋拧上的、有拔开的、还有边上有个小键按开的。宝宝会试着按大小和式样将盖子先盖上然后拧上。

让宝宝学会按大小和样式将盖子盖好，然后拧上。这是宝宝最喜欢玩、又不必花钱的玩具。有时两个瓶子差不多大小，但瓶口不同，盖子的大小也不同。宝宝会试来试去，有时用手指导眼，有时用眼去指导手，配瓶子、盒子盖的游戏也是手眼协调的练习。

(3) 向瓶中投物

当宝宝学会用拇指、食指捏取细小的物体后，爸爸妈妈可以让宝宝模仿大人用拇指和食指捏细小的糖丸投入广口瓶中。当宝宝开始学时，爸爸妈妈要教宝宝将小糖丸捏稳再对准瓶子放入瓶中。

这个年龄的宝宝学会了捏取，但放入时往往会掉在外面，经过多次练习，才能正确放入。也可以通过做游戏的方式让宝宝训练，比如可以让宝宝放一个，妈妈放一个，然后妈妈渐渐做得快些，让宝宝也渐渐学会快取快放。

5. 训练宝宝的语言能力

（1）吹喇叭

这个月的宝宝对用嘴吸东西很拿手，却不会把空气往外吹。如果给宝宝一个喇叭，让宝宝试着去吹，经过一段时间后，宝宝自然能掌握吹的技巧了。“呼！呼！”地吹可以帮助宝宝练习发声，促进大脑发育。

（2）叫名字

宝宝躺卧或者坐着玩时，妈妈边逗他玩边喊他的名字，特别是在日常护理时喊名字既自然又让宝宝易听懂。如“XX（名字），吃奶了”或“XX，妈妈抱抱”等。

有时也可有意训练他逐渐知道自己的名字，妈妈说“XX，在这儿呢”，同时用手指他。只要宝宝在清醒状态下，妈妈跟他说话，叫他名字，让他懂得是在叫他，他就将名字同自己联系起来了。

（3）你好

1）妈妈将宝宝抱在怀里，一只手拿一个小动物玩具，对着宝宝说“小熊来了”或“小狗来了”，然后叫宝宝的名字，让他对着小动物玩具说“你好，你好”，反复说“你好”。

2）也可让宝宝握住玩具，妈妈在旁边说“你好”。

3）抱宝宝有意地与外人接触，并教宝宝说“你好”，慢慢宝宝就会理解见人说“你好”了。

6. 训练宝宝的乐感

（1）听音乐取放物

播放一段活泼、欢快的音乐，将积木和盒子放于婴儿面前，让婴儿随音乐将积木从盒子中一一取出，再一一放入盒中。开始婴儿的动作可能比较稚拙、缓慢，听到比较欢快、活泼的音乐，会慢慢灵活一点。

训练婴儿对音乐的感知能力。注意：可就地取材，父母敲击某物，让婴儿听声音取放物。

(2) 随音乐做动作

父母先放一首宝宝喜欢的音乐，扶宝宝站稳后，渐渐松开手，让宝宝随音乐左右摆动身体。这时，父母可以在一旁，随着音乐的节拍拍手，配合宝宝，营造欢乐的气氛。如果宝宝不知道左右摇摆身体，可以让宝宝坐下来，父母抓着宝宝的胳膊随音乐节拍左右摆动。

7. 保护宝宝的同情心

同情心，是构成情商素质的基本元素之一，也是情绪教育的重要内容。

小婴儿从出生后开始，就有相关反应，听到别的婴儿哭声，便会感到难过，医院的婴儿室内，一个宝宝啼哭，很快就能引发一片哭声。

妈妈抱着几个月龄的婴儿，观看小朋友们玩，看到别的宝宝跌跤摔倒，宝宝的眼睛里会涌出泪水，然后会把头藏向妈妈的怀里，寻求慰藉，仿佛能体会到摔倒的痛苦。

随着年龄的增长，宝宝的同情心也会逐渐增长，近 1 岁时，宝宝开始能懂得“别人的痛苦是别人的”，但会表现出对于他人的痛苦不知所措。

启发和保持宝宝天性中的同情心，学会同情他人，能得到的回报是人格的力量。

能够同情他人的宝宝，一般都能够迅速融入群体，不会做事霸道，更能从事对于社会有益的公益事业。帮助他人，能理解和分担别人的痛苦，是一种基本情商素质。

对于弱者的处境能做到感同身受，能够设身处地地为他人着想，理解别人的痛苦和情感，是促使人们在社会中互相帮助的基本动力。

8. 训练宝宝的运动能力

（1）站一站，走一走

开始，可以让宝宝扶着小床的栏杆或者妈妈的一只手，由坐姿慢慢地站起来。一般到10个月，婴儿就能够独自站立，不必扶持物体也能够基本保持平衡。但要注意不宜让宝宝站得太久，且一定要在成年人监护下站立。这个阶段的宝宝，脊柱开始出现腰部前凸，有利于直立行走和保持身体平衡。有少数发育较早的宝宝已经能够扶持着栏杆或妈妈的手迈步行走。

可以先训练宝宝扶着小车站立，站几分钟后改成坐姿，还可以从坐姿变成爬行姿势。通过反复训练，能锻炼手和脚的灵活性。但是，要注意不能造成宝宝离不开小车的习惯，要鼓励宝宝及时脱离小车，自己独立走路。

（2）踢球训练

如果宝宝已经能扶着父母的手或者床栏、沙发等站稳，就可以试着做下面的踢球运动了。

扶着宝宝站好后，在宝宝脚前面3～5厘米处，放一个球给宝宝踢。

锻炼宝宝的平衡能力，促进眼、脚、脑的协调发展。

（3）爬台阶

爬行对宝宝四肢协调发展非常有益，爬行时宝宝的头一定会抬起来，这就使脊柱和脑干有了支撑的力度，并刺激大脑神经的发育，促进宝宝智力的发展。

在家时将楼梯擦干净，让宝宝爬上爬下。

可在楼梯上铺毯子，家长不要怕弄脏衣服而不让宝宝爬。

（4）行走训练

训练时，父母可以拉着宝宝的双手训练向前迈步，也可让宝宝扶着床栏杆，沿着栏杆走。当宝宝自己能走几步之后，父母再给宝宝增加难度，在宝宝的前方放一个他喜欢的玩具，并用语言鼓励和引导宝宝向前迈步去取，如果宝宝可以拿到，要及时夸奖宝宝。

9. 训练宝宝手部动作的协调性

在这个月里，虽然宝宝手部的动作已经很熟练了，但在日常活动中，妈妈和爸爸仍然要从各方面训练宝宝用手的能力。比如拿勺子在碗中搅拌，用勺吃饭，用手挖抠东西。还可以模仿妈妈或爸爸的动作，打开或盖上盒盖、瓶盖，按电灯开关，用笔画线条，用手翻书等。

在游戏中，妈妈和爸爸要继续训练宝宝手部的控制能力。在宝宝能够自己拿起物品，并能有意识地将物品放下之后，可以继续训练宝宝把拿在手中的物品投入到一些小的容器中。比如将糖球等较小的东西拾起来放进小瓶中，把积木搭起来或者把积木放到一个小盒子里等，还可以在一块硬纸壳或三合板上挖一个比皮球大的洞，然后让宝宝把皮球或其他东西往洞里投。

10. 训练宝宝的知觉能力

（1）小宝宝学倒立

在宝宝吃饭前或者吃饭一个半小时后，让宝宝俯卧在床上，爸爸抓住宝宝的双踝，慢慢地拉提起来，妈妈用手托住宝宝的胸部，当宝宝的身体与床呈45°即可，停留4～5秒钟后将宝宝轻轻地放平，反复训练3～6次。

等宝宝适应了之后，可适当增加宝宝倒立起来的角度，如60°或75°，要根据宝宝的情绪和身体状况增减倒立角度和练习次数。

这是个难度较高的动作，要父母两人合作。父母动作要轻，循序渐进，不要一下子将宝宝倒立90°；倒立的最大角度不要超过75°，以免伤到宝宝的眼睛。在倒立中，宝宝对周围的东西有一个全新的观察角度，对空间有个新的感觉，一定会觉得很奇特。这个游戏可丰富宝宝的空间感觉能力。

（2）搭积木

这个月龄的宝宝，可以比较专心地玩搭积木游戏，妈妈最好能陪着宝宝一起玩，拿着一块又一块的积木，搭建一座高高的金字塔。等到即将搭建成功，只留下一块塔尖的时候，把最后一块积木递给宝宝，让宝宝把积木放到上面去。然后提示宝宝一把推倒搭起来的积木，和宝宝一起欢呼、鼓掌。再从头做起，一起从头搭建积木。

搭积木游戏，有利于培养宝宝空间思维能力和几何智慧能力的发展，在手、眼、脑的协调动作和专注力发展的基础上，还能感觉到物体的平衡、结构关系。

（3）涂涂画画

为宝宝准备一张白纸，一些颜色和类型不同的画笔，鼓励宝宝在纸上涂涂画画。开始可以引导着宝宝的小手，画一个圆形圈，告诉宝宝："画一个圆圆的太阳！"画一条长长的直线，说："画一棵高高的树！"然后，让宝宝自己动手画。

宝宝可能画出一些不规则的线条，也可能只是在纸上乱涂一气，但却能从中学到东西，逐步锻炼视觉和综合能力，引导思维能力的发展。

11. 提高宝宝的观察力

（1）方的圆的

爸爸给婴儿两块积木（两块方形的积木），一个塑料球（积木要比塑料球小一些），教婴儿把一块积木搭在另一块上，再试着把塑料球搭在第二块积木上，婴儿尝试几次，但塑料球总是掉下来，滚到一边去了。这时，爸爸再给婴儿一块方积木，让婴儿搭上去，这次没有掉下，婴儿成功了。

爸爸给婴儿一根小棒和一只小皮球，看看婴儿是否知道用小棒推着皮球滚动。然后拿走皮球，给婴儿换来另一样东西（比如一个罐头盒、一个易拉罐），看婴儿是否会用小棒推着易拉罐滚动。

家长不要急于教婴儿玩，而是要观察、启发婴儿自己去做。

（2）感受大自然

在带宝宝到室外活动时，无论是在户外散步还是到公园或者野外郊游，不仅要让宝宝锻炼身体，还要引导宝宝感受大自然，观察自然界里的所有事物，如天上的飞鸟、流淌的小河、盛开的鲜花、可爱的小动物等。还可以带宝宝拾各种各样的石子、树叶、松果等玩。让宝宝观察父母用野草编制的小花篮。还可以自己做一个小风车，让宝宝拿在手上，在微风的吹拂下旋转起来，使宝宝看到风的力量。

（3）寻找小球

用一个边长30厘米左右（正方形、长方形均可）的包装纸箱，上面开一个大约10厘米×10厘米的洞。在右下角另剪一个边长为5厘米的等边三角形出口，让婴儿从大洞投入一个小球，叫他摇动纸箱使小球从边角出口处漏出。告诉婴儿从大洞里看看，哪一头亮就向哪边摇；宝宝起初只会乱摇，后来他学会不必摇，让箱子斜着放，小球自然会滚出来。

洞的边缘要整齐，防止剐伤婴儿。

12. 鼓励宝宝多说话

作为爸爸（妈妈），你一直等待的幸福时刻就要到来了——宝宝终于能主动叫“爸爸、妈妈”了。

但是，要想宝宝早说话，爸爸妈妈就必须下工夫对宝宝说话，要尽可能地同他说简短的话，并要结合宝宝认识的亲人、身体部分、食物、玩具以及配合日常生活中的动作教给宝宝。

当宝宝指着他想要的东西向爸爸或妈妈伸手时，这时就要鼓励宝宝指着东西并发出声音来，教他把打手势与发音结合起来，到最后用词汇代替手势，这样再把宝宝想要的东西递给他。

经过多次努力的训练，宝宝掌握的词汇就会越来越多，语言能力也就开始越来越强。

这个时期宝宝的模仿能力很强，听见骂人的话也会模仿，由于这时宝宝的头脑中还没有是非观念，他并不知道这样做是否正确。因此，当宝宝第一次骂人时，爸爸妈妈就必须严肃地制止和纠正，让宝宝知道骂人是错误的。千万不要因为宝宝可爱，即使说出骂人的话也很有趣，就纵容他（她）。这样，宝宝会把骂人的事当做好玩的事来做，养成坏习惯。

13. 培养宝宝的情绪和社交能力

（1）大家一起玩

在天气好的时候，带着宝宝和玩具到户外的草坪上，和其他的宝宝一起玩，告诉宝宝：“我们去和哥哥姐姐一起玩了。”宝宝见到伙伴们会很高兴，父母要教他与伙伴们打招呼，如：“哥哥好，我是宝宝，哥哥和我一起玩好吗?”等。

在玩耍中，父母要让宝宝拿玩具和大家一起玩，可以对他说：“宝宝，让哥哥姐姐帮你开小车，宝宝的小鸭子给姐姐玩一会儿好吗?”宝宝和伙伴们都会互相看各自不同的玩具，有时还会互相动手抢玩具，由此引起表情、动作以及表示意思的声音呼应。父母不要过分阻止宝宝们，让他们用自己的方法解决“争端”。宝宝在相互交换和分享玩具的游戏中，能感受到有伙伴的快乐，能够学着如何与伙伴交往。

(2) 分拣衣服

将大人的衣服，如背心、薄衬衫、袜子与宝宝的衣物混放在一起，然后问宝宝：“哪些是宝宝的呀?”然后引导宝宝将自己的东西一件件挑选出来，并放在一起，妈妈可以在旁边提示：“哎呀，这个真小，是宝宝的吧？多好看！”“宝宝的小袜子是哪个呢?”等。每当宝宝挑选出正确的一件，就要马上给予宝宝奖励。

宝宝将自己的衣服袜子都挑选出来后，指着那些衣物告诉宝宝：“这些都是宝宝的。”指着另一堆：“这些不是宝宝的。”这个游戏可训练宝宝的分析判断能力，分清哪些属于自己，哪些不属于自己。

14. 教宝宝辨识颜色

教宝宝认识颜色可以随时进行。比如，说“宝宝看，那气球是红色的，和你的衣服一样。”或者“那辆汽车是绿色的，和宝宝的婴儿车是一个颜色。”但是这种纯概念性地说还未必能达到理想效果，以下方法可供参考：

第一步，取一件宝宝喜爱的有色玩具，如红色积木，反复告诉宝宝：“这块积木是红色的。”然后问宝宝：“红色的呢?”如果宝宝能很快地从几种不同的玩具中指出这块红色积木，就要及时称赞宝宝。

第二步，再拿出另一个红色的玩具，如红色瓶盖。告诉宝宝：“这也是红色的。”当宝宝表示疑惑时，再拿一块红布与红积木及瓶盖放在一起，另一边放一块白布和一块黄色积木，告诉宝宝：“这边都是红的，那边都不是红的……”（不能说那边是白色的、黄色的）把宝宝的注意力集中到颜色上。

第三步，把上述物品放在一起，要求宝宝：“把红的指给妈妈（爸爸）。”看宝宝能否把红的都挑出来。如果只挑出其中的一种，可以提示宝宝：“还有红的呢?”并给一定暗示（如用手指），让宝宝把红的都找出来。

这种训练方法可以促进宝宝的抽象思维，发展思维能力。但是，在训练时还应注意几点：一是，一次只能教一种颜色，教会后要巩固一段时间，再教第二种颜色；二是，如果宝宝对用一个“红’字指认几种物品迷惑不解，甚至指不出红色玩具时，就再过几天另拿一件宝宝喜欢的玩具重新开始。千万不要对宝宝失去信心。

第十二章 11～12个月，蹒跚地独立行走

1. 宝宝体能发育

这个月的宝宝站起、坐下、绕着家具走的行动更加敏捷。站着时，他可以弯下腰去捡东西，也会试着爬到一些矮的家具上去。甚至有的宝宝已经可以自己走路了，尽管还不太稳，但宝宝对走路的兴趣却很浓。

宝宝第12个月发育速查表

	男宝宝	女宝宝
身长	71.9～82.7厘米，平均77.3厘米	70.3～81.5厘米，平均75.9厘米
体重	8.0～12.2千克，平均10.1千克	7.4～11.6千克，平均9.5千克
头围	43.9～49.1厘米，平均46.5厘米	43.0～48.0厘米，平均45.4厘米
胸围	42.5～50.5厘米，平均46.5厘米	41.4～49.4厘米，平均45.4厘米

2. 宝宝智能发育

（1）大运动

12个月的孩子坐着时能自由地左右转动身体，能独自站立，扶着一只手能走，推着小车能向前走。动作发育快的孩子不但会站，还能摇摇晃晃地走，但孩子学会走路的平均年龄是1岁3个月。

（2）精细动作

这时孩子的手眼协调进一步完善，能拉抽屉和开门。能用手捏起扣

子、花生米等小东西，并会试探着往瓶子里装，能从杯子里拿出东西然后再放回去，双手摆弄玩具很灵活。孩子的模仿能力更强，会模仿成人的一些动作，会剥开糖纸、不熟练地用杯子喝水。

(3) 模仿能力

宝宝的模仿能力很为突出，他学会很多模仿动作，例如“拍手”、“挥手”、“逗逗飞”、“藏猫猫”等。

(4) 语言发展

喜欢模仿动物的叫声，如小狗“汪汪”、小猫“喵喵”等。能把语言和表情结合起来，不想要的东西，会一边摇头一边说“不”。婴儿还不能说出他理解的词，常常用他的语音说话，一般来说，妈妈能知道他说的是什么，如他说“外”，意思是想到户外玩。妈妈此时要告诉他正确的话是怎么说的。

(5) 社交行为

这时的孩子不仅能够理解大人的很多话，对大人说话的语调也能理解。喜欢看着比自己大的小朋友们玩。

3. 训练宝宝的协调能力

(1) 踢皮球

对婴儿来说，一只脚支撑着体重且维持平衡，另一只脚抬高踢东西的确相当困难。妈妈可先扶住他的脚，从踢的动作开始，再一步步进展到站着踢，边走边踢。

要有耐心，不可急于求成，更不要说“你真笨”、“你不行”等刺伤婴儿自尊心的话。

(2) 踢易拉罐

将空易拉罐里边装进几个豆豆，把口封住。妈妈拉着宝宝的一只手，让宝宝抬一只脚往前踢易拉罐，边走边踢，易拉罐滚动发出的响声会让宝宝特别高兴，他会追着去踢。

(3) 弯腰运动

婴儿直立，家长在后面一手扶住婴儿腹部，另一只手扶住两膝，在婴儿前方放一个玩具，让他弯腰捡起玩具，反复几次。

不要让孩子失去重心跌倒在地上。

4. 在敲敲打打中长见识

宝宝快1岁时，大多数都喜欢拿东西当鼓敲打。有时专门为宝宝买来的电动玩具，没想到宝宝拿起来就往桌上敲，几下就被敲打坏，惹得家长无法忍受。

这种见什么敲什么的表现，是成长过程中的一种积极的探索行为。宝宝想要了解各种各样的物体，了解物体与物体之间的相互关系，了解自身动作所能产生的结果，宝宝的探索方式，就是敲打不同的物体。

宝宝知道，这样做会产生不同声响，而且用力强弱不同产生的音响不同。比如用木块敲打桌子，会发出啪啪的声音；敲打铁锅则发出当当声；两手各拿一块木块对着敲，声音更奇妙。宝宝很快就能学会选择敲打物，学会控制敲打的力量，随之发展自身动作的协调性。

如果能理解宝宝爱敲打东西的原因，就能积极地帮助宝宝发展探索活动。给1岁左右的宝宝不用买高档玩具，只需要找一些带把的勺子、玩具小锤、玩具小铁锅、纸盒之类的东西就足够了。

让宝宝在敲敲打打中，认识物体的质量、敲打的力量、声响的种类等知识，能在游戏中得到关心、理解，找到发展各种技能的方法。

5. 训练宝宝的精细动作能力

（1）捏豆子

准备几粒大蚕豆或花生放在盘子中，再准备一个漂亮的瓷碗放在盘子旁边。妈妈给宝宝示范，将蚕豆或花生一粒粒捏起并放入碗中。放完之后，将碗中的豆子或花生倒回盘中，然后让宝宝捏起并放到碗中。

由于宝宝小肌肉和精细动作的能力不强，因此不要选择太小的东西。

（2）空中画圈

用一根20厘米左右的粗线系住一个带环的棉绒小玩具，妈妈拿着粗线一头将玩具画圈旋转，在空中画圈，宝宝在一旁好奇地看。然后将线递给宝宝，看宝宝怎样玩。如果宝宝攥不牢粗线，妈妈可先教他用食指和手掌练习捏粗线，然后再旋转。

有些宝宝会拿着粗线前后晃动，甩不出圆形，妈妈可再次示范，并拉着宝宝的手臂甩出圆形，再放开手让宝宝自己甩。

妈妈要耐心地教宝宝，不能急于求成，让宝宝练习手腕的快速圆形运动，先模仿妈妈，经过多次练习才能学会。手腕的运动是手的精细技巧所必需的，为以后书写、绘画、弹奏等动作做准备。

6. 儿歌和童谣让宝宝更聪明

快1岁的宝宝对语言有一定的理解能力，虽然会说的词语很少，但是对大人的许多日常用语已经能准确理解。这时期父母要多给宝宝朗诵儿歌和童谣，增强宝宝的语言记忆能力和理解能力，丰富宝宝的语言词汇，为宝宝的说话打好基础，从而促进宝宝左脑语言智能发育。

在给宝宝选择和朗诵儿歌童谣时，要注意以下几点：

首先，所选的儿歌童谣语句要简单，最好3～5字为一句，如“小花猫，拔萝卜，拔不动，摔地上，小黄狗，来帮忙”等。

再次，要有音乐美。儿歌的节奏要鲜活明快，朗朗上口，而且最好押韵，这样宝宝就能比较容易地记住并模仿。同时，儿歌的内容要有信息含量，这样在宝宝联系发音的同时，也能接收到许多信息，能认识更多的事物。还有，儿歌的内容要尽可能地形象一些，这样符合宝宝的思维习惯。宝宝的思维发展是从形象到抽象的过程，对于不满1岁的宝宝而言，接受形象的东西要比抽象的容易。在给宝宝朗诵儿歌和童谣时要配合丰富、愉快的表情和动作，为宝宝创造一个欢乐的氛围，让宝宝身心愉悦，同时有利于宝宝的理解和记忆。

同一首歌谣可反复给宝宝唱，宝宝听得次数多了自然会模仿一些发音。歌谣是宝宝早教的一种好手段，父母持之以恒，循序渐进，坚持朗诵、吟唱，不能操之过急。

7. 创造有利于宝宝智力发展的环境

这个月的宝宝会说一些话了，也开始迈出了步伐，这两项技能无疑对宝宝的智力发育开拓了更为广泛的空间。为了让宝宝去探索这个不断展开的大千世界，并加强宝宝各方面的学习和发展，妈妈和爸爸必须为宝宝创造有利于智力发展的环境和条件。

(1) 要保证环境的安全性

无论是室内还是户外，都要保障安全。对于刚站稳双脚并开始自己走路的宝宝，要时刻注意宝宝的安全。比如室内的热水瓶等任何可能构成危险的东西，都要妥善放置。尤其不要带宝宝在靠近大街、马路、车辆通道等地带活动。

（2）要创造环境的多变性

如果宝宝每天只面对自己家里的单调环境，就会觉得厌烦无趣。为了增长宝宝的见识，促进宝宝的智力发育，妈妈和爸爸应多让宝宝看看外面多变而有趣的世界。要带宝宝四处游览，游乐场、公园、玩具店、餐厅、百货公司或其他可以逛的场所。如果宝宝特别喜欢图书及雕塑，妈妈爸爸就应在平常人少时带他去图书馆、美术馆。

（3）要添设创意性物品

不少1岁左右的宝宝喜欢用蜡笔乱涂乱画，妈妈和爸爸就可以用胶带将画纸固定于桌上、地上、墙上或画架上，让宝宝随时涂画。妈妈和爸爸要在旁边看管，如果宝宝画到不该涂鸦的地方或将手中蜡笔放入口中时，应立即制止，并教给宝宝正确的做法。有的宝宝喜欢音乐性玩具，妈妈和爸爸可以选择一些音质良好的音乐玩具，让宝宝按照自己的意愿即兴创作只有宝宝自己才懂的音乐，哪怕是利用木汤匙敲打锅碗也不要紧。

（4）要准备一些有图片的书籍

大部分宝宝都喜欢有图片的书籍，妈妈和爸爸可以选择一些图形简单、印刷精良、色彩艳丽的图册，不仅要让宝宝一个人看，妈妈和爸爸也要经常和宝宝一起看，并给宝宝讲书中的故事。因为宝宝的注意力集中时间很短，每次只能讲几分钟的时间，以免引起宝宝的视觉疲劳。

8. 训练宝宝的语言能力

（1）骑大马

让宝宝面朝外坐在妈妈腿上，妈妈一边可以上下颤动两腿，一边可以念自编的歌谣，如：

骑，骑，骑大马，

骑得高，跑得快，

一跑跑到大门外，

小鸟见我吱吱叫，

小狗见我尾巴摇，

我给它们唱首歌，

妈妈夸我好宝宝！

与宝宝做这个游戏时，边说边动能引起宝宝极大的兴趣，有节奏的语句也能培养宝宝的语感。

(2) 读故事

每天晚上临睡前，可以给宝宝读一段小故事，童话、寓言故事都可以，要短小、有趣，内容浅显，适合低龄婴儿听。常讲的故事内容，宝宝很快就能记得住，而且，通常宝宝会特别喜欢反复听一个内容相同的故事，很兴奋、很期待地等着有趣的情节出现。如果把故事内容读错了，宝宝会睁大眼睛，盯着妈妈，表示自己知道“出错了”，能用话语表达时，会马上出声，表达反对意见。

这个阶段的宝宝，记忆方式属于机械性模式记忆，以无意识记忆为主，睡觉前听习惯了故事，会当成临睡前的固定程序，要求读了故事再睡，这样做，不仅能增加识记能力、语言积累，还能调节情绪，有助于养成规律生活的良好习惯。

(3) 发出一个字音

训练宝宝发出单个字音，初步培养语言理解和表达能力。

利用生活环节教宝宝发出一个字的音，如“拿”、“吃”、“走”、“给”等。

从这样的发音结合实际活动，让宝宝逐渐理解妈妈说话的意思，慢慢就会说多音的句子。

9. 培养宝宝的情商

(1) 自己管理玩具

家里要准备一个较大的筐来专门装宝宝的玩具，收拾玩具时，就让宝宝把玩具放进筐里。如果宝宝不肯做，就耐心地告诉宝宝："小猫要回家，小狗要回家，我们把它们送回家去吧。"宝宝就会重新唤起新的兴奋，很乐意地抱起玩具小狗或小猫放进筐里。

还可以哄着宝宝说："妈妈放一个，宝宝也放一个，比一比好不好?"这样，把收拾玩具的过程也变成游戏过程，宝宝就会愉快地参加。只要宝宝参与收拾，就要表扬和鼓励。

收拢玩具，可以培养宝宝从小爱护物品和管理自己东西的能力，使宝宝习惯于在整洁的环境中有秩序地生活和工作，从小培养情商素质，对于一生都是十分有用的好习惯。

(2) 递东西给别人

让婴儿从盘子内拿一个橘子给爸爸，拿一个给妈妈，自己再拿一个。有时婴儿舍不得把第一个分给别人，可以把次序倒过来，先自己拿一个，然后再分给别人。有过多次练习后，可以递一个给爷爷，再递一个给奶奶，最后让婴儿递东西给客人。经常让宝宝给客人递食物就会养成与人分享东西的好习惯。

注意：所递的东西一定要安全，对婴儿没有危险。

(3) 交朋友

1 岁的宝宝，最高兴的事莫过于能和比自己稍大一点的孩子玩。每当这个时候，小家伙就显得特别高兴，一会儿摸一摸其他小朋友的小皮球，一

会儿抱一抱别人的布娃娃，一会儿又拿过人家的小汽车，玩得不亦乐乎。当然了，聪明的宝宝也知道把自己的玩具拿给其他小朋友玩，即便是一个拿着玩具爱不释手的宝宝，当看到其他的小朋友把手伸到自己面前，仿佛是在说“也给我玩一会好吗”，宝宝也会把玩具给其他的小朋友。

10. 寓教于乐学数学

周岁前后宝宝很喜欢学动物叫，“小猫叫喵喵”、“小狗叫汪汪”、“小鸭叫呷呷”、“小鸡叫叽叽”都是宝宝喜欢跟着大人学的声音。他不会一连讲5个字的话，只会跟着后面的发音如“喵、汪、呷、叽”等。先轻轻叫一声，多学几遍会连叫两声如“喵喵、汪汪、呷呷、叽叽”。宝宝得到鼓励之后最多会连叫三声，如“喵喵喵、汪汪汪、呷呷呷、叽叽叽”。这时大人可用食指发命令，大人举起食指时，大人和宝宝都只叫一声喵，最好指着图或动物模型玩具，指猫说“喵”，指狗说“汪”，指鸭说“呷”，指小鸡说“叽”；大人举起食指和中指，指图让宝宝连叫两声；大人举起食指、中指和无名指，指图让宝宝连叫三声。经过几次练习，宝宝会一面看手指数目一面看图，按大人的要求叫几声。

这样的训练可以让宝宝理解1、2、3的区别，并且会把图片显示的动物联系起来，这可以让宝宝了解事物之间的外在联系，并且可以让宝宝学会把数字和具体的事物联系在一起。

11. 提高宝宝的智商

（1）尺子过狭缝

让婴儿站在藤椅后面（一般的“瓦片椅”——椅背和椅座之间有大约两寸的空隙），使他的手指能够自由地在空档中间出入。母亲在椅子上竖直地（妈妈自己在前边用手不时地固定“竖直”的位置）放好一把长尺（或是一块长形木头），然后叫孩子从椅子后面通过空档把尺子拿过来。婴儿抓住尺子，但不知道应该把尺子横过来才能通过空档。当婴儿怎么也拿不出尺子时，妈妈再把尺子放倒，让婴儿通过空档很容易地取出尺子。

注意：第二、三次可以换上别的长形玩具（其宽度要能通过空档），让婴儿自己动一下小脑筋取出来。

（2）用勺舀豆豆

在一只盘子里装上一些豆豆，然后给宝宝一把小勺子，引导宝宝用小勺子舀取一粒豆豆。宝宝舀出来的豆豆放进另外一只盘子里，然后继续引导宝宝舀第二粒、第三粒豆豆。

盘子里的豆豆很多，放在一起，需要宝宝双眼作出判断，然后根据妈妈引导和指令，去从中舀取豆豆，锻炼的是手、眼、臂、大脑的综合能力，对于精细动作和视觉能力的发展有益，也有利于进一步掌握数字的概念。

（3）宝宝找呀找

准备一些宝宝感兴趣的玩具或物品，父母将这些玩具或物品藏在屋子里的某处，然后通过空间方位的叙述来提示宝宝去寻找。

妈妈拿着玩具鸭子，一边哼着歌儿一边藏起来，说：“小鸭子，嘎嘎嘎，藏起来，宝宝找呀找。”宝宝的目光会追随着妈妈，但可能记不住藏在哪儿了，妈妈就用方位描述来提醒他：“宝宝，你的鸭子在台灯的右边、故事书的上面，看到了吗?”然后指导宝宝去找，当宝宝拿到玩具时要给予夸奖。这个游戏可帮助训练宝宝的方位感，提高宝宝的空间智能识别能力。

12. 培养宝宝的情绪和社交能力

（1）过家家

爸爸妈妈先准备一个玩具娃娃，玩具娃娃的头发可梳可扎，眼睛要会动，玩具娃娃的衣服可以脱下、穿上，最好娃娃有袜子、鞋子等，玩过家家游戏时会很方便。另外，爸爸妈妈可以再准备一套玩具餐具。

在玩游戏时，爸爸妈妈要一边说话一边玩过家家，让宝宝在旁边看着。爸爸妈妈要很细致、很缓慢地做每一个动作，比如说给娃娃穿袜子、穿鞋子、穿衣服、系扣子，给娃娃扎头发等。然后，爸爸妈妈要用玩具餐具给娃娃喂饭。

喂完饭，妈妈对宝宝说："宝宝，爸爸妈妈给娃娃喂完了饭，现在娃娃要出去玩了，请宝宝给娃娃换衣服，我们带娃娃出去玩好吗?"说完，爸爸妈妈把娃娃的衣服脱掉，拿出一身衣服给宝宝，让宝宝根据自己的观察将爸爸妈妈的动作重复再做一遍。

（2）打电话

电话是现代人际交往的重要工具之一，宝宝在家里常常看到父母打电话，于是在好奇心的驱使下，就产生模仿父母打电话的愿望。父母应该满足宝宝的这一愿望，为宝宝准备一个便于玩耍的玩具电话。宝宝拿起电话机，学着父母的样子，对着电话听筒自言自语，这也是宝宝与他人交流沟通的开始。为了鼓励和培养宝宝与他人的交流和沟通，父母可以常和宝宝做打电话的游戏，用玩具电话和宝宝进行交流，不仅可以增强宝宝与他人交流和沟通的兴趣，也会使宝宝的社会性得到培养。

（3）国画欣赏

买一张彩色国画，上面有山水有鸟儿，挂在墙上与大人头部平行的地方，抱着宝宝先从正面看，大约站在画前1米远的地方，给宝宝一一介绍画里的内容，如"绿色的是山，蓝色的是小河"等。

等宝宝观察3分钟左右，抱着宝宝换个方向，站到画的左侧1米处，指着画面再给宝宝重新介绍一遍，观察宝宝的反应，看宝宝是否会露出熟悉或看懂的表情，如果宝宝没有反应也很正常，反复游戏。然后从画面右侧1米处再观察介绍，最后抱着宝宝靠近画面，让宝宝用手摸摸画，还可以从其他各个不同方向和距离处让宝宝观察画。

13. 多用笑容和宝宝交流

宝宝快满1岁了，开始懂得表达自己的需要和要求了。在所有表达方式中，笑容已经成了宝宝用来表示需求的手段，用笑容与妈妈和爸爸交流，这是宝宝智力发育得更加成熟的具体表现。这个时期的宝宝，如果需要什么，不但会用小手去指或做个手势，而且还知道如何运用表情来加以配合。宝宝会因为发现有趣的事而笑，比如宝宝看到妈妈尝了尝自己奶瓶里的奶，可能就会用笑容说："妈妈也和我一样用奶瓶喝奶。"宝宝还会用笑容表达自己快乐的心情，甚至淘气地从妈妈那里得到一个预期的反应，比如宝宝会顽皮地向妈妈笑，好像是说："我就知道妈妈会有这种反应。"宝宝在用笑容表达自己的感情和需求的同时，也希望和妈妈爸爸分享快乐。所以，妈妈和爸爸一定要善于和宝宝用笑容进行交流，只有那种属于彼此之间的会心的笑容，才更能让宝宝感受到妈妈和爸爸给予宝宝的爱和关怀。

14. 注意保护宝宝的"淘气"天性

宝宝会走路后，可以广泛地、多方面地去接触和认识周围的环境和事物，心理更快地成熟起来，有了一定范围的独立活动的能力，似乎变得不如以前听话，变得越来越淘气，喜欢爬上爬下，又爱动动这儿、动动那儿……

淘气是宝宝的天性。作为父母要了解宝宝的特点，不要总用成年人的方式来要求宝宝。只要宝宝能分清场合、时间，不伤害自己和他人，不损坏财物，淘气一点无妨。

不要把目光仅仅停留在宝宝的表面行为上，去干预宝宝的行为。要努力分清淘气行为的本质和动机，是单纯的淘气，还是好奇心驱使下的、求索过程中的行为，从而决定是加以阻止，还是因势利导。

给宝宝较多的机会到户外去玩，引导宝宝多参加健康的游戏和体育活动，把精力用到有益的活动中。

经常找一些有益的事让宝宝做。通过参加一些力所能及的家务活动，帮助宝宝摆脱盲目的淘气行为。

宝宝由于受知识经验、活动能力和身体条件的限制，缺乏分辨是非的能力，自我控制能力差，淘气会产生一些不当行为。如果强行制止，反倒会引起宝宝的注意和兴趣，宝宝可能会以此为乐，故意和家长对着干。有效的办法是：分散宝宝的注意力，用新玩具、新事物使宝宝的兴趣转移，或在保障安全的情况下，装作满不在乎的样子离开一会儿，使宝宝下意识改变行为。

15. 扔东西判断力量和方向

这时宝宝能把放到他手中的东西一次又一次地扔到地上，并从中得到极大的满足感和快感。同时，他也将这种扔东西行为当做一项“科学实验”，看看东西被自己扔出去后会有什么反应。

如果这时爸爸妈妈或其他人在旁不停地帮他拾起来给他，宝宝会扔得更欢、扔得更高兴，他认为这是一种可以两个人玩的游戏，并且乐此不疲。如果爸爸妈妈想结束这种现象，那最好的办法是将宝宝放到干净的地板上玩，让他自己扔，自己捡回原位。另外，爸爸妈妈还可以教育宝宝哪类物体可扔着玩，哪类物体不可以扔。还可以将宝宝的扔物兴趣正确地引导到游戏和日常生活中去。比如，将玩具扔进玩具箱或和大人一起玩扔皮球、扔废纸进纸篓等。一般而言，过了这一阶段，宝宝就能逐渐学会了正确玩玩具、翻看图书，宝宝的兴趣和注意力会逐渐转移到其他许多更有趣的活动中，扔东西、撕纸片的行为就会自然消失了。

第 三 篇

1~3 岁，为宝宝导航让其快乐成长

第一章 1～2岁，把孩子领进注意的大门

1. 宝宝体能发育

2岁左右的宝宝活动增加，肌肉逐步发育，婴儿时期的脂肪逐渐减少，腿和胳膊逐渐加长，走路时脚不再扭向一边，而是朝前了，脸变得比以前更有棱角，下巴也显露了出来。快2岁的宝宝在动作发育、智力发育及语言表达能力方面迅速发育，各器官逐渐成熟。这时期的宝宝观察力特别敏感，大量的信息都是通过眼睛捕获的，而且手脚的活动也伴随着眼睛的转动变得更为灵活。

宝宝1～2岁发育速查表

	男宝宝	女宝宝
身长	78.6～91.6厘米，平均85.1厘米	77.4～90.2厘米，平均83.8厘米
体重	9.5～14.6千克，平均12.05千克	9.0～13.8千克，平均11.4千克
牙齿	16颗左右	
前囟	宝宝满2岁时，前囟门已经闭合	

2. 宝宝智能发育

(1) 大动作

能稳稳地走，会上下斜坡，并绕跨障碍走；会扶栏杆上下楼梯，双

脚交替一步一阶地走。表明宝宝通过24个月智能发育标准。

（2）精细动作

能一页一页地翻书；能用拇指和其他手指拿笔，而不再像以前大把抓握，出现比较成熟的握笔姿势；能盖紧或拧紧瓶盖，而不仅仅是盖上了事；能搭高7块积木，并且不倒下来。父母用玻璃丝穿过扣眼，并用另一只手将线拉出，然后，鼓励宝宝去做，观察他的反应。如果宝宝能将玻璃丝穿过扣眼，并用另一只手将线拉出。则表明宝宝通过24个月智能发育标准。

（3）认知能力

在大人的询问下，能指对7个部位，如鼻、眼、耳、口、头发、手、脚等。表明宝宝通过24个月智能发育标准。

（4）语言发展

会说50多个字，发音已比较清楚，但尚不够准确。宝宝开始能清楚地用字表达，虽然用的字可能不易听清，但已不仅仅是声音的变调了。能说出名称、用途和部位，相继给宝宝看2张画、4件物品，宝宝能说出画中形象（如小狗、小兔）和物品（如杯子、帽子）的名称和用途。如果指着身体部位问宝宝，宝宝至少也会说对一个，如指着鼻子问他时，宝宝会答出“鼻子”。表明宝宝通过24个月智能发育标准。

3. 训练宝宝的运动能力

（1）跳的训练

让宝宝学会双脚跳，对其身心发展有着重要的作用。从生理角度看，跳是一个复杂的条件反射建立过程。宝宝在克服自身体重跳起来时，需要付出很大的努力。因此这能锻炼宝宝身体大肌肉群和预防肥胖。一般在近2岁时，可让宝宝进行这一动作的学习。但在学习双脚跳之前，父母要做一些准备工作。比如，宝宝跌倒了，要自己爬起来；在大人保护下玩各种大型玩具；观看一些哥哥姐姐的跳跃游戏，从中激发宝宝学跳的愿望。具体方法是：让宝宝扶双手进行双脚跳，这时父母用双手拉着宝宝的双手，然后和父母一起用力跳起来，跳一会儿，休息一会儿，千万不能用力提拉着宝宝的手做双脚跳的动作；父母也可采取让宝宝通过跳拿玩具，或做小白兔游戏、摘果子的游戏等形式练习。让宝宝学跳的动作一定要注意由易到难，循序渐进。要注意，双脚跳的正确动作，特别是落地时，要教宝宝两脚掌先着地，两腿稍曲成半蹲状，然后站直。

(2) 上下楼梯

先在地面上练习。可以在地面上画一形似楼梯的格子。引导宝宝一步一格地走进去。开始可以扶着宝宝单手练习走，以后逐渐放手让宝宝自己走，还可以在格子的终点放上玩具，让宝宝走过去拿到，再走回来，往返练习。

选择一段级数较少的楼梯让宝宝练习。看一看楼梯有几级，鼓励宝宝几步爬到顶。如是6级楼梯，可以6步走完。宝宝上楼梯时在旁边数“1——2——3——4——5——6”。每数一个数，宝宝跨一步，数字数完，宝宝跨到顶。完成后可以奖励一面小旗，然后再拿着旗子，倒数着往下走。“6——5——4——3——2——1。”如果宝宝胆怯，可以先扶着小手陪着一起走。等到宝宝能稳当地上下后，逐渐放手独行。

在指导宝宝上楼梯时，要让宝宝把脚抬得高一点，避免摔跤；下楼梯时，身体不要前倾，脚要踏牢后再迈下第二步。

(3) 小小篮球运动员

准备小篮或小筐一个，挂在离地面80～90厘米处，小皮球一个。

1) 成人先拍小皮球给宝宝看，让他感知皮球拍了会弹起来。再给宝宝摸一摸、看一看、拍一拍（如果拍不了，让宝宝把球扔在地上弹起即可）。

2）成人示范把皮球投入篮中。

3）鼓励宝宝自己拿球走到篮下对准篮口后把球投入。

4）篮口高度可视宝宝自身而定。年龄小些，篮口与伸手高度平齐；年龄稍大些的，篮口可稍高于手抬起的高度，让他有个扔投的动作练习。

4. 注意锻炼手部小肌肉的功能

手的发展和心智的发展是互相促进的，手在锻炼过程中不仅能促进小肌肉和运动的发展，也能促进人的整体智慧的发展，也就是我们常说的心灵手巧。因此，应多多创造和利用机会让宝宝的手动起来。

生活中，让宝宝小手活动的地方很多，只要家长做个有心人，一定能够捕捉到更多的机会。比如，吃饭时，宝宝会把饭粒撒在桌上，他们会一粒一粒捏起来吃，爸爸妈妈可能觉得不卫生，不让宝宝捏，但其实这个过程非常能锻炼宝宝手指的运动能力，所以爸爸妈妈尽可能不要阻止宝宝这样做，因为他们这是在学习，是在成长。我们要做的就是把桌子清理得干净卫生，方便宝宝捏饭粒。

5. 如何纠正宝宝的坏脾气

宝宝发脾气时的表现特征是大声嚎哭、尖叫、踢物品和乱扔东西，有的宝宝甚至会背过气去，让人十分担心和害怕。长此以往，宝宝容易形成脾气暴躁的性格。

（1）了解原因，有的放矢地解决问题

父母对付孩子坏脾气的第一步，是找出孩子发脾气的原因，了解他是不是受了挫折。若是孩子因为未能完成某件事情而表现出烦躁，父母最好是立即给予应有的注意，如果用语言说不明白，应带着理解和同情

的心情和孩子一起做，这样就能有效地避免孩子为此而发脾气。

(2) 冷静处理宝宝的无理要求

拒绝孩子的无理要求，不能采取强硬的态度，不要站在居高临下的位置上，更不能打孩子。这时候，父母要冷静，要适当地给孩子留点面子，找个合适的台阶让孩子下，等孩子冷静下来以后，讲清楚发脾气的危害，让孩子自己主动承认错误，并向爸爸妈妈道歉。

(3) 多与宝宝沟通，了解宝宝的需要

在平时家长要多与孩子进行沟通，在沟通中了解孩子的需求。这样当孩子提出要求时，家长才能理解和体会孩子的心情与需要。

(4) 适度表现你对宝宝的爱

孩子发脾气的时候，父母千万要保持冷静，因为发火的父母会使孩子更加发火。记住，你面对的只是一个孩子——你自己的孩子，孩子的自我控制能力较差，要温柔、温和地和孩子讲话。如果孩子在叫嚷，注意简化自己的用语，而且平静地和孩子说话。父母可以靠近孩子，拥抱孩子。身体上的亲密具有很好的安慰效果，可以很快使气氛缓和下来。让孩子坐在你的大腿上或者亲密地坐在孩子身边帮他平静下来。当孩子表现出一点控制能力时，要有针对性地对其进行表扬，比如本来孩子发脾气时要扔东西，这回虽然发了脾气但没有扔东西，就应该表扬他。

6. 训练宝宝的精细动作能力

(1) 图形块找家

准备三角形、正方形、图形积木块及刻有不同形状小洞的小筒一个。

1) 成人示范给每个图形块找“家”，然后放入筒中。

2) 鼓励宝宝自己一只手拿积木，另一只手扶住小筒，找好相同洞穴，对准方向把积木按入筒内，发出“咚”的一声。

3）都装入后引导宝宝打开小筒把积木全部拿出放入小筐中重新开始，可左右手轮流练习。

随着活动的熟练，可改变形状或增加两种形状的积木进行游戏。

（2）拧塑料螺丝

准备塑料玩具螺丝若干，小筐子一个。

1）成人示范拧的动作，左手拿螺丝，右手三指拿住螺丝帽，右手手腕向右拧转一下后，手指松开，手腕还原再转动。一下一下地拧转，把螺丝帽完全拧下来，与螺丝栓分开摆放，拧完以后，再相对应地拧转套上。

2）鼓励宝宝自己动手拧一拧，2～3 个即可。全部拧下后，再配对拧套上，可左右手轮流练习。

在日常生活中可学习拧转水龙头来冲手。

（3）倒米和倒水

用两只小塑料碗，其中一只放1/3 量的大米或黄豆，让宝宝从一只碗倒进另一只碗内，练习至完全不撒出来为止。

父母先给宝宝示范倒几次，然后再让宝宝自己做，宝宝撒了不要责骂或不高兴，应鼓励宝宝不断尝试。宝宝熟练了倒大米或黄豆后，再让他学习用碗倒水。倒水的游戏最好在夏天做。

（4）宝宝传笔

爸爸或妈妈用食指与中指将笔夹住，然后将笔传给宝宝，轮流地传来传去，如果不小心把笔掉在地上，可以重新开始。

可以先传比较轻的彩笔，再传比较重一点的钢笔。待宝宝熟悉整个游戏过程后，可以先让宝宝开始传，让宝宝自主选择他自己喜欢的笔开始传。

让宝宝学会手眼协调，精细化的手部训练也会让宝宝的思维变得更敏捷。

7. 训练宝宝的语言能力

(1) 延迟满足要求

这个阶段的宝宝，能说出简单的词句表达自己的意思，就要尽量争取让宝宝开口说，最好的方法，是“延迟满足”宝宝的要求，促使宝宝使用语言来说出自己的愿望。

即使宝宝还不会说“出去玩”“要喝水”，父母明白了宝宝的意图，就用询问的方式，让宝宝用“是”、“不是”；“要”、“不要”这些话语，配合点头、摇头的动作，来表达意愿，然后再满足宝宝的要求。

延迟，并不是不满足，而是一定要坚持做到“说出来”以后的满足。

(2) 找一找

给宝宝看彩色图片，指着相应的图，告诉宝宝图片上物品的名称，如“这是苹果，甜甜酸酸的大苹果。”然后把一沓图片放在宝宝面前，问：“苹果在哪里，找一找！”如果宝宝能找出来，要加以鼓励和赞扬。

在宝宝找到以后，再拿来实物，和图片一起让宝宝看，以加强宝宝的印象。用实物和图片，使宝宝学习把词语和图片、实物形象对应联系起来。

(3) 小鸡小鸭

准备图片两张，一张画有小鸡，一张画有小鸭，形象鲜明、色彩明亮。

1）成人先拿出小鸡图片，说：“这是小鸡，叫起来叽叽。”引导宝宝学叫“叽叽”。

2）成人再拿小鸭图片说：“这是小鸭，叫起来嘎嘎嘎。”

3）成人学叫，请宝宝拿出相应的图片，引导宝宝说名称。

4）成人说名称，请宝宝拿出相应的图片，引导宝宝学叫声。

随需求可不断增加图片，如小狗、小猫、小羊、小牛等。

(4) 蝴蝶飞

准备漂亮的纸或布蝴蝶。

1）成人出示漂亮的蝴蝶给宝宝看，告诉宝宝它叫“蝴蝶”。可引导宝宝学说，说不清也没关系，激发宝宝敢于发声的勇气。

2）成人展示蝴蝶飞舞。边舞边说儿歌：“蝴蝶飞，蝴蝶飞，蝴蝶真美丽。看呀，看呀，蝴蝶飞来啦！”

3）成人带宝宝张开双臂，上下挥舞做蝴蝶飞状，边做动作边说儿歌。年龄稍大些的可边舞动双臂边双腿交替一边向前走一边飞。

8. 训练宝宝的视听能力

(1) 开汽车

准备玩具小汽车、红绿灯。

1）成人拿辆小汽车在地板上推来推去，边玩边说：“我在开小汽车，嘀嘀！”引导宝宝也模仿成人拿一辆小汽车边开边说：“嘀嘀！”

2）出示红灯，成人说：“看，红灯亮了！汽车停下来。”边说边停下汽车，宝宝也模仿成人把汽车停下来，告诉宝宝“红灯亮了，汽车就要停下来不许走了”。

3）出示绿灯，成人说：“绿灯亮了，汽车开起来。”引导宝宝开汽车，告诉宝宝绿灯亮时汽车可以往前开。

4）反复几次进行开汽车游戏，并发出“嘀嘀”声，看到红灯停，看到绿灯行。

(2) 套娃

1）成人与宝宝一起玩套娃游戏，把套娃一一取出摆成一排。

2）引导宝宝观察每个套娃大小不一样，指出最大的，让宝宝跟着成人说“大的”，再指出最小的说“小的”。

3）与宝宝一起把套娃装好，边做边说：“把小的放里面，大的放外边。”

4）可鼓励宝宝自己取出来摆和放，并指认大和小。

（3）小拳头

1）成人与宝宝对坐，成人先伸出双手，引导宝宝也伸出双手，成人从拇指开始依次弯曲，边做边数，指导宝宝也同成人一起做，最后手指全部弯曲成一个小拳头。

2）成人带宝宝边做边说儿歌："小宝宝，伸出手，一二三四五，变成小拳头！"

3）可左右手分别做，也可双手同时做。

9. 如何对待宝宝的"惧怕"心理

惧怕，是幼儿正常发育过程中的一种心理体验，也是一种健康的反应。宝宝惧怕的内容，一般会随着宝宝年龄的增长而发生变化，会害怕动物，害怕黑暗，害怕孤独；学龄前儿童害怕鬼怪，害怕死亡，害怕某个陌生人等。随着能力提高，信心增强，惧怕心理会越来越少。

惧怕心理，是宝宝对所处环境的一种行为反应，父母的行为和教育方式，在幼儿的惧怕的产生过程中起着重要作用。如果父母对于宝宝过度的呵护、为了让宝宝听话而吓唬过他，都是宝宝产生惧怕心理的源头。幼儿的惧怕心理，是在日常生活中通过条件反射作用，不断学习到的。家长的斥责、外界环境的刺激，都会使宝宝对某种东西产生惧怕。

既然宝宝的惧怕是通过条件反射，不断学习而来的，那么通过条件反射原理设计的一些方法，则可以矫正宝宝的惧怕行为。可以有意识地鼓励宝宝勇敢地克服惧怕心理，试着做一做宝宝自己所惧怕的事。比如说宝宝惧怕小狗，可以逐步让宝宝接触小狗，逐渐消除惧怕反应。宝宝如果怕水，可以让宝宝在洗澡时玩一玩水，往身上浇一点水，提一提水桶，学习游泳，逐渐消除对于水的惧怕。

10. 如何让宝宝融入群体

宝宝们的性格是多种多样的，有的活泼，有的安静；有的爱和他人交往，有的不爱和他人交往，这两类宝宝都是正常的，宝宝是否爱与人交往，有先天禀赋的一面，但与环境因素的影响和教育也分不开。为了让宝宝更好地与人交往，可从以下几方面进行培养：

（1）营造良好的家庭氛围

家庭中的每个成员，都要为促进宝宝优良品德的形成做出表率，平时和睦相处、互相体谅，尽量不在宝宝面前过多地暴露大人的分歧甚至争执，给宝宝一个祥和、安全的家庭交往环境，宝宝自然会在潜移默化中逐步养成尊重别人、爱护同伴的品德。

（2）多创造与其他宝宝交往的机会

父母要鼓励宝宝交朋友，尤其是多与性格外向的小朋友接近。在假日，可以带宝宝到亲友家去串门，和亲友的宝宝一起玩，帮助宝宝尽快地熟悉陌生环境。

> **育金点子**
>
> 宝宝1岁后有了一定的自我控制力，这时如果父母经常和宝宝玩“藏猫猫”游戏或进行其他训练，可以很好地提高宝宝的自我控制能力，培养宝宝的耐心程度。

父母也应允许宝宝的小伙伴到家中做游戏，并鼓励宝宝热情接待，教宝宝宽以待人，要有同情心，信赖朋友，不欺负弱者。对宝宝们在共同做游戏、玩耍中出现的争执，父母不要过早地干涉，很多情况下，宝宝们会自行解决，这也能使宝宝获得与人相处的经验，提高宝宝与人相处的能力。

要正确确立宝宝在家庭中的地位，尊重宝宝的人格，帮助宝宝培养自信心、自尊心、自爱心；指导宝宝在客人面前的举止行为，并事后对宝宝的行为作出适当的评价，多鼓励，少批评，让宝宝尝试交往成功的愉悦；抓住宝宝在交往中的点滴进步给予鼓励。

(3) 培养宝宝的独立生活能力

这是宝宝之间选择同伴的重要条件，缺乏生活能力或生活能力低下的宝宝，很不受同伴欢迎。父母要避免包办代替，引导宝宝学会做自己的事，学会关心别人，防止过分的“自我中心”。给宝宝独立做游戏的机会，让宝宝在独自做游戏中独立探索、解决问题，逐渐形成坚实的自信心。

11. 注意培养宝宝的责任感

如果宝宝做错事了，就要鼓励他勇敢地承担责任。如把伙伴的玩具弄坏了，就要让他明白，是由于自己的过失才造成这样的后果，并帮助宝宝承担责任，陪他一起去买玩具赔给伙伴，并且向伙伴道歉。勇于承担责任的宝宝是受欢迎的，可以为自己赢得赞许、信任、朋友等。这样做的好处不仅可以使宝宝摆脱以自我为中心的思维习惯，知道外部世界并不总是能为所欲为，还能让宝宝遭受必要的情绪挫折，体验到后悔、难过、害怕是什么东西，还可让宝宝学会协调自己与环境的关系。

宝宝没有学会道歉，可能是因为不懂得是非概念，不知道生活中什么是对的，什么是错的，为什么是错的，更不知道自己应该怎样改正错误。因此，家长切不可对宝宝动辄责备，应耐心地告诉宝宝为什么错了，错在哪里。

有时候宝宝认错可能是缺乏一定的勇气，害怕承担后果，这时家长应和宝宝站在一条线上，给宝宝一种安全感，告诉宝宝每个人都有犯错误的时候，只要改了就是好宝宝，避免宝宝产生畏惧感。

12. 从小培养宝宝良好的作息规律

早期教育的重点，应该是让宝宝养成好习惯。因为习惯一旦养成，改起来很难。给宝宝养成良好的作息习惯，对于今后的生活、学习都是很有必要的。

(1) 建立规律作息的原则

1）尊重宝宝的节奏，不要让宝宝感受到压力。

2）随着宝宝的年龄、发展特性及需求而及时调整。

3）不要做硬性的要求，因为每个家庭的条件和习惯都有所不同。

4）随着季节变化调整作息时间。

(2) 良好的环境使宝宝睡得更香甜

尽量不开房间里的大灯，只开一盏灯光柔和的小壁灯，让宝宝一看到小壁灯亮起来，就知道该到睡觉的时间了；买一个柔软的儿童专用枕头，让宝宝睡得更香甜；选择透气性好的被褥、挂上宝宝专用蚊帐，给宝宝营造一个温馨舒适的睡眠环境。

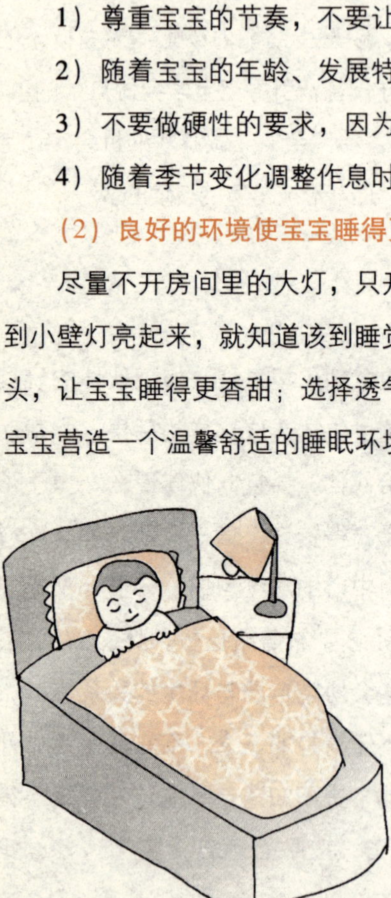

(3) 父母是宝宝的好榜样

宝宝习惯何时醒来、何时睡觉、何时玩乐，与父母本身的作息规律相关。宝宝的时间观念与父母的工作形态有关，如果父母必须要晚睡晚起，宝宝多半也会跟着这样做。所以，可能白天习惯睡觉的宝宝，如果要强迫他醒着，就会很不好控制。或者宝宝半夜醒来，熬夜工作的爸爸没有哄宝宝睡觉，还陪他玩耍，宝宝会觉得晚上比白天还好玩，当然晚上就会容易醒，这样的日夜颠倒，不但让宝宝有不良的生活习惯，也会影响宝宝的身体状况。此时父母可以考虑配合宝宝调整自己的作息，让宝宝能有足够的睡眠时间。最好在每晚9点左右就寝，等到宝宝熟睡之后，爸妈再起来做自己的事。

(4) 准备工作也要定时

给宝宝洗澡洗脸可以固定在特定时间，让宝宝建立什么时候该睡觉和起床的条件反射，最终做到作息时间有规律。

13. 帮宝宝顺利度过儿化语言期

宝宝在1～2岁时，常常喜欢用单词或简单句子表达自己的想法，如“糖糖”、“蛋蛋……要”。细心的父母会发现，宝宝在这段时期所用的语言，一般只有名词和动词。有时候一个词可以表示多种意思，名词也会作为动词来用。这种现象只会在1～2岁时出现，所以又称“儿化语言”。

千百年来，几乎所有的母亲们都自觉地用“儿化语言”与婴儿交流，逐渐教会宝宝掌握母语。父母与宝宝以“儿化语言”交流时，会有意放慢说话的速度，复杂的长句也会被拆分成简单的短句和单词，同时还使出夸张的肢体语言。这样，宝宝更容易理解词句的意义，从而使学习语言的速度明显加快。

事实证明，宝宝更喜欢这样的说话方式，它有助于打破母子间的语言隔阂。但这并不表示宝宝不能学习规范化语言，只是用“儿化语言”可以使宝宝学得更快一点。

在使用“儿化语言”时，要尽量避免过多模仿宝宝无意识的发音或一味地简单重复，减弱家长在语言学习中的引导作用。

在宝宝1～2岁期间，父母使用“儿化语言”可以和宝宝处在平等的基础上，给宝宝一种受尊重的感觉，有利于培养宝宝的自信，更容易和宝宝交流，重点突出名词和动词，有利于宝宝把物体或动作和词汇联系起来，对周围环境进行分化，有利于增加宝宝的词汇量。

在使用儿化语言和规范语言的问题上，要注意的是，2 岁前后一定要分别对待。

14. 如何培养宝宝的独立性

（1）给宝宝理智的爱

有些父母溺爱宝宝，舍不得让宝宝做这个做那个。爱是对的，但也要有理智。父母应该放下那种过分的溺爱，给宝宝创造一些机会，放手让宝宝尝试生活。只有让宝宝离开父母的翅膀，早点培养宝宝独立能力，让宝宝学会自己照顾自己，才更利于宝宝日后的成长。

在安全的范围里，让宝宝做一些力所能及的事情，教给宝宝方法，让宝宝练习，宝宝会逐渐学会。比如让宝宝把地板上的果皮垃圾放到垃圾桶里，玩水的时候自己试着洗一洗小袜子，洗不干净没有关系。

（2）不要认为宝宝在帮倒忙

宝宝毕竟还不满 2 岁，独立生活能力很差，但是几乎每个宝宝都是希望自己动手做事的，这也正是宝宝锻炼的机会。

当宝宝刚会走路的时候，就已经有了帮父母做事的意愿，再逐渐大一点，宝宝会非常愿意帮父母拿东西、跑跑腿。以后，当宝宝 3 岁的时候，这种自立愿望就会更加强烈了，什么事情都想去干。

但是宝宝因为年龄小，能力有限，动作发展还处于不协调、不精确的状态，总会把事情搞得很麻烦。比如让宝宝自己吃饭，宝宝就会把饭弄得满身都是，让宝宝去拿来一块蛋糕，宝宝却常常不小心把它掉在地上。这时父母也不要认为宝宝在帮倒忙，而责怪或制止宝宝来自己做事，因为批评会挫伤宝宝自己做事的积极性。应鼓励他试一试，适当地帮助他，并且教会他如何做得更好，学会一些必要的技巧，这对宝宝的独立意识影响要远胜于宝宝添的小麻烦。

(3) 创造宝宝做事的机会

独立生活能力是人生存与发展的基本能力，不是天生的，要从小加以培养。尝试是宝宝学着独立的第一步，也是宝宝走向自立的第一步。父母在生活中给宝宝创造自己做事的机会，给他充分的时间让他来完成，无疑是明智的做法。比如给宝宝下一些命令，让宝宝搬板凳、拿拖鞋、拿扇子、拿水果等，在宝宝摔倒的时候不要马上把他扶起，而是让宝宝自己站起来。

(4) 鼓励宝宝持之以恒

好的习惯和能力，不是一天两天就可以形成并出现效果的。当宝宝自己做事的热情有所减退的时候，父母也一定要耐心地鼓励宝宝继续做、持之以恒。也可以陪着宝宝一起做，在有利于宝宝坚持的同时，也使宝宝体验与父母合作的良好感觉。

许多父母对宝宝过分照顾，使宝宝失去了自己做事的机会，逐渐养成衣来伸手、饭来张口的坏习惯，这对宝宝日后的成长是很不利的，宝宝会认为别人为自己做什么都是应该的，不懂得体谅和关心他人。因此，父母不要过多地干涉宝宝的活动，而是应该尊重宝宝希望“自己做事”的意愿，只要是宝宝自己能做到的，都让宝宝来尝试。

15. 正确处理宝宝的抵触情绪

随着渐渐学会自己走路，父母忽然有一天会发现，宝宝开始有主见了，会说“不”了！而且，经常不管父母说什么，都回答一个“不”字。甚至会在别人问好时，也回答说“不好”。实际上，这只是宝宝表达独立意识的一种方式。

1岁多的宝宝，虽然嘴里说着“不”，实际上并不完全是要表示抵触，而是独特的，表示自主的正常方式。宝宝在1岁左右，不论大脑发育还是身体发育都有比较大的飞跃，当宝宝意识到“我可以独立做事，我应该试一试”，于是就想，尝试自己可以达到的极限，采取的方式就是说“不”，实际上没有任何恶意。

1 岁宝宝说“不”时，不是叛逆或脾气不好。在大笑着或微笑着对一切事情都说“不”的同时，宝宝能感觉到这个字本身的力量。

宝宝进入 1 岁以后，任何时候会常常说“不”，而且会持续几个月的时间。宝宝做出的反抗的行为，正是在形成自我认知，在探索自我世界所需要的精神上的支持。

对付宝宝的抵制情绪，可以采取冷处理的方式，不必过于在意。有限的表达能力很可能是说“不”的原因。很多情况下，在宝宝无法准确表述自己的心情时，这个字出现的频率最高。尝试着了解宝宝要表达的意思，然后替宝宝说出来，并给出一定的选择性答案。例如宝宝不让剪指甲，就可以说：“怕疼吗？先来剪我的指甲吧，一点都不疼。”

16. 如何教宝宝学会穿衣、脱衣

两岁的宝宝应该学会自己穿衣、脱衣了，这是宝宝走向生活自理的一个重要的方面，妈妈们不要操之过急，可以先让宝宝学会脱衣，再让宝宝学会穿衣。

（1）先从布娃娃练习起

当宝宝表示要自己穿衣服、脱衣服的时候，可以让宝宝用布娃娃做练习，先让宝宝分清衣服的正反面，然后给布娃娃脱去衣服，然后再穿上。宝宝每完成一步就要表扬他，并让宝宝有机会多练习。让宝宝练习扣扣子、拉拉链、勾裤钩和解纽扣，最后练习系鞋带。父母要有耐心，不要期望很快就能学会，因为宝宝还小，但最终会学会的。

（2）从简单到复杂

在最开始，妈妈要为宝宝选择穿脱起来都很简单的服装。对宝宝来讲，有松紧带的裙子和裤子、套头衬衫之类的衣服，既好穿又好脱，而系扣子的大衣或带拉链的滑雪服就比较难对付。当宝宝把简单的服装应付自如后，再逐渐让宝宝穿式样较复杂的服装。

(3) 妈妈做示范

宝宝凡事都喜欢照父母的样子做。如果你一边给宝宝穿衣服，一边做示范，宝宝便会喜欢去学。这样不仅可使宝宝学会正确穿法，而且也可使宝宝习惯快穿衣。

(4) 给予一定的提示

一旦发现宝宝遭遇困难，父母可以提供适时的指导与协助。比如说，教宝宝扣纽扣时，要叮嘱宝宝要从下往上扣，这样会顺手一点，并要宝宝用一只手先扒开扣眼，再用另一只手捏紧纽扣，最后把纽扣塞进扣眼里。教宝宝穿袜子时，先让宝宝弄清袜跟不能穿到脚面上，而是应该正好套住脚后跟，并且帮助先把袜子卷起来，再让宝宝把脚趾伸进袜筒内，然后一边伸一边拉袜口，这样穿起袜子来就容易多了。宝宝学得也会快很多。

育金点子

如果宝宝还不大会抓好衣服再套，可在衣服背面的衣襟用奇异笔画两条线，提示手抓的位置，抓对了再直接套进头，方向就大致不会错了。

17. 睡前故事可以促进宝宝大脑发育

睡前故事一直以来是增强亲子关系的纽带、帮助宝宝更好睡眠的催化剂。最近的研究发现，父母给宝宝创造的优美、安静的故事情境可不知不觉地促进宝宝的大脑发育。这种作用主要是通过宝宝的逻辑思维能力和神经系统发育两方面来实现的。

(1) 选择内容优美的故事

为了让宝宝安静入梦，最好挑选有安定感、情节变化平静的故事，宝宝才不会越听越兴奋，如《会飞的小蚂蚁》、《彩虹尾巴下面的青蛙》、《小白兔的种子》等；家长讲故事时，要把故事讲得有安宁的气氛，并不时针对宝宝的年龄和心智发育，稍微调整故事内容。

黄金点子

宝宝第一次听故事几乎什么都没记住，但反复地听上几遍就会注意到故事的情节和次序，有时他们还会根据自己所学到的知识来预测接下来将要发生的事情。因此，父母讲故事时可以多提出一些问题，如“你猜后来会怎样”等。

（2）语言生动形象，感情丰富

父母在给宝宝讲故事时可适当夸张自己的语言，让声音更加生动形象，多用一些宝宝喜欢的、容易理解的词语，如拟声词、重叠词等，如果家长能够充分表现愉快、愤怒、失望、难过等情绪，睡前故事就会更精彩。为宝宝讲床边故事，要用感情来表现气氛，而且要轻柔甜美。讲故事之前，最好先了解故事的主题和内容，那么讲起来一定很自然生动。

18. 训练宝宝爬楼梯

现在的宝宝一般已开始独立行走，独立性和主动性有所提高，对宝宝进行爬楼梯锻炼，可以增强腿部力量，为以后的跑步和跳跃能力打下基础。

在能够独立行走后，可以拉着宝宝的手练习爬楼梯。

还可以把宝宝喜欢的玩具放到楼梯的台阶上，引发宝宝去拿玩具的念头；或者站在楼梯上，向宝宝拍手，喊宝宝的名字，另一位家长扶着宝宝慢慢爬上楼梯。下楼梯也照这样做，这个年龄的宝宝还掌握不好身体的平衡，需要家长先扶助着宝宝，让他体悟高和低的感觉。

训练一段时间后，可以鼓励宝宝自己扶着栏杆，慢慢地迈上楼梯，但刚开始时要注意保护，先从2～3阶楼梯开始练习。可以在楼梯台阶上面逗引，并给宝宝鼓励，使宝宝逐渐增强力量，自己能扶着栏杆迈上台阶。待宝宝能稳定地扶栏杆上楼梯后，可以教宝宝学习下楼梯，开始可扶着宝宝练习，使宝宝掌握深浅高低的概念，然后教宝宝练习自己扶着栏杆迈下阶梯。下楼梯一般比较危险，宝宝不好掌握，要特别慎重，防止失手跌落。

育金点子

刚开始时，宝宝跨步会很费力，身体也不平衡，可以双手扶着宝宝的腋下，用较大的助力，帮助宝宝两脚交替迈上楼梯。然后可以逐渐减少助力，锻炼宝宝用自己的力量爬上楼梯。

19. 精心为宝宝挑选玩具

玩具是宝宝游戏活动中不可缺少的好伙伴，是早期教育的有效工具。宝宝在玩玩具的过程中，不仅可以促进大肌肉、小肌肉的发育，还有利于感知觉和语言、智力的发展，对激发宝宝愉快情绪、培养良好行为品德都有不可估量的作用。

（1）动物、水果、蔬菜拼图

有利于促进宝宝认知、语言和动手能力的发展，对发展宝宝的手眼协调性、专注力和空间知觉都有极好的促进作用。

（2）各种形状、颜色的大木珠或套环

对发展宝宝小手肌肉灵活性、手眼协调性、专注性及认知形状、颜色、数数、排序等都有促进作用。

（3）水质的彩色画笔

宝宝喜欢随意涂鸦，鼓励宝宝自由地涂画，有利于对颜色形成认知

和想象，还有利于发展正确控笔、运笔的能力。

(4) 能穿脱衣服的布娃娃

有利于宝宝学习穿脱衣服、系扣、解扣，发展社会交往、动手能力和语言交流能力，促进精细动作的发展。

(5) 积塑玩具

有利于发展宝宝小手肌肉灵活性、手眼协调性、专注性，促进想象力、数数、颜色认知、排序等各种能力。

(6) 爬行隧道（可折叠的）

有利于宝宝爬行、社交行为和情感的训练。

(7) 推拉玩具

四轮小推车、两轮小拉车。对促进宝宝独立行走、身体动作协调能力、扩大感知觉范围、激发想象力等都有很大作用。

(8) 摇马、小秋千

对发展宝宝前庭平衡、身体协调能力、自主能力，都有极好的促进作用。

(9) 球类

皮球、塑料球、气球。有利于发展宝宝踢、滚、扔等基本动作，促进身体动作协调性和准确性。

(10) 图书

色彩纯正、颜色鲜明、形象逼真的图书。有利于促进宝宝语言的发展和社会行为的形成，激发宝宝的想象力和对识字的兴趣。

(11) 录音机和音乐磁带

有利于促进宝宝音乐感受力和智力发展。

(12) 木偶、手偶

有利于调节宝宝情绪，促进宝宝语言能力和社会性的发展。

(13) 动物、水果、人物等配对卡片

有利于宝宝学习分类、排序、数数，认知颜色、物品、人物等社会自然内容，促进宝宝语言、感知、记忆等能力的发展。

(14) 玩沙、玩水的玩具

大浴盆（塑料制）装沙装水，再配以小铲、小桶、小碗及海绵、塑料、金属玩具。可让宝宝在玩沙、玩水过程中发展小手肌肉灵活性，促进宝宝触觉、感知能力的发展，还可让宝宝了解物体在水中有沉浮现象。

(15) 各种动物形象和毛绒玩具

有利于宝宝认知动物名称、形象、叫声及主要特征，促进语言、观察、记忆、思维等方面的发展。

(16) 交通工具玩具

有利于宝宝了解一些交通工具的名称、外形、用途，对促进语言、认知能力有积极作用。

(17)“娃娃家”玩具

有利于宝宝认知家用的一些物品名称、用途，对模仿成人活动、发展语言和培养独立生活能力及良好行为习惯都有促进作用。

(18) 木制小攀登架和小台阶（3～4阶）

可发展宝宝手及手臂的力量、手脚动作的协调性和灵活性，锻炼宝宝攀爬的能力。

(19) 惯性、电动玩具

有利于激发宝宝好奇心，促进宝宝认知形象、名称，发展宝宝语言和注意力、观察力，锻炼宝宝自己动手操作的能力。

(20) 音乐玩具

响铃、串铃、小木琴、电子鼓等。有利于发展宝宝听觉和节奏感，激发愉快的情绪和活泼开朗的性格。

(21) 模拟玩具

如玩具电话、玩具照相机、玩具计算器等。有利于宝宝模仿和体验成人的活动，促进语言和社交能力的发展。

（22）模仿家务的玩具

如小扫帚、小拖布、小簸箕等（大小适合宝宝使用，形象逼真，材料坚固无毒）。有利于促进宝宝生活能力的发展。

20. 如何让宝宝形成正确的是非观

很多人认为，婴幼儿只知道吃喝拉撒睡，能哄得他们不哭不闹就不错了，能有什么是非判断能力。其实不然。在他们懵懵懂懂、咿咿呀呀，特别是欢笑及发怒时，已开始了对外界人和事的观察与认知。有的父母只是满足宝宝的生理需求，对宝宝的无理取闹无条件地迁就忍让，这样宝宝就会形成不正确的是非观，养成许多不良习惯。

（1）统一是非标准

在宝宝饮食、排便、睡眠、卫生、礼貌等方面建立良好的制度。严格执行并取得全家人的共识与行动的一致。如宝宝睡醒之后会躺着自己玩，这就是做得好，如果没缘由的大哭大闹，就是表现不好。此时，无论谁都不要理会他，慢慢宝宝就知道了自己做得不对。但是，宝宝的语言表达能力还不完善，不能完全用语言表达自己的需求，只会用哭来表示自己的感觉。所以，父母要学会判断宝宝哭的真正原因，以便及时“对症处理”。

（2）客观评价宝宝的行为

父母可以利用表情动作、简单的语言对宝宝的行为加以肯定或否定。半岁以后的宝宝，逐渐对成人用表情和语言表示的称赞和责备有所反应。如小便知道坐便盆了，爸爸妈妈可以非常高兴地拥抱亲吻宝宝，并充满喜悦地说：“宝宝真的长大了，真能干！”等等。有时，还可以很温柔地抚摸宝宝，奖励他最喜爱吃的或玩的东西，以此来不断鼓励和强化宝宝正确简单的是非观。当宝宝表现差时，可以置之不理，或佯装怒容以训斥生气的语言说："不是好宝宝，不喜欢宝宝了！"等等。但是父母一定要客观地评价宝宝的行为，不能根据自己的心情去判别宝宝的是与非。

（3）教宝宝正确的行为

爸爸妈妈可以带宝宝多外出活动，与其他人及小伙伴交往，教宝宝正确的礼貌行为。如用动作表示"你好"、"再见"等，教他不要同小伙伴抢玩具、到公园不攀折花木等。在宝宝养成良好的行为习惯的同时，他也明确了人生的一点点是非。

21. 让宝宝区分颜色

宝宝在1岁半左右时就能开始区分简单的颜色、形状和大小，能认识红颜色和绿颜色，分辨出圆形、方形、三角形等简单的形状。这段时间，是训练宝宝认识颜色、形状感知能力的好时机，可以让宝宝能够从颜色、形状、大小来区别每一件事物的差异，进而逐步培养锻炼和提高宝宝分辨事物的能力。

教宝宝认识颜色，一般可以按照红、黄、蓝、绿、白、黑的顺序逐一进行训练。宝宝在日常生活中接触最多的就是玩具、食物和家庭用具，可以因势利导，经常把这些常用物品的颜色和名称教给宝宝，经过反复的强化，就能让宝宝认识到越来越多的颜色。

在宝宝已经认识到几种颜色的基础上，可以用硬纸块剪成不同形状，涂上不同的颜色，让宝宝识别。当然，开始时宝宝只能借助于已经知道的颜色来区分不同形状的彩色硬纸块，训练到一定的程度以后，就可以用圆形、正方形、长方形、三角形、半圆形等彩色硬纸块混在一起，让宝宝辨认和挑拣出来。等到完成这一步以后，则可以把不同形状、不同颜色的纸块混到一起，教宝宝按形状或颜色分类，由浅入深、循序渐进地提高宝宝的辨别能力。

22. 注意对宝宝进行音乐启蒙

从宝宝出生到 2 岁属于感知运动阶段。在这一阶段，宝宝建立的所有认识基础，是日后感知觉发展和智力发展的起点。这个阶段，如果宝宝接触到吉他、电子琴或其他乐器，就会感到快乐。音乐是开启人类智慧宝库的钥匙，适时对宝宝进行早期音乐启蒙教育，将对宝宝的智力发展起到独特的作用。

父母可购买一些小乐器，如小铃鼓、小琴、电子琴、口琴；也可以自制一些沙球、响板等，让宝宝摸摸、敲敲、吹吹，发出各种声音，激发宝宝的兴趣，让宝宝感知节奏。可以教宝宝唱他所熟悉的歌，或者教他做简单的音乐游戏。

总之，应因地制宜为宝宝创设良好的家庭音乐环境，注意激发宝宝对音乐的兴趣，不失时机地进行音乐启蒙，以使宝宝的智力得到健康全面的发展。

第二章 2~3岁，人见人爱是教出来的

1. 宝宝体能发育

这一阶段，大部分父母都感到宝宝光长个子不长肉，吃、喝、玩、睡跟以前没什么两样，担心宝宝生了什么病，其实这种担心是多余的。只要宝宝的发育情况良好，身体健康，就无须忧心忡忡了。

3岁宝宝发育速查表

	男宝宝	女宝宝
身长	89.9~103.2厘米，平均96.6厘米	88.8~102.3厘米，平均95.6厘米
体重	11.8~17.5千克，平均14.65千克	11.3~17.0千克，平均14.15千克
牙齿	20颗左右	
外形	本阶段的宝宝身体也会发生很大的变化，特别是出现鼓出的腹部和凹进的腰部。但随着肌肉张力的改善，宝宝变得更加挺拔，将形成更高、更瘦、更强壮的外表	

2. 宝宝智能发育

(1) 大动作

宝宝双脚并跳时，能双脚同时离地和同时落地两次以上；宝宝能双脚向前连续跳1~2米远；3岁的宝宝能双脚向前连续跳3~4米远，原地双脚跳10~20次，能从20厘米高处跳下。父母先做出双脚同时离开

地面跳起的动作，然后鼓励宝宝模仿，观察宝宝能否双脚同时离开地面跳起。宝宝能双脚同时离开地面，并同时落地2次以上，表明宝宝达到了36个月智能发育标准。

(2) 认知能力

宝宝对自己的身体部分的左右有了深刻的认识，如果让宝宝用自己为中心分左右，比如，父母可以让玩具车、泰迪熊和宝宝排排坐，然后分别问宝宝“谁坐在你的左边”或“谁站在你的右边”等问题。经过思考后便能给出正确的答案，表明宝宝达到了36个月智能发育标准。

(3) 语言发展

宝宝自我意识越来越强，已经有了性别的概念，能正确回答“我是男孩”或“我是女孩”。父母可询问宝贝：“你叫什么名字?”宝宝能正确地回答自己的名字。询问宝宝：“你是男孩还是女孩?”宝宝能正确回答出自己的性别。表明宝宝达到了36个月智能发育标准。

(4) 情绪与社会行为

宝宝和玩伴在一起时，开始懂得遵守规则，不再自顾自玩，也喜欢玩过家家或打仗之类的游戏。玩积木或堆沙时也会设计各种形状，换句话说，宝宝已经会玩需要判断力的游戏了。这表明宝宝已达到了36个月智能发育标准。

3. 培养宝宝良好的坐姿和走姿

幼儿期正是迅速生长发育的阶段，宝宝在这个时期骨头里钙、磷等矿物质含量少，有机物含量多，所以骨骼硬度小、弹性强、柔软、不容易骨折，但易变形。另外，各个器官功能均未定型，容易发生变化。因此，在这个时期注意保持宝宝健美的体形极为重要。

(1) 保持正确的坐姿和走姿

宝宝连续坐的时间不宜超过半个钟头，且要保持正确坐姿：身体端正，两腿并拢，腰部挺直，两眼平视前方，两臂自然下垂放在腿上。这样的姿势才不会引起宝宝椎骨变形。

帮助引导宝宝稳定协调地走路很有必要。正确的走路应目视前方，上体正直，双臂自然下垂，手指自然弯曲，两臂以肩关节为轴前后自然摆动，下肢协调动作，抬头挺胸。走路时双足勿向外撇，也不能向里钩，这样也容易形成异常走路姿势。

（2）正确姿势有利于健康

收腹、挺胸、抬头、前视、站直。不弯腰、不侧弯，两肩平面对称，两手自然下垂，两足靠拢，自然站立。这种姿势可使胸腔容积扩大、腹腔压力减少，有利于呼吸及血液循环，有利于全身健康。

（3）创造适宜的学习环境

父母应为宝宝提供与其身高相协调的桌椅。一般来说，桌椅之间的距离以宝宝端坐在椅子上，两肘刚好放在桌面为宜。还应注意，不要让宝宝坐在柔软的沙发或床上看书、看电视，坐时不要让宝宝过多地依靠垫背。

4. 及早培养宝宝的自控力

自我控制是有意识地调节、控制、支配情绪以及语言行为的一种意志品质。自我控制能力的发展对于个人形成良好的性格极为重要。自我控制能力并非生来就有，它是宝宝在后天的环境中随着认知的发展和教育的影响而不断形成和发展起来的，所以，让宝宝从小学会控制自己是非常重要的。

首先要培养宝宝良好的生活习惯，让宝宝生活有序，按时吃饭、睡觉，形成有序的、稳定的时间观念。其次，帮助宝宝认识自己行为的对与错，让他知道“可以这样做，不可那样做”的道理，让宝宝用这些道理来辨别自己的行为是对还是错，久而久之就会使宝宝增强自我控制情绪能力。

> **育金点子**
>
> 宝宝爱看电视、爱玩、不喜欢学习，是因为他们觉得学习远不如看电视、玩游戏有趣。父母可以通过各种形式与宝宝一同发现学习中的乐趣。可以让宝宝当“小老师”，或来个比赛，如让宝宝跟父母比赛朗读，比赛找错别字，宝宝会乐此不疲。

再次，要充分发挥榜样的作用，不仅父母要以身作则，还要充分利用一些健康的儿童作品去影响宝宝。最后，要及时肯定宝宝的行为，逐步树立起宝宝的自信心和自豪感，促使其在今后的生活中更加注意自己的行为。

此外，父母可以根据宝宝的特点选择适合的游戏，并在游戏中充分结合自制力、坚持度、自觉性和延迟满足这四项自控能力培养的要素。这类游戏主要有自制拼图、拆卸旧物件、摸瞎、捉迷藏、钻、投、攀、爬等。

5. 训练宝宝的精细动作能力

（1）玩沙子

宝宝很喜欢玩沙子，爸爸妈妈不要忘记与宝宝一起玩沙子游戏。在玩之前，沙土要先过筛，将石头和杂物去掉，用水冲洗过后再晾晒干，并且在每次玩之前要用带喷头的水壶将沙土稍微浇湿，以免尘土飞扬，玩要完毕后用塑料布将沙土盖上。

带宝宝玩的时候，爸爸妈妈可以和宝宝一起用玩具小铲子将沙土装进小桶内，或者在小碗内盛满沙土，然后倒扣过来做成馒头形状。也可以用其他的模型制造沙堆，如方形或圆形，让宝宝知道沙子的形状是可以改变的。

宝宝可以通过玩沙，促进皮肤触觉统合能力的发展，还有利于认知与创造性思维的开发。

（2）穿彩珠

准备彩色大珠子若干，稍粗彩线1条。

1）成人示范穿彩珠。

2）鼓励宝宝一只手拇指、食指捏住线绳，一只手捏住大珠子，线从珠眼中穿过去，穿5～6个即可。

视宝宝年龄及能力不同，可穿大小不同的珠子，也可用不同颜色、形状的珠子，让他在穿的过程中感知色、形。

（3）夹衣夹

准备小筐1个、衣夹3个、小铁丝架1个、袜子1双、裤子1条、小上衣1件。

1）引导宝宝将用具取来置于桌上。

2）成人示范夹子的用法：右手拇指与食指、中指分开拿住夹子，用力打开夹嘴。请宝宝观察夹嘴张开和闭合的情形。

3）取出小袜子，晾在小铁丝架上，撑开夹嘴对准袜子，三指放松使其夹住。

4）引导宝宝亲手操作："要不要试试看?"请宝宝用同样的方法，把上衣、裤子分别夹到架上。

（4）扣纽扣

给宝宝穿上扣子稍微多一点的外套，扣上第一个纽扣，然后鼓励宝宝自己扣，每当宝宝扣上一个就夸奖宝宝。还可以给布娃娃准备两套衣服，让宝宝给布娃娃扣纽扣。

父母也可将自己的外套解开，坐在小凳子上，让宝宝站着给父母扣扣子，父母最好选择一些质地柔软、容易扣上的衣服，以增加宝宝的信心。

随着宝宝熟练度的增加，父母可以逐步增加难度，如选择纽扣小一些的衣服等。

6. 训练宝宝的语言能力

(1) 水果排排队

准备苹果、香蕉、草莓、葡萄等水果的图片。

1）让宝宝们围坐在线上，成人取来水果图片，请宝宝们找到自己喜欢的水果，并说出名称。

2）介绍游戏的规则：每位宝宝要说出两种水果的名称，第一个果名是重复上一位宝宝最后说出的果名，第二个果名是宝宝根据以往的经验自己说出的。

3）成人可先做示范，如："苹果，橘子""橘子，香蕉""香蕉，葡萄"……再请宝宝轮流进行。

4）为了减少宝宝的挫折感，成人可以准备一些水果图片，用以提示个别宝宝。

游戏提示：①在游戏的过程中，成人应注意纠正宝宝发音。②根据宝宝掌握的情况，可以适时改变游戏规则，例如：可在上一位小朋友说出的果名基础上增加一个新果名，如小明说："苹果"小丽说："苹果、香蕉"婷婷说："苹果、香蕉、草莓"婉婉说："苹果、香蕉、草莓、葡萄"……这样可以增加游戏的兴趣性和记忆难度。

(2) 动词游戏

1）成人说出动作指令，如：走走、停下、说说、笑笑、快跑、慢跑、拍腿、坐下等。

2）请宝宝按成人的要求做出相应的动作。

3）对一些表示事物发展变化的词，成人可做给宝宝看，边看边丰富宝宝相关的动词，如：成人做"倒水"的动作，同时告诉宝宝："水在流动。"

家长可在家庭生活中，使用正确的语言引导宝宝做出相应的连贯动作。如：请你把那个红色的椅子搬来放到桌子边，再去厨房拿一个碗放在桌子上。

(3) 钓单词游戏

用彩纸做成各种鱼的形状，在鱼嘴的位置上固定一个曲别针，然后在彩纸上写上宝宝学过的单词。再把钓鱼线缠在木筷子上，用胶布把磁铁粘在鱼线的末端。一切准备就绪后。父母说出单词，让宝宝钓起写着单词的鱼形图案。每当宝宝学会一个新单词，就再做一张鱼形卡片，把新学的单词卡片混在原来的卡片中让宝宝钓，以达到反复巩固学习效果的作用。

(4) 描述故事书

可以从宝宝熟悉的故事本中，找一些较突出的卡通人物剪下来给宝宝看，让宝宝说出这些卡通人物是什么角色，叫什么名字或者在做什么；也可以将几张卡通图片剪下，撒落在桌上，让宝宝按照顺序排列后，编出故事；还可以将其中一张拿开，只让宝宝看其他的几张，联想出空白位置的卡片应该是什么内容。

培养宝宝喜欢阅读的习惯，提高宝宝的构思能力，鼓励宝宝勇于表达自己的意见和培养反应力。

7. 分床睡可以及早培养宝宝的独立意识

2～3岁之间，是宝宝独立意识萌芽和迅速发展的时期，安排宝宝独睡，对培养宝宝心理上的独立感很有好处。这种独立意识与自理能力的培养，对宝宝日后社会适应能力的发展有直接关系。

讲明道理，做好物质准备：先要让宝宝明白，独睡是一个人长大了的标志，而不是父母从此不再疼爱宝宝了。要逐渐培养宝宝晚上睡觉不乱踢被子、或小便时醒来知道叫人的习惯。

布置好卧室和小床：可以给宝宝布置一个快乐的儿童天地，在墙上

挂上各种五颜六色的图案，再把宝宝平时喜欢的玩具挂在床边，入睡时，可以暂时开一盏柔光灯。还可以根据宝宝的需要不断变换室内和小床周围的摆设，让宝宝总是充满新鲜感。

循序渐进：先分床，再分房，让宝宝慢慢适应。必要时给予一只绒毛熊做安慰品。诱导宝宝晚上睡眠时，可以讲一个小故事，也可以轻轻拍一拍宝宝的背，让宝宝有安全感，安静入睡。

8. 及早发现宝宝的天赋

通常人们会用一些智力测验的方法来测定幼儿的天赋高低。然而这种测试对宝宝的评价，往往缺乏全面性和准确性。

要想知道宝宝是否有天赋，可以从以下几个方面来观察：

宝宝对于外界事物，是否表现出广泛的兴趣。兴趣，是智力的催化剂，在知识不断增长的同时，宝宝的兴趣也逐渐广泛，表现出对于周围一些事物的主动关注。如经常要求父母给自己讲故事，经常把玩具拆散等，显出无限好奇。如果宝宝开始着迷于某种事物，表现出高度的注意力，则会显示出在某方面有特定的天赋。

口齿伶俐，语言流畅，常能用新鲜词汇的宝宝聪明。语言能力和思维能力分不开，只有思维能力反应敏捷的宝宝，在语言交流当中，才会显得与众不同，表现出非凡的口才。

经常提问“为什么”，异想天开，提出一些“怪问题”的宝宝聪明。例如，为什么一年会有春天和夏天、秋冬的变化？为什么会有天阴下雨或风雪天气？这些问题说明宝宝对于自然现象产生了强烈的兴趣，有着浓厚求知欲和探索究竟的精神。

在视觉、听觉方面有较高知觉的宝宝天赋高。例如，在观察米字格图或迷宫图时，能比同龄的宝宝观察得更仔细，判断得更快、更准确。

事事留意、记忆力强的宝宝天赋高。宝宝和父母一起上街时遇到一件事情，后来，父母都记不得了，宝宝却津津有味地把过去很久的事情细节讲给人听。

从宝宝日常生活中众多独特的表现中，都能够发现宝宝的天资程度，充分地对宝宝的天赋加以诱导和培养教育，是培养宝宝智能和才艺的最有效途径。

孕育金点子

宝宝 2 岁以后，理解力增强，应当在日常生活中进行安全教育，让宝宝懂得什么是危险、怎么避开危险。要经常提醒宝宝不去危险的地方，不做危险动作。

9. 提高宝宝的思维水平和思考能力

孩子 3 岁后思维有了进一步的发展，抽象思维开始萌芽且正在发展，在此时应该加强对孩子的相关训练，提高孩子的思维水准和思考能力。

（1）因果问答

对孩子进行因果关系的训练，即训练孩子思考某个行为带来的可预测的后果。父母可以这样问孩子：“如果我忘记关上水龙头，让它开了一整夜，你想会发生什么事?”“如果没有了太阳，那么世界会变成什么样?”等等。和孩子玩因果游戏时，父母也可以和孩子交换角色，由父母想象原因，孩子回答结果。

（2）解决问题的程序

父母要训练孩子学会解决问题的程序。比如：孩子和别的小朋友闹矛盾了，父母可借机启发他思考：“别的小朋友为什么不和你好了?”

等孩子找出正确的原因后，父母可进一步启发他，提出些解决问题的方案，并要求他逐一分析各种方案的优劣，经比较后作出最佳抉择。

(3) 提出问题

让孩子学会提出问题。提问题的水平与思维水平是紧密相关的。问题提得好，不仅决定着思维水平必然处于一个较高的层次，使人想得深、想得远，而且还极有助于问题的解决。所以，父母要鼓励孩子提问，特别是家长应鼓励孩子对一些司空见惯的事物进行质疑，即使孩子有时提问很幼稚或错了，父母也不可只给以简单的否定。

(4) 多个角度想问题

父母应该注意训练孩子从不同的角度想问题，培养其思维的多极性。比如，让孩子对任何一个解决方案都要考虑有利和有弊的一面。对同一个问题，不仅会正向思维，也会逆向思维，还会横向思考。父母可问孩子这样的问题："把身上带的所有的钱都给你买好吃的和好玩的，好吗?"孩子听后刚开始可能会赞同，此时可要求孩子再从正反几个方面重新考虑，孩子经过认真思考后，往往会改变原先的想法。

10. 培养宝宝的生活自理能力

(1) 学会独立进餐

宝宝现在已经有了一定的独立能力，也喜欢试着自己做事情，为了培养宝宝的独立性，父母现在仍要锻炼宝宝的独立进餐能力。饭前让宝宝把手洗干净，吃饭的时候耐心帮宝宝学会使用餐具，父母可以给宝宝添饭、夹菜，但最好不要喂。而是鼓励宝宝自己吃。可以说一些类似"真好吃，多吃饭可以长高个子"的话来鼓励宝宝，使宝宝快乐进餐。

(2) 学穿鞋袜

鼓励宝宝自己穿鞋袜。穿袜子的时候，宝宝只能套到脚上，不会提起后跟，穿鞋时也只能穿到脚上，不会提后跟，而且会由于分不清左右穿错脚。父母应在一旁帮助提醒，但不要完全代替宝宝来做。

(3) 学习洗漱

生活中锻炼宝宝用香皂洗手，并且用毛巾擦干，教宝宝洗脸、洗脚。先告诉宝宝洗漱时应该准备好的东西，如脸盆、毛巾等，帮助宝宝准备好，告诉宝宝洗漱的顺序，洗完后告诉宝宝把物品放回原处。

(4) 鼓励宝宝参加家务劳动

这个阶段的宝宝，已经能认识很多周围的事物了，手也已经够灵活，父母可以让宝宝适当参加一些家务劳动了。让宝宝从自己完成自己的事情，如吃饭、喝水、大小便，到逐渐帮助家人做一些事情，如在爸爸回家后给爸爸拿拖鞋，给奶奶拿点心，给爷爷拿扇子等。这个阶段的宝宝因为对事物有很大的好奇和兴趣，他也会十分愿意来帮家人做这些小事情。关键是父母要给宝宝这种机会。

11. 如何纠正宝宝的占有欲

宝宝在1岁以前，基本上以个体活动为主，对主体和客体还不能区分，因而对东西的所有者尚不能区分。当宝宝长到2岁时，由于自我意识的发展，已经意识到自己的存在，头脑中有了“我的”、“我自己的”这些概念，但对“你的”和“他的”这些概念还比较模糊。对这一阶段的宝宝来说，认为接触到的喜欢的东西都应该是自己的。所以，有些宝宝到邻居或亲友家做客时，看到桌上有糖果，往往不打招呼伸手就抓，理所当然地占为己有，而当别人向他要东西时，就会用小手紧紧地抓住不肯轻易放手。如果硬拿走，宝宝有时还会哭闹不止。

这种占有欲是宝宝成长过程中的一种正常心理状态，是自我意识发展的结果，一般要到宝宝3岁以后才会逐步好转。因此，对于宝宝的占有欲问题，父母要给予正确的引导，帮助宝宝逐步克服这种坏毛病。

如果宝宝只是偶尔抢夺其他小朋友的糖果或玩具，父母不要大惊小怪，更不要斥责。如果宝宝经常抢夺其他小朋友的东西，父母可以让宝宝跟较大的小朋友交往，因为较大的小朋友懂得保护自己的东西，会制止宝宝的抢夺行为，从而克服宝宝的占有欲。

如果宝宝不愿意把自己的玩具给别的小朋友玩，父母也不要强迫宝宝让他把玩具让给别的小朋友玩，可以用引导的方法让宝宝把玩具拿出来与小朋友一起分享，让宝宝体会与其他小伙伴一起玩的快乐。如果采取强制的办法，不仅不能使宝宝学会“礼让”，还会使宝宝感到父母要抢自己的东西，反而促使宝宝产生更强烈的占有欲。

12. 帮助宝宝认识自己的性别

这一时期，父母应该让宝宝了解人类有“男”、“女”的性别差异，同时认识自己的性别。还应让宝宝为自己的性别感到满意，这对于宝宝长大成人后有健康的性别认同是有帮助的。

好奇心是学习的动机。宝宝在不完全认识性别的时候，会对性有好奇、求知欲以及模仿心理。健康的性心理培养应该从这时开始，而父母对宝宝关于性的了解的态度、观念、教育方法及产生的效果，都会给宝宝产生重要的影响。每个父母都应该用科学的性知识和教育方法，来帮助宝宝的性心理健康发展。

父母应该懂得，宝宝对性的好奇和探索是正常的、自然的，应该正确对待，同时科学地讲解性知识。利用宝宝的性好奇，因势利导地进行性教育。比如，当父母发现宝宝对有关性问题有了困惑或者兴趣时，可以平静地问问宝宝在玩什么、看到了什么，让他说出自己的想法和疑问，了解清楚宝宝的具体情况后，再给予正确的疏导。反过来，越是瞒着，越是把宝宝蒙在鼓里，往往越会给“性”蒙上神秘感，激发宝宝更强烈的好奇心。而如果用严厉的惩罚去压抑宝宝的性好奇，就会让宝宝认为性是罪恶的，从而出现内疚感。

这一时期的宝宝不会有成年人的异性之爱，但父母还是应该从这时给宝宝灌输应与异性友好相处的思想。从现在开始培养宝宝怎样与异性友好相处，建立健康的情感。比如，让宝宝在幼儿园有良好的集体生活习惯，在与许多小朋友的交往中要既尊重自己，也尊重他人，要互相友爱、互相帮助，与异性小伙伴自然、健康地交往。

13. 培养懂礼貌的好宝宝

很多父母看到别人家的宝宝乖巧又有礼貌，很是羡慕。其实自家的宝宝也可以这样的，只要父母马上行动起来，积极而又耐心地教宝宝学习礼仪观念。

（1）学会礼貌用语

礼貌用语虽然都很简单，但要让宝宝养成习惯并主动说出，就不是件容易的事了。如果宝宝主动叫人或使用文明用语，做父母的要及时给予表扬，让宝宝知道懂礼貌的宝宝是人人喜爱的。

（2）学会良好的行为

一些良好的行为在家就要训练好。大人要训练宝宝说话时不要大声喧哗、说话要清楚，与大人讲话时要看着对方的眼睛，注意倾听。当大人正在谈话时，宝宝不要随便乱插嘴等。

（3）学会待客

客人到家，正是妈妈训练宝宝礼貌待客的好机会。客人进门，宝宝甜甜地问声好，将客人领进来，稍大一点的宝宝，妈妈不如放手让他摆摆糖果、放放饮料等。如果有宝宝的小客人来访，大人除了热情招待外，还要让宝宝自己学做小主人，领着小朋友到处看看，拿出心爱的玩具和小客人一起分享。

（4）学会和小伙伴相处

告诉宝宝和小伙伴交往要谦和。小朋友有自己的交往方式，懂礼貌的小朋友见了面会拉拉小手、碰碰身体、点点头。碰到矛盾，大人要引导宝宝轻松解决，小朋友一起商量，学会一些自己解决问题的方法和交往的法则，这样，宝宝交往起来会觉得很轻松，性格也会更温和。

（5）学会做客

带宝宝到别人家做客时，要教育宝宝不要大声喧哗，不要狠抓主人递过来的糖果，和主人家小朋友要友好相处。在做客处一定不可去拉别人家的抽屉或翻别人的柜子，也不要到主人家的卧室特别是床上打打闹闹。

14. 在游戏中培养乖宝宝

（1）二人三足

准备一根绳子或布带子，妈妈与宝宝站在屋子的一头，并用绳子或布带将自己和宝宝的一只脚绑在一块，然后两人挪动着用“三只脚”向屋子的另一头走去，爸爸当裁判。妈妈可以和宝宝事先商量好，行走过程中喊“1——2——1”口号，让宝宝和妈妈一起踏着口号走，这样才能顺利前进。告诉宝宝要听妈妈的话，遵守约定，否则乱走乱跑时，两人就走不动了，让宝宝明白，只有和妈妈合作，采用同样的步伐才能向前走。当宝宝和妈妈到达终点时，爸爸要表现出高兴，并给宝宝欢呼和鼓励。

前进过程中，妈妈要放慢速度，尽量与宝宝互动，教宝宝与自己合作，两人手拉手，一起喊口号，一起开始迈步等。

（2）客人来了

准备杯子、水、糖、水果等。

具体的做法是：①由成人扮演客人，宝宝扮演主人。②客人敲门。③主人开门，见到客人请客人进屋，坐下。④主人给客人倒水、吃糖等，其间要发挥宝宝的主动性，宝宝可想象表演。⑤客人告辞。主人送客人出门，互道再见。

(3) 交换图书

准备图书若干本（与宝宝人数一致）。

具体的做法是：①成人将图书摆放在书架或柜子上。②请宝宝顺次去书架或柜子上挑选一本图书。③引导宝宝安静地阅读。④看完自己手中的书后，请宝宝与其他看完书的小朋友进行交换。引导宝宝礼貌地提出请求："我想看你那本书，咱们换换好吗？"对方若同意就交换着看，若不同意再找另一位小朋友提出交换的请求。

15. 重视维护孩子的自尊心

有些妈妈总是觉得没有办法和自己的孩子沟通，也说不清楚是什么原因，反正是交流困难，孩子什么话都不愿意对妈妈说，原因很可能出现在妈妈这边。孩子想要和妈妈说话的时候，很多妈妈可能会不耐烦："去去去，一边玩去，大人说话小孩子别插嘴！""别烦我，我正忙着呢！""闭嘴，我说不行就不行！"孩子慢慢地也就变得懒得和妈妈说话了。在妈妈想和孩子说话的时候，却又带有某种想从孩子嘴里"套话"的企图，或是用一些带有冷嘲热讽意味的语言，比如，"我可真羡慕甜甜她妈，这次甜甜又考了一百分。""你们班这次谁考第一呀？""小丽是不是每天早上都起来读英语课文呀？"这样的话就很容易让孩子的自尊心受到伤害。要想和自己的孩子好好交流，妈妈首先就要做出一个会沟通、会说话的榜样，要懂得维护孩子的自尊心，而不能用言语伤害孩子。

幼儿时期是人的社会性萌芽发展时期，开始逐步地喜欢伙伴和团体性的游戏活动，同时心理上的发展又处于自我为中心的阶段，并且自我控制的能力又较差，所以孩子之间便会经常发生类似的"战争"。孩子打架是不对，应该受到批评，这样才能让他意识到自己的错误。孩子为了维护自身的自尊，一般也就会跟妈妈僵持一段时间，直到他自己的行为被原谅或遗忘了，孩子的心情才会再度好起来。

16. 教宝宝学习背数、点数和写数

背数就是从“1”往大念，达到背诵的结果，但不一定明白数字的概念；点数是从“1”开始，一个一个数字往大念，同时可用手指计数。背数是点数的前提和基础，在背数与点数的基础上，宝宝才能进一步真正识数。一般宝宝在2~3岁时，可背数“1”~“10”，点数“1”~“4”。

(1) 背数

宝宝背数不像念儿歌或诗那般押韵，但还是有些技巧的，比如：“一二三，三二一，一二三四五六七，七六五四三二一”以及“一二三四五，上山打老虎”，“一二三四五六七，宝宝不要太着急”，“一二三四五六七八九，宝宝练习好辛苦”等。如果宝宝能背数“1”~“10”之后，就会很容易背到“20”。

(2) 点数

相对于背数来说，点数就比较困难了，宝宝常常嘴数得快，但手跟不上，而且会随意乱点。所以妈妈和爸爸一定要有耐心，可先让宝宝练习按数取东西，“给妈妈一个、两个、三个”等，当宝宝拿正确时应及时表扬。此外，吃饭摆碗筷、分水果时，或者在穿珠子、搭积木时也可让宝宝练习点数。点数要慢，要等手拿到东西后，再数下一个数。宝宝的点数能力也是存在个体差异的，个别手巧的宝宝能点到“10”或“12”，但手慢的宝宝才能点数到“3”。只要通过练习，一般宝宝到3岁时能点数到“5”以上。

(3) 写数

宝宝学习数字知识还包括写数字。学写数字应从最简单的开始，如

"0"、"1"，也可通过比较把相似的数字放在一起来学写。如"1"和"7"，"3"和"5"。一般学写的数字应从写"1"和"7"开始，然后再学写"4"，这三个数字的笔画以直线为主，易写易认。等这三个数字学得差不多了，然后学写"2"和"3"，并用象形的方法告诉宝宝，"2"像个浮在水面的鸭子，"3"像个耳朵。"0"和"8"可放在一起学，"9"和"6"可放一起学。最后再学写"5"。妈妈和爸爸在教宝宝写数字时要有耐心，要反复纠正，如一开始宝宝总会在写"8"时，写成两个上下相接的"0"，经过反复纠正后，宝宝才会在写"8"时转弯。以上办法有效但不一定是最好的方法，妈妈和爸爸在教宝宝学写数字的时候，应就具体的方式、方法进行即兴创造，这样更有利于宝宝学习。

17. 如何对待宝宝说谎

每个宝宝都会有缺点。许多父母常采用惩戒的方法来纠正宝宝的说谎行为。这种最简易的方法也最容易让宝宝产生抵触情绪，甚至拒绝改正错误。宝宝说谎不外乎两个原因，要么是模仿大人，要么是迫于压力。每个宝宝最初的谎言都是从这里来的。虽然没有父母教宝宝说假话，但如果父母为了哄宝宝听话，在和宝宝相处中经常用一些假话来骗他，或是父母经常对别人说假话，不时地被宝宝耳闻目睹，宝宝就会慢慢学会说假话。

有时候大人们由于成人社会里的某种掩饰需求，说些虚饰的话，虽说只是一种社会交往技巧，但如果被宝宝注意到，也会给他留下说假话的印象。

宝宝说谎的另一个原因就是“压力”，如果父母对宝宝的每一种过错都不轻易放过，都要批评指责，甚至打骂，不体恤宝宝的一些愿望。那么，宝宝为了逃避处罚、达成愿望或取得平衡，就去说假话。

18. 教宝宝认时钟

时间进展的概念比较抽象，让宝宝理解比较困难，但结合到时钟移动的变化，告诉宝宝时间变化与生活起居中事件、活动的联系，就能渐渐地给宝宝加深时间概念，在认识时钟上显示时间的同时，有利于养成规律生活的习惯。

每天起床时，可以引导宝宝看一看时钟，教宝宝认识早上 6 点，时钟的指针在上下垂直的一条线上，告诉宝宝“现在是早上 6 点，是起床时间”。中午吃饭的时候，告诉宝宝，现在是 12 点了，时钟的指针重合在一起。下年 3 点和晚上 9 点，时钟指针分别呈现垂直的角度，尽量经常给宝宝讲解时钟的时针、分针走动和角度指向所代表的时间，用语尽量生动、有趣，让宝宝容易理解和接受，逐渐形成时间概念，并且能认出时钟显示的时间。

如果宝宝每天要看动画片，父母可以指着墙上的钟告诉他：“当短针到了“8”，长针到了“12”的时候，你就可以告诉妈妈给你开电视机。”这样，宝宝就会自己看钟表，到了时间提醒妈妈。也可以把真的钟表放在一边，用玩具表来教宝宝。因为普通钟表在宝宝读数时间的时候，钟表的指针又发生了位移，容易让宝宝产生困惑。

19. 从小培养宝宝良好的卫生习惯

养成良好的卫生习惯，对宝宝来说是大有裨益的。从小就开始培养，有助于习惯的养成。一般来说，幼儿期是习惯养成的重要时期。因此，父母应该牢牢把握住这个时期。

（1）勤洗手

宝宝进入幼儿期后，相对于婴儿期来说，好奇心更强了，对什么东西都能产生浓厚的兴趣。如果在外面玩，他会捡地上的石头，挖泥土，拔地上的草，甚至会乱捡垃圾，弄得小手脏兮兮的。如果宝宝用脏手揉眼睛，会引起眼睛感染；用脏手直接拿东西吃，手上的细菌和寄生虫卵会一起吃到肚子里，造成宝宝拉肚子。因此，必须让宝宝养成勤洗手的好习惯。

“饭前便后要洗手”这句话想必大家都是耳熟能详的，这也是保持手卫生的基本条件。对宝宝来说，养成这一良好习惯尤为重要。特别是在外面玩回来之后，不管小手有没有弄脏，回家的第一件事就是要先洗手，因为很多细菌是肉眼看不见的。在用肥皂或者洗手液洗手的时候，可以让宝宝边搓揉边慢慢数数，等数到“30”了，再用水冲洗，确保小手洗得干干净净的。

（2）早晚漱口

为了保护好宝宝的乳牙，从 1 岁多起就应开始训练宝宝早晚漱口，并逐渐培养他养成这个良好的习惯。

训练时先为宝宝准备好水杯，并预备好漱口所用的温白开水。不要让宝宝用自来水漱口，因为宝宝在开始时不可能马上学会漱口的动作，往往漱不好就会把水咽下去，所以刚开始最好用温白开水。初学时，父母为宝宝做示范，把一口水含在嘴里做漱口动作，而后吐出，反复几次，宝宝很快就会学会。需要提醒的是，不要让宝宝仰着头漱口，这样很容易造成呛咳，甚至发生意外。在训练过程中，父母要不断地督促宝宝，每日早晚坚持不断，这样宝宝就会养成习惯了。